Franco Ferrarotti

L'Italia in bilico

elettronica e borbonica

Editori Laterza

Proprietà letteraria riservata
Gius. Laterza & Figli Spa, Roma-Bari

Finito di stampare nel maggio 1990
nello stabilimento d'arti grafiche Gius. Laterza & Figli, Bari
CL 20-3603-7
ISBN 88-420-3603-X

36
Sagittari Laterza

Respue quod non es, tollat sua munera cerdo.
Tecum habita: noris quam sit tibi curta suppellex.

Persio, *Satira IV*

The Italian people are called «Children of the Sun».
They might better be called «Children of the Shadow».
Their souls are dark, and nocturnal. If they are to be
easy, they must be able to hide, to be hidden in lairs
and caves of darkness. Going through these tiny, chao-
tic back-ways of the village was like venturing through
the labyrinth made by furtive creatures [...] And I was
pale, and clear, and evanescent, like the light, and they
were dark, and close, and constant, like the shadow.

D.H. Lawrence, *The Spinner and the Monks*

PREFAZIONE

Ci sono libri di idee e libri di umori. Questo è un libro umorale, di un umore temperato, entro certi limiti, dalle idee. Ad una prima parte, analitica e attenta alle questioni del «pianeta Italia», segue una seconda parte, che si occupa piuttosto dell'interpretazione delle analisi condotte dagli specialisti, politologi e sociologi. Anche solo per questa ragione di metodo, il libro non intende rivaleggiare con *L'italiano inutile* di Giuseppe Prezzolini né con i *Maledetti Toscani* di Curzio Malaparte, tanto meno con il crudele *Nero su nero* di Leonardo Sciascia o con il dotto *L'Italiano* di Giulio Bollati. Non presume, d'altro canto, di porsi come un'analisi strettamente scientifica. È forse solo una premessa, un tentativo di sintesi, ben conscio dei pericoli che corre: pennellate magari gradevoli, ma inverificabili; cose dette ad alta voce ma senza sapere bene cosa sono. Una volta, molti anni fa, nella Prefazione a *La protesta operaia* del 1955 ho scritto pressapoco così: ciò che è troppo stupido per essere detto va cantato. Pur criticando il «bel canto» all'italiana, può darsi che m'accada di cantare. Ma forse canto pensando al «ridi, pagliaccio». Nell'Italia di oggi, dietro la teatralità di facciata, cova la tragedia in cui riso e pianto si confondono.

A questo punto i ringraziamenti dovrebbero essere troppo numerosi per essere fatti per esteso. Mi limito a citare i miei preziosi collaboratori Maria Michetti e Nicola Porro insieme con gli utilissimi «materiali sull'Europa» di Alfredo Ambrosetti.

Franco Ferrarotti

Roma, 19 marzo 1990

L'ITALIA IN BILICO

PROLOGO IN TRE TEMPI

1. L'accelerazione della storia

Se fosse possibile, almeno per un istante, dimenticare le sofferenze e le angustie che pesano sul vivere quotidiano; in altre parole, se fosse possibile distaccarci da noi stessi e in qualche modo vederci dal di fuori, dall'esterno, credo che dovremmo sottoscrivere oggi le confidenze del vecchio Goethe:

Ho il grande vantaggio di essere nato in un'epoca in cui i maggiori avvenimenti del mondo erano all'ordine del giorno, sicché io, della guerra dei sette anni, come della separazione dell'America dall'Inghilterra, più avanti della Rivoluzione Francese e infine di tutto il periodo napoleonico fino alla caduta dell'eroe e degli avvenimenti che ne seguirono, sono stato testimone vivente.[1]

Forse con maggior ragione si può dire la stessa cosa dei tempi nostri. Viviamo in un'epoca straordinaria. Come il secolo XX volge al suo termine, gravato dai ricordi tragici di due guerre mondiali più che dalla gloria delle imprese spaziali e delle altre prove di «ascetismo metodologico» e «atletismo scientifico», ecco che il ritmo del cambiamento storico si fa più rapido e più intenso. La crisi istituzionale e socio-psicologica dell'Est europeo, quella cinese, i rivolgimenti dell'America Latina e le perplessità degli Stati Uniti, la «perestrojka» dell'Unione Sovietica: tutto sembra congiurare e costringerci, più che indurci, alla riconsiderazione critica della costituzione delle società odierne – costituzione materiale, storicamente determinata, oltre che giuridico-formale – una

[1] Cfr. J.P. Eckermann, *Gespräche mit Goethe*, a cura di L. Geiger, Leipzig 1895, p. 68.

riconsiderazione che è originata e mossa dalle nuove domande che premono contro la facciata delle istituzioni consegnateci dalla tradizione e dalle nuove soggettività emergenti, al di là della normativa scritta dei diritti già acquisiti. Com'è ingannevole la pretesa – o forse solo la presunzione – di racchiudere questo torrente di novità in una formula valida per sempre, necessaria e necessitante, senza tempo e senza luogo, così come la vorrebbe la boria dei dotti, per non parlare di quella, anche più nefasta, degli orecchianti.

È lecito tuttavia un quesito: si tratta veramente di novità? O forse confondiamo le cose e assumiamo come nuovo ciò che è semplicemente diverso? Nessun dubbio, per esempio, che le transizioni e le trasformazioni che attualmente stanno sperimentando certe nazioni e alcuni Stati – segnatamente l'Unione Sovietica e i paesi dell'Europa centrale e orientale – siano inedite, per lo più impreviste e addirittura sorprendenti. Ma la riscoperta del gioco democratico, con il pluripartitismo, le elezioni e le libere discussioni, non può certo dirsi una novità storicamente inedita. Ci fa piuttosto ripensare, con commozione e gratitudine, a Pericle e alla Grecia del V secolo avanti Cristo. Ed è paradossale che tocchi proprio ai presunti «rivoluzionari» e innovatori fare questa scoperta del passato classico. Non è dunque una novità. È piuttosto un ritorno. In ogni caso, non è certamente la soluzione, il toccasana. È l'inizio dei problemi. La democrazia è un regime politico difficile. Il fatto che non si è riusciti da Pericle a oggi a trovarne uno migliore, non giustifica il sottacerne le difficoltà: nessun arricchimento economico immediato; decisioni più difficili, certo più lente; mediazioni spesso defatiganti o inconcludenti.

Questa precisazione non sembri l'espressione d'un certo spirito didattico professorale. Nulla di pedantesco. Vorrei solo osservare che, quando si ragiona di regime politico, di sistema economico e di politica sociale, gli errori più gravi derivano da una mancanza non di buon cuore, ma di intelligenza. Si è quasi sempre più stupidi che malvagi. Gli errori più gravi, in questo campo, possono derivare da una colpa apparentemente veniale: non da insufficienza delle risorse finanziarie stanziate o da quote di potere inadeguate, come i più credono, bensì da un deficit di consapevolezza culturale, dalla non chiara visione della portata e del significato del proprio lavoro. Le carenze non riguardano solo il legislatore, troppo iperattivo per non essere anche mentalmente

4

estenuato e portato a decidere prima di avere in mano le prove della razionalità della sua decisione. Gli stessi operatori e lavoratori sociali, forse immersi in una quotidianità troppo ravvicinata e immediata, finiscono per esserne accecati. Manca qualche cosa che va al di là della norma giuridica scritta, che non si soddisfa nei termini di riforme strutturali e che non si può, d'altro canto, abbandonare in esclusiva alle romantiche ispirazioni di generici «mondi vitali», che non appaiono garantiti rispetto ad esiti lamentevolmente decadenti. Occorrono la prospettiva storica e insieme la comprensione critica piena di ciò che si fa, delle sue implicazioni profonde.

2. Ombre cinesi: televisione e democrazia

Alla chiusura del secondo millennio, viviamo una fase storica esaltante. Come in una sorta di accelerazione rocambolesca, quasi temendo di mancare l'appuntamento con il Duemila, le novità erompono e deflagrano con un ritmo e un crescendo impressionanti. Nel giro di qualche settimana, dalla convocazione del primo congresso «democratico» nell'Unione Sovietica (almeno nel senso che si è distintamente udita la voce dell'opposizione) alla vittoria elettorale di Solidarnosč in Polonia, alla nascita dell'opposizione parlamentare in Ungheria, ai fatti clamorosi di piazza Tienanmen a Pechino, le mappe ideologiche e politiche del mondo appaiono sconvolte. È in queste epoche di cambiamenti rapidi e radicali, preparati da oscure sedimentazioni che gli storici di domani dovranno decifrare, che tocca ad un'immagine fotografica di riassumerne drasticamente il senso: il giovane studente che nella piazza di Pechino, in una inedita corrida ai limiti del grottesco, fa il matador con il carro armato ricorda, quanto a carica simbolica e con un significato e un contesto ben differenti, l'autonomo che spara, in un viale di Milano al tempo degli «anni di piombo», il viso nascosto da una sciarpa nera, stringendo il calcio della pistola con tutt'e due le mani. Quell'immagine del giovane studente cinese, di colpo divenuto improbabile torero e insieme inconsapevole David contro Golia, ha fatto il giro del mondo. Tutto un sistema di valori concentrato in una foto! Troppo tardi i dirigenti cinesi hanno censurato la televisione. La messa fuori uso del satellite non ha impedito la registrazione dei fatti. La vecchia

5

oligarchia, vittoriosa con i carri armati, è stata colpita al cuore dai fotogrammi.

La televisione, alle soglie del Duemila, aiuta dunque la democrazia? È d'obbligo un certo grado di cautela. Nessun dubbio che la televisione informi, non consenta più al potere quelle operazioni «in privato» che una volta ne definivano la prerogativa essenziale e addirittura ne perfezionavano, nel mistero, la natura assolutamente discrezionale. Ma lo strumento dell'informazione di massa non informa soltanto; può nello stesso tempo, e in maniera più insidiosa di qualsiasi censura tradizionale e rozza, deformare e disinformare. I due studiosi di problemi sociali che di recente si sono occupati del mio libro *The End of Conversation*, come all'editore americano, la Greenwood Press, è piaciuto di intitolare la traduzione di *La storia e il quotidiano* [2], David L. Altheide e Kurt Lang, hanno svolto a questo proposito ragionamenti complessi e nello stesso tempo convincenti [3]. Il succo sembra questo: la televisione informa, come del resto tutti i mezzi di comunicazione di massa, e quindi, ciò facendo, amplia la sfera pubblica, svela i segreti del potere, annuncia che il re è nudo, ma, attenzione, la televisione ci obbliga ad una partecipazione che può essere spuria, se non «addomesticata»; non solo, essa altera i termini della nostra stessa «consapevolezza storica» e tende a dar luogo a nuove forme di «monopolio della conoscenza», non più ad informare sulla realtà, ma addirittura a «costruire la realtà».

Problemi analoghi sembrano farsi strada in Italia, in un recente articolo di Angelo Panebianco [4], il quale, con buone ragioni, osserva che «il potere dei mass media ridefinisce lo spazio pubblico in forme tendenzialmente incompatibili con le regole della democrazia liberale». Detto ciò, l'articolista del «Corriere della Sera» distoglie lo sguardo dall'insopportabile presente e si scioglie in un inno di nostalgia per la democrazia del nonno, come se, contro i suoi stessi presupposti storicistici, quelle regole fossero eterne e come se una democrazia di tipo ottocentesco, con suffragio beninteso limitato ai maggiorenti e ai notabili, fosse oggi,

---

[2] Laterza, Roma-Bari 1986.
[3] Cfr. D.L. Altheide, *The Elusive Mass Media?* e K. Lang, *Mass Communication and our Relation to the Present and Past*, in «Politics, Culture and Society», vol. II, n. 3, primavera 1989, pp. 404-19.
[4] Cfr. A. Panebianco, *Economia e mass media aiutano la democrazia?*, in «Corriere della Sera», 13 giugno 1989.

nell'epoca appunto dei mezzi di comunicazione di massa, un ideale proponibile. Non si fraintenda: assai più apprezzabile risulta in fondo la nostalgia liberaldemocratica di Panebianco rispetto alle «lezioni di democrazia» che dalle stesse colonne regolarmente ci impartiscono, con una faccia tosta a dir poco spudorata, coloro che fino a non molto tempo fa brillavano per zelo stalinista, quando non insegnavano ai giovani contestatori l'uso delle bottiglie molotov.

A parte le pur comprensibili nostalgie e lasciando cadere lo sdegno per le facce di bronzo, nel franare di formule e di miti, sembra, oggi più che mai, necessario uno scatto dell'immaginazione politica e ideale per la definizione dei primi lineamenti di una democrazia all'altezza del terzo millennio. Dire, come troppo spesso si dice, che volere la democrazia significa accontentarsene, vorrebbe dire arrendersi di fronte alle nuove realtà e ai loro problemi ancor prima d'avere almeno tentato di elaborarne la soluzione positiva.

3. Un'Europa unita, ma non euro-centrica

Indro Montanelli, nel «Giornale» del 1° ottobre 1989, lo ha icasticamente definito, com'è nel suo stile, uno "stiletto per il progressista". Altri intellettuali, scrittori e critici letterari non hanno perso l'occasione per mettere in mostra, al limite della verecondia, il loro masochismo. Si tratta di un grosso pamphlet dell'inglese Paul Johnson, *Gli intellettuali* [5]. Da Jean Jacques Rousseau a Norman Mailer, in tredici capitoli di cui una scrittura svelta e sostenuta fa dimenticare una certa prolissità, Johnson svaluta in blocco gli intellettuali, ne scava e scova impietosamente i vizi, li addita al pubblico ludibrio.

Lasciamo stare la debolezza di qualsiasi argomentazione *ad hominem*. Dopo l'acido corrosivo delle critiche di Johnson un dubbio continua ad aggirarsi a proposito degli intellettuali: come spiegare che non v'è dittatura o stato totalitario che non attribuisca agli intellettuali dissidenti una funzione decisiva e che non si dia alacremente da fare per metterli in condizione di non nuocere? Può darsi che Johnson abbia ragione e che degli intellettuali

---

[5] Longanesi, Milano 1989.

ci si debba fidare ancor meno che dei rivenditori di automobili usate, ma allora come spiegare che, oggi, un drammaturgo, Havel, sia presidente della Cecoslovacchia?

Forse è vero che gli intellettuali costituiscono, al più, una forza distruttiva, che soprattutto un regime condannato all'entusiasmo, come è di regola una dittatura, non può trascurare né trattare alla stregua di uno sparuto gruppo sociale irrilevante. Ma il fenomeno attende una spiegazione che non sia una spiata dal buco della serratura. L'evoluzione recentissima dell'Europa centrale e orientale conferma questo fatto. Paul Johnson avrebbe affondato il suo stiletto nel cuore degli intellettuali, ma questo cuore è ben vivo. Per concorde opinione, compresa quella di Montanelli, nel mondo comunista il ruolo degli intellettuali è stato decisivo. Mentre si va sfaldando l'impero moscovita, dalla Lituania alla Polonia, dalla Cecoslovacchia alla stessa Romania, guidata oggi da un poeta, gli intellettuali sono emersi come una forza determinante. I vizi denunciati da Johnson sono probabilmente vizi reali e non solo sospetti. Ma allora bisognerà semplicemente concludere che la virtù non ha il monopolio della verità.

Sarebbe grave, d'altro canto, se la perdurante funzione degli intellettuali nella recente trasformazione dell'Europa centrale e orientale giungesse al momento giusto per puntellare la concezione euro-centrica della storia. Troppi giornali e qualche rivista negli ultimi mesi si sono, con una certa precipitazione, dati da fare per persuaderci che «la storia ha ripreso il suo corso». Come diligenti, se pure poco informati, capistazione, giornali e riviste hanno emesso orari e tabelle di marcia che hanno tutta l'aria di bollettini medici straordinari: l'Europa, che già era in coma, ha ripreso a dar segni di vita. Il paziente si è risvegliato. Il treno europeo è ripartito. Sembra di essere nel clima del Congresso di Vienna del 1815. Come se quarant'anni di vicende potessero mettersi tranquillamente tra parentesi. Come se la storia dovesse attendere i loro preziosi segnali per arrestarsi o per ripartire. Prendere atto ed anche esaltare la funzione degli intellettuali nei recenti fatti che hanno cambiato la faccia dell'Europa non è da scambiarsi per una sorta di consacrazione dell'antico primato europeo. Questo primato non è nulla di cui menar vanto. Gronda lacrime e sangue. Eppure, quando oggi si torna a parlare di «casa comune europea» e di un'Europa unita dall'Atlantico agli Urali, si nota un'enfasi sospetta, da cui non sembrano immuni nemmeno le dichiarazioni trionfalistiche di Giovanni Paolo II. Si può comprendere la legittima soddisfazione del patriota polacco, cui ha arriso da ultimo non solo la gioia di Varsavia liberata, ma anche quella inattesa andata a Canossa in cui è di fatto consistita la visita in Vaticano di Michail Gorbaciov. E tuttavia, il crollo del «socialismo reale» non dovrebbe far dimenticare gli innegabili limiti dei regimi democratici occidentali, il disagio sociale che ne erode le basi, la piattezza morale di società in cui è morta, insieme con le ideologie, anche la speranza.

Se la storia ha ripreso, come si dice, la sua corsa, è bene interrogarsi e accertarsi di quale storia si tratti. L'Europa è stata una potenza coloniale che ha distrutto interi popoli e culture e che ha duramente pagato sulla propria pelle le atrocità del genocidio. Non v'è più posto per alcun primato europeo. Se la storia ha ripreso a correre, è sperabile che la storia eurocentrica sia per sempre deviata su un binario morto. Non possiamo evadere dalla storia. Al di fuori della storia non v'è nulla che corrisponda agli sforzi collettivi degli esseri umani. Guai, però, a scambiare la fine delle ideologie per la fine degli ideali. Bisogna riscoprire la funzione sociale dell'utopia, costruire, pazientemente, un neo-storicismo dal basso, in cui la storia di élite si trasformi e rinasca come storia di tutti.

Parte prima

LA MODERNIZZAZIONE IMPERFETTA
E LA CITTADINANZA INCOMPIUTA

I.

PERCHÉ L'ITALIA PIACE

1. Come muore una classe dirigente democratica

Le riflessioni intorno all'Italia di oggi non possono trascurare le radici di ieri. Si interrogano, necessariamente, su un popolo dalle molte vite, cercano un senso nei segni complessi di una storia trenta volte secolare. Ma l'attualità aiuta, pone quesiti in apparenza marginali, che in realtà arrivano al cuore del problema. Resta in piedi il mistero della forte attrazione che l'Italia tuttora esercita sugli stranieri. Non può essere soltanto il gusto dell'esotico, che del resto i viaggi aerei sono in grado di appagare più prontamente e in maniera più succulenta che in qualsiasi altra epoca. Né si può pensare alla suggestività di certi libri, che sono stati all'origine del turismo elitario di alto livello, specialmente durante la belle époque, come *Le pietre di Venezia* o *Mattinate a Firenze* di John Ruskin. Il loro apporto all'immaginario collettivo dei paesi del Nord Europa e del Nord America è indubbio, ma la loro forza è andata evaporando nel corso di due rovinose guerre mondiali. Si riaffaccia, dunque, la domanda: donde mai l'attrazione dell'Italia? Dal grande, straordinario patrimonio artistico, dall'essere Roma il centro, se si vuole il quartier generale, di una delle cinque grandi religioni universali? Oppure, ancora, da ragioni più sottili e persino perverse: dal disordine, dal senso generalizzato di colpevolezza che si autoassolve? Ma allora: come può dare gioia di vivere un intero paese «fuori legge»?

Può darsi che il fascino dell'Italia derivi oggi da una tensione, esistenziale e strutturale, irrisolta. Succede, di tanto in tanto, che gli italiani si sentano e si credano moderni, addirittura post-moderni. Sulle ricche macerie della loro storia sembrano a tratti dimenticare la loro profonda sostanza arcaica. In una generazione o poco più – fra il 1955 e il 1985 – hanno compiuto la loro «rivoluzione industriale». Hanno voltato le spalle ai poderi, ai campi e ai giardini. Si sono modernizzati o, più precisamente, inurbati. Hanno lasciato la campagna per la città. Poi hanno avuto dei sussulti, quasi dei pentimenti, dei soprassalti di memoria: come di chi torni in fretta e piuttosto storditamente sui suoi passi per aver lasciato nella vecchia casa la luce accesa. Moderni; post-moderni; post-post-moderni. Nulla di tutto questo. La tesi di questo libro è che l'Italia di oggi non sia né moderna né post-moderna. L'Italia è in bilico fra il mondo di ieri, fra il mondo dell'accettazione del passato come legittimazione del presente e di ogni possibile futuro, e il mondo dominato dalla logica della razionalità produttiva e distributiva e delle forze impersonali del mercato. L'Italia è in bilico fra la civiltà del toccare e del sentire e quella del comprare e del vendere, fra una società determinata dai rapporti primari a faccia a faccia e una società tenuta insieme dalla mediazione burocratica stabilita dalla legge e incarnata dalle istituzioni formalmente codificate.

È vero, dunque, che l'Italia è una società in transizione. La frase, così spesso ripetuta, si è ridotta a banale luogo comune, a parte il rischio che, una volta di più, l'oggetto da spiegare, la transizione appunto, sia disinvoltamente impiegato come criterio della spiegazione. Nessun dubbio, ad ogni buon conto, che l'Italia sia una società in transizione. Ciò è vero, del resto, di qualsiasi società. Anche la più statica delle società – quella, per esempio, del «dispotismo orientale» di Karl Wittvogel – è in transizione, se non altro per il continuo nascere e morire delle persone che la costituiscono. Più rigorosa appare l'idea che l'Italia sia sospesa, per così dire, o, come abbiano detto più sopra, sia in bilico fra la civiltà contadina, che è stata abbandonata, e la cultura industriale, che stenta a nascere e ad affermarsi. L'Italia odierna si trova in una situazione ibrida: non più contadina, non ancora industriale, vittima docile e persino consenziente e compiaciuta di una crisi di identità che, mentre ne annebbia i connotati tradizializzati, ne arricchisce all'infinito le opzioni, le possibili trasformazioni, se non gli opportunistici travestimenti e gli ideali usati e ridotti a simulacri. In questo senso l'Italia di oggi illustra e conferma anche una verità fondamentale: una classe dirigente democratica muore solo per autosoffocamento – non per mancanza di mezzi, ma per mancanza di idee, di rinnovamento interno.

14

Occorre però precisare: l'Italia ha certamente i piedi nella società industriale e anche post-industriale, se con questo termine si intende una società in cui prevalgano ormai i servizi di informazione e di distribuzione su quelli puramente e direttamente produttivi. Si è anzi di recente a lungo e dottamente disputato se l'Italia abbia superato, come paese industriale, l'Inghilterra, collocandosi al quinto posto fra le grandi economie industriali mondiali, o se addirittura non si appresti a scalzare il posto della Francia, la nazione sorella amica-nemica, assestandosi in quarta posizione, dietro gli Stati Uniti, il Giappone e la Germania. Ma la cultura industriale – ossia quella disposizione interiore di responsabilità verso il compito per cui l'individuo fa ciò che deve fare indipendentemente dall'occhio del padrone, dal timore del castigo o dal desiderio della ricompensa – è ancora di là da venire. Il «timor domini» qui trionfa. In Italia ci si comporta ancora, nella media, in base alla saggezza dei canonici che uniscono stanche prediche evangeliche a piccole, quotidiane furbizie: «Principium sapientiae timor domini». Tutto sembra lecito purché la si faccia franca.

2. Il momento personale e la «bella figura»

Non vorrei cadere qui nella trappola di un discorso alla Giuseppe Prezzolini, tutto giocato sulla schematica contrapposizione fra italiani ingenui e italiani superfurbi. È evidente che un discorso sul carattere nazionale degli italiani presta il fianco a non poche obiezioni. La nozione stessa di carattere o temperamento nazionale è stata del resto più volte, e correttamente, criticata: perché non sufficientemente determinabile, non protetta rispetto a inveterati pregiudizi, superficiale, evanescente. Tutto giusto. Eppure, una certa misura di verità questa nozione deve pur contenerla, certe constatazioni deve pur renderle possibili. Concedendo ampi margini d'errore, è possibile affermare che l'italiano non ha un forte senso dell'interesse pubblico, non obbedisce facilmente alle regole stabilite dalla società, da quelle del traffico stradale agli obblighi fiscali alle norme per la difesa del paesaggio e della nettezza urbana. Un confronto, anche impressionistico, fra lo stato delle strade centrali di Ginevra e di quelle di Roma riesce piuttosto deprimente per i romani. Non c'è dubbio che il terrori-

15

smo politico riguarda oggi tutte le nazioni industrialmente progredite, ma è difficile trovare presso le stesse nazioni fenomeni di
criminalità organizzata paragonabili alla mafia siciliana, alla camorra napoletana e alla 'ndrangheta calabrese. A parte il fenomeno in sé, interessa qui la radice strettamente locale, la struttura, il
codice, stavo per dire il profumo regionale.

In nessun paese tecnicamente progredito si verificano, come
invece accade in Italia, i sequestri di persona a scopo di estorsio-
ne. Vi leggo un crimine che è anche una lezione di antropologia
culturale: un paese in cui si è scoperto – e come! – il valore del
denaro, un paese finanziariamente molto raffinato, e nello stesso
tempo una cultura in cui una famiglia è ancora disposta a indebi-
tarsi per i prossimi vent'anni per salvare un congiunto e la magistratura accetta di sospendere la legge; più precisamente, una
cultura in cui agli organi dello Stato si accorda una fiducia molto
limitata, che sfiora la sfiducia, tenuto conto che lo Stato non è in
grado di proteggere efficacemente i suoi cittadini e per ciò stesso
va incontro ad una delegittimazione certa.

Quando poi, dopo due anni un sequestro finisce bene e il
sequestrato torna a casa, com'è toccato al giovane pavese Cesare
Casella (fine gennaio 1990), tutta la città è in festa, si hanno
caroselli di auto per le strade, si verifica un'esplosione di gioia
collettiva che è certamente genuina, ma fuori luogo. Siamo a
Pavia, non a Napoli o a Palermo. La tragedia italiana vera è che
un problema serio, squalificante per qualsiasi paese civile di oggi,
in Italia diventa un *happening*. Su tutto vince la teatralità. Più
che il filosofo morale o l'analista sociale, può darsi che ancora
una volta un grande scrittore aiuti a comprendere questo caso di
anti-modernità: «l'espressione naturale sembra ad essi (gli italiani) troppo facile da trovarsi, e manca ai loro occhi di quell'ingrediente del piacere che deriva dal *sentimento della difficoltà vin-
ta*» [1].

Cercare l'«ideologia italiana» nei testi degli intellettuali italiani mi sembra tempo perso. Di fatto, quale è, se c'è, l'ideologia
italiana? Vale a dire, la mentalità media? Quella che, come un
sommergibile, attraversa indenne le generazioni per emergere im-

---

[1] Stendhal, *Viaggio in Italia*, trad. it. Rizzoli, Milano 1942, p. 308;
corsivo nel testo.

16

provvisamente, a tratti, durante le crisi estreme, per inabissarsi quindi nuovamente e sparire? Per esempio, una crisi come quella dell'8 settembre 1943, quando il generale Badoglio firma l'armistizio ma con caratteristica ambiguità proclama che «la guerra continua», ha valore epifanico. Tutti, o quasi tutti, come si dice, «mangiano la foglia». A parte i proclami ufficiali, la parola d'ordine che allora risuonò, non dettata da alcuno ma che scaturiva dal profondo, potente e impersonale, fu semplice e definitiva: «Tutti a casa». La casa, la famiglia, i propri cari, il proprio «particulare». Negli italiani di oggi mi sembra che vi sia più Guicciardini e Leon Battista Alberti che Machiavelli. Nel settembre 1943 tutto crollava intorno. Restava in piedi solo la casa avita, il paese, la famiglia, quel nòcciolo duro che nell'anarchia italiana è la microsocietà familiare, suprema fonte della sicurezza psicologica e dell'obbligazione morale.

Nessuna meraviglia dunque, che nell'italiano prevalga il momento personale, la «bella figura» esterna, la proiezione del sentire di un gruppo non ancora di individui auto-sufficienti, ma di *famuli*, industriosi e ligi. *In nuce*, l'«ideologia italiana» – mentalità e comportamento medio – è esprimibile tutta in una frase: i problemi etici sono ridotti ad atteggiamenti estetici; la decisione, al gesto; l'opposizione, al «bel canto» e alla distinzione oppure alla congiura di corridoio. Sull'atto di coscienza, che presuppone l'individuo, prevale il complotto, regno del gruppo o della cricca o della cosca: «I Siciliani [ma possiamo leggere: gli italiani] non hanno alcuna idea soggettiva di se stessi o alcuna anima. Eccetto, naturalmente, quel ridicolo piccolo alter ego dell'anima che può essere a forza di preghiera salvata dal purgatorio facendola passare al paradiso» [2]. Gusto e culto della pugnalata e del bel gesto, del motto, della battuta micidiale. L'iperbole, l'esagerazione qui è di casa. La parola invece della cosa. Come se la parola, sacramentalmente, operasse «ex opere operato». Nessun controllo, nessuna cura per l'attuazione pratica, per le sue modalità, per le sue conseguenze, previste e impreviste. Scarso orecchio per la manutenzione. Come se ciò che esiste esistesse per sempre: un senso fuori posto d'eternità. Di qui, l'anarchismo conservatore, il rivoluzionarismo irresponsabile e immobile degli italiani. Poche, luminose eccezioni: uomini come Carlo Cattaneo, Piero Gobetti.

[2] Cfr. D.H. Lawrence, *Selected Essays*, Penguin, London 1950, p. 282.

Bisognerà decidersi a tornare alla grande, dimenticata lezione di Adriano Olivetti: non basta volere e predicare le riforme *sub specie ideologica*, facendo sfoggio di dottrinarismo tanto rumoroso quanto impotente; occorre studiare umilmente la tecnica specifica delle riforme, valutarne le compatibilità, sfruttarne le convergenze.

3. La famiglia è forte perché la società è debole

Si chiarisce, in questa prospettiva, un'apparente anomalia. La famiglia italiana è forte – nonostante aborto e divorzio – appunto perché la società è debole, funziona male o non funziona affatto. La famiglia è l'ammortizzatore segreto delle insufficienze e contraddizioni della società globale. Sarebbe legittimo parlare, a proposito del comportamento medio degli italiani, di «familismo amorale», se le strutture sociali pubbliche funzionassero mediamente a un livello di efficienza accettabile. Ma così non è. E l'italiano lo sa. Risparmia, dunque, anche più dei giapponesi, perché non può contare sugli istituti di previdenza in caso di emergenza, come l'improvviso malore d'un membro della famiglia, specialmente se comporta un intervento chirurgico. Coltiva la rete delle amicizie personali, perché non può fidarsi della norma impersonale della legge. In una parola, il rapporto inter-personale in Italia è ricco, più ricco e più vivo che altrove, perché la prestazione delle istituzioni è povera, lenta, intermittente, inaffidabile. Non meraviglia che una società di questo tipo penalizzi i giovani, che per il solo fatto di essere giovani dispongono di una rete di rapporti primari limitata.

Gli italiani – assicura il XXIII Rapporto del Censis (dicembre 1989) – sono oggi ricchi e infelici. L'antico stereotipo dell'italiano povero ma bello, e felice, è semplicemente capovolto. Vi è tuttavia, nella risultanza di questa ricerca, un aspetto irrisolto, un interrogativo che è ancora da affrontare e che indica probabilmente una carenza interpretativa: ammessa la ricchezza, donde l'infelicità? Forse perché la ricchezza non è ancora reputata sufficiente a garantire contro le incognite dell'avvenire in una società che in fondo non c'è o è «terra straniera», e l'accumulazione deve ancora essere perseguita con tutti i mezzi a disposizione. Oppure l'infelicità va intesa come timore di perdere la ricchezza. Si teme che la condizione di ricchezza – novità storica assoluta per la media degli italiani – non resista a lungo, finisca per dissolversi come un sogno all'alba.

Forse per queste ragioni di ordine generale, psicologiche e strutturali, non dovrebbe meravigliare eccessivamente che all'italiano il successo faccia male. Ne trae fuori tutta l'arroganza dell'astuzia che riesce, il cattivo gusto del *parvenu*, la prepotenza ridanciana dell'impunito. Gli italiani sono meravigliosi nelle sventure. Il genio della sopravvivenza, che nella loro lunga storia li ha sempre miracolosamente assistiti, la loro capacità di resistenza esistenziale e di compassione umana risultano allora esaltati. La capacità di sofferenza e di solidarietà anche verso sconosciuti, la compassione degli italiani si sono manifestate durante gli anni più bui delle persecuzioni contro gli ebrei in Italia [3].

È questa vitalità che conquista gli stranieri, la tenacia vitalistica di questo coro di solisti che aspettano l'imprimatur – come mi parve un giorno giusto definirli – e che del resto strappavano invariabilmente moti d'ammirazione a Stendhal. Al cittadino milanese d'adozione Henri Beyle pareva che la pianta uomo in Italia fosse più sanguigna e vigorosa che in Francia. Ciò che a Parigi può essere oggetto di interminabili discussioni da salotto – pensava – viene prontamente risolto in Italia con una pugnalata. È comunque incredibile che ancora oggi si debbano leggere le sue *Cronache italiane* per capire la concezione del potere prevalente tuttora in Italia, dal punto di vista antropologico e del comportamento quotidiano, la sua personalizzazione estrema e, si direbbe, inconsapevole; la sua violenza abituale, nel senso della legge distorta o adattata *ad libitum*. Si tengano presenti le sue avvertenze al lettore:

La maniera appassionata di sentire che era propria degli italiani verso il 1559 esigeva azioni e non parole. Si troveranno perciò pochi dialoghi nel racconto che segue. È questo uno svantaggio per la mia traduzione, perché noi siamo abituati alle lunghe conversazioni dei nostri personaggi romanzeschi, per i quali una conversazione è una

---

[3] Si veda in proposito l'istruttivo contributo di S. Zuccotti, *L'olocausto in Italia*, Mondadori, Milano 1988; ma il testo fondamentale sull'«olocausto» in tutta la sua portata resta quello di L. Poliakov, *Il nazismo e lo sterminio degli Ebrei*, trad. it. Einaudi, Torino 1955.

battaglia. [...] Roma, pur senza un temibile esercito, era la capitale del mondo. Parigi, nel 1559, era una città di barbari alquanto ingentiliti.[4]

Stendhal lancia, *en passant*, dei colpi di sonda oltre la scorza del carattere italiano di incredibile precisione:

Quel che c'è d'eroico in queste storie commuove la fibra artistica sempre viva *nella plebe* e, d'altra parte, questa è così sazia delle lodi ufficiali tributate a certe persone che quanto non è ufficiale in codesto genere le va diritto al cuore. Bisogna sapere che il basso popolo in Italia soffre di alcune cose di cui il viaggiatore straniero non si accorgerebbe mai, anche se rimanesse dieci anni nel paese. Quindici anni fa, per esempio, [...] non era infrequente il caso che i banditi punissero con le loro imprese le angherie dei governatori di piccole città. Questi governatori, magistrati assoluti il cui stipendio non supera gli otto scudi mensili, obbediscono naturalmente alla famiglia più cospicua del luogo, la quale perciò, con questo mezzo molto semplice, opprime i propri nemici. Se non sempre i briganti riuscivano a punire quei piccoli governatori tirannici almeno s'infischiavano di loro e li sfidavano; e questo non è poco agli occhi d'un popolo intelligente come l'italiano. Un sonetto satirico lo consola di tutti i suoi mali, e un'offesa non è mai dimenticata. Ecco un'altra differenza capitale tra l'Italiano e il Francese.[5]

Il commento finale di Stendhal è istruttivo: «Un simile stato di civiltà offende la morale, d'accordo: oggi noi abbiamo il duello, la noia, e giudici che non si vendono; ma quei costumi del Cinquecento erano mirabilmente adatti a creare uomini degni di questo nome»[6].

Un tono per certi aspetti analogo torna oggi in Hans Magnus Enzensberger[7]. A lui fa impressione – un'impressione positiva – l'Italia odierna per il suo caos e la sua capacità di vivere in esso, addirittura di prosperare nel disordine endemico, fra scioperi a singhiozzo e manifestazioni di piazza, evasioni fiscali ed economia sommersa. Enzensberger è affascinato dal cinismo degli italiani, dalla loro salutare mancanza di rispetto per lo Stato, troppo recente a petto di una società così antica. Forse sottoscriverebbe

---

[4] Stendhal, *Cronache italiane*, trad. it. Sansoni, Firenze 1966, p. 11.
[5] Ivi, pp. 134-37; corsivo nel testo.
[6] Ivi, pp. 137-38.
[7] Se ne veda il recente *Ach Europa, Europa*, trad. it. Garzanti, Milano 1989.

la massima secondo cui governare gli italiani non è difficile; è inutile. Ne hanno viste tante, troppe. Governati di volta in volta dagli spagnoli, dai francesi e dagli austriaci, unificatisi politicamente solo nel 1860, vedono ancora nello Stato nazionale qualche cosa di lontano, se non di estraneo o di posticcio. Sono naturalmente sovranazionali. Ed è qui che potrebbero forse offrire, controvoglia e senza crederci troppo, una lezione all'Europa di domani.

4. L'immaginazione italiana come materia prima scarsa

L'Europa potrebbe aver presto bisogno dell'immaginazione italiana, dello scetticismo ilare, della fantasia economica, dell'irriverenza politica degli italiani. Ad evitare la grigia, ingloriosa caduta nella mediocrità d'un pantano burocratico in cui si sommino le vanità e le altezzosità francesi, il grigiore tedesco, lo spirito piattamente bottegaio del Benelux, il dinamismo e persino l'irresponsabilità degli italiani sembrano un ingrediente essenziale. Un nuovo spettro ossessiona oggi l'Europa. Non quello del comunismo di cui parlavano, con la stringatezza e quel tanto di sicumera da professori disoccupati, Marx e Engels nel *Manifesto* che proprio a Bruxelles veniva pubblicato nel 1848. E neppure si tratta delle nuove difficoltà, che al termine del 1989 si aprono con i crolli dei regimi comunisti dell'Europa orientale. Questi crolli, pubblicizzati con dovizia dalla televisione, rendono possibile e praticamente realizzabile l'idea di un'Europa dall'Atlantico agli Urali ma né i protagonisti né i commentatori sembrano avvedersi che la riscoperta della democrazia come procedura e del mercato come foro di negoziazioni non è la soluzione, bensì l'inizio dei problemi.

Presto la Polonia e tutta l'Europa centro-orientale conosceranno i rigori dell'economia aperta, si avranno proteste di massa, scioperi, disordini.

Lo spettro dell'Europa occidentale eventualmente unita, almeno a partire dal 1993, è un altro. Si chiama Bruxelles. Bisogna riandare a leggere ciò che del Belgio e di Bruxelles scriveva Charles Baudelaire. I poeti hanno spesso l'occhio più acuto dei politici, vedono più a fondo dei sociologi, valutano il peso di certe strutture e di certi comportamenti meglio degli economisti. Non si

21

vive solo di buona tela o di buon cioccolato. Non bastano lo spirito occhiuto e la grettezza bottegaia come modo di vita per fare l'Europa. Quando i paesi dell'Europa dovranno attenersi a norme comuni, sovranazionali, è fondamentale che tali norme non volino troppo basso, che l'Europa non si riduca al retrobottega di Bouvard e Pécuchet. È inutile che gli analisti sociali si preoccupino di consolare i futuri cittadini europei dimostrando che il prezzo del progresso è purtroppo una vita intera murata nella chiusa corazza delle istituzioni – in altre parole, che occorre abituarsi a vivere, o ad arrancare e a sopravvivere, dentro un labirinto di pareti, visibili e invisibili, imposte dalla burocrazia per fronteggiare le cangianti esigenze di una società sovranazionale sempre più complessa.

Nessuno si sogna di negare la necessità di ordinamenti burocratici che nel loro stesso carattere di impersonalità e nei loro automatismi garantiscono, almeno in teoria, il trattamento egualitario di tutti i cittadini. È noto – e la sociologia dell'organizzazione lo ha conclusivamente dimostrato – che le burocrazie tendono allo «spostamento dei fini». Vale a dire: da strumenti tendono a tramutarsi in scopi dell'azione sociale. Sono un'ossatura necessaria degli Stati moderni, rese sempre più necessarie dalle politiche sociali e dalle varie assistenze che gli Stati si sono arrogati come funzione essenziale, ma tendono in primo luogo ad assistere se stesse. Si può dire che la burocrazia è in generale un buon pastore la cui benevolenza viene meno quando è in gioco e viene chiamata in causa la sua stessa esistenza istituzionale. Ha una straordinaria capacità di sopravvivenza. In nome della continuità istituzionale sopravvive e si adatta a tutti i regimi. È transideologica. Esprime bene la tendenza sotterranea profonda che ha legato tutti i processi di modernizzazione, indipendentemente dalle legittimazioni e dalle giustificazioni etico-ideologiche, dal capitalismo ai vari «socialismi reali». Riassume in sé l'ineluttabile tendenza isomorfica che caratterizza tutti i paesi che abbiano deciso di imboccare la strada della modernizzazione e dell'industrializzazione, dagli albori della «rivoluzione industriale» verso la metà del Settecento ad oggi, alle soglie del terzo millennio.

Siamo al paradosso. Gli italiani godono qui del dubbio vantaggio d'una loro vistosa, storica carenza. Non devono certamente subire, per usare la formula di Thorstein Veblen, la «penalty of taking the lead». La loro pubblica amministrazione è una delle più arretrate; conserva i segni tipici di una amministrazione burocratica, legalistica formale, forse adatta ad una società chiusa, contadina e artigianale, in cui l'utente è percepito non come cittadino-cliente, ma come suddito da angariare e da spremere. Non è una burocrazia funzionale, in grado di muovere incontro al problema prima che deflagri, in base a previsioni a media scadenza. È in grado di intervenire, quando interviene, solo *post factum*, a disastro avvenuto. Ciò ha un costo sociale altissimo, forse non calcolabile. Ma ha anche un aspetto positivo: i cittadini non possono aspettarsi molto dalla burocrazia statale; non possono attaccarsi ad essa come il neonato alla mammella; in verità, non possono aspettarsi quasi niente; per questa ragione debbono preoccuparsi di se stessi, risparmiare, provvedere i mezzi per far fronte alle emergenze, personali e familiari; coltivare gli amici, apprestare le reti di protezione informali che una società relativamente sprotetta o assenteista rende necessarie. Il provvisorio si fa così definitivo. L'espediente diviene un mezzo fondamentale di sussistenza e di sopravvivenza.

Gli italiani emergono così come gli europei meno disciplinati nei confronti dello Stato; resteranno anche domani, nell'Europa unita, probabilmente gli europei più intraprendenti del continente, impervi alle programmazioni e alle norme comunitarie. Ma basterà questa congenita indisciplina a salvarli? Potranno camminare con gli altri partner europei, con lo stesso ritmo, con la stessa regolarità quanto a rendimento medio, a produttività costante, a capacità di tenuta?

II.

INDUSTRIALIZZAZIONE
SENZA CULTURA INDUSTRIALE

1. Un errore di prospettiva: produzione contro servizi

Facciamo un passo indietro. Ripercorriamo rapidamente gli anni dalla fine della guerra ad oggi, dal 1945 al 1990. La ricostruzione avviene in Italia negli anni compresi tra il 1945 e il 1955. Inizia con il ricongiungimento del Nord con il resto della penisola e con l'avvento al potere del governo Parri. Seguendo un criterio apparentemente politico, in realtà inerente all'evoluzione della struttura sociale italiana, si può suddividere tale periodo in tre parti: dal 1945 al 1948, dal 1948 al 1950, dal 1950 al 1955. Tra il 1945 e il 1948 ha luogo il primo tentativo di ricostruzione attraverso il piano Marshall. Gli americani operano su scala europea un imponente intervento finanziario, economico, tecnico-industriale e politico. Questo intervento scatena una lotta frontale fra i partiti moderati e l'opposizione di sinistra. I partiti antifascisti erano stati uniti fino al momento della promulgazione della Costituzione e della dichiarazione della Repubblica, avvenuta nel 1946. Il referendum spacca l'unità antifascista del Comitato nazionale di liberazione e il compito, che era fin qui comune, dai comunisti ai liberali, la ricostruzione, diventa motivo di aspra divisione politica. I comunisti in particolare e i socialisti, che sono «fusionisti», vale a dire i socialcomunisti, come allora erano chiamati, si oppongono al piano Marshall, considerato un mezzo di oppressione capitalistica americana. Ma la ricostruzione andava fatta e se le sinistre non erano pronte a far valere strategie e tattiche, e quindi in termini pratici si autoescludevano, la ricostruzione si sarebbe fatta senza di loro. Il bisogno concreto, effettivo di ricostruzione veniva assunto in proprio, insieme con gli alleati minori (liberali, repubblicani e PSLI), dalla Democrazia cristiana. I frutti si vedono con il trionfo elettorale del 18 aprile del 1948 che porta la Democrazia cristiana a sfiorare la maggioranza assoluta (48,9 per cento). Ha inizio la seconda fase della ricostruzione. La CGIL, soprattutto attraverso l'opera e la guida di Giuseppe Di Vittorio e del suo illuminato realismo, comprende che la ricostruzione, se condotta innanzi senza i lavoratori, sarebbe stata inevitabilmente fatta contro i lavoratori. Di qui il famoso «piano di lavoro», proclamato da Di Vittorio al congresso della CGIL di Genova nel novembre 1948, in cui la classe operaia italiana, seppure con riserve ideologiche all'epoca espresse con forza da Vittorio Foa, accetta il piano Marshall e inizia una collaborazione attiva alla ricostruzione del paese.

Col 1948 inizia una seconda fase della ricostruzione come compito nazionale sul piano socio-economico mentre, paradossalmente, i partiti della sinistra vengono costretti all'opposizione. È appena il caso di menzionare come, in occasione dell'attentato a Togliatti da parte di Pallante, soprattutto i quadri della CGIL si prodigano contro i pericoli di insurrezione popolare e in favore della pacificazione. Questo periodo di pace sociale relativa dura fino al 1950 quando, attraverso l'approvazione e la ratifica del Patto Atlantico, si rende evidente e operativa la conseguenza *politica* degli aspetti economico-tecnici e socio-industriali del piano Marshall.

Con la sofferta approvazione del Patto Atlantico e quindi con l'entrata ufficiale dell'Italia nella sfera egemonica atlantica, dominata dagli Stati Uniti, ha inizio la terza fase della ricostruzione in cui si pongono le premesse per il lancio delle industrie di grandi serie o di produzione di massa e per l'inserimento dell'economia italiana nel quadro europeo e mondiale, attraverso l'abbattimento, ad opera specialmente di Ugo La Malfa, di tutte le barriere protettive e doganali di origine autarchica e fascista.

Col 1955 la politica italiana va sempre più internazionalizzandosi e politicamente l'Italia si appresta, mercé il Trattato di Roma, ad essere uno dei membri di punta, con Francia e Germania, della futura Comunità Europea. In generale, si può dire che la ricostruzione italiana è stata nello stesso tempo una grande operazione storica per il rinnovamento strutturale di un paese tradizionale come l'Italia e un'occasione mancata. Infatti, nel giro di una generazione o poco più, l'Italia si sarebbe trasformata da paese ad economia rurale e artigianale in società urbano-industriale; una transizione che in Inghilterra aveva richiesto poco meno di due secoli. Nello stesso tempo in questa grandiosa trasformazione strutturale e socio-culturale le classi dirigenti italiane mostravano di non aver imparato molto dalle tragiche esperienze di quei paesi che avevano preceduto l'Italia sulla strada della modernizzazione. La trasformazione doveva compiersi all'insegna di uno sfrenato darwinismo sociale, malamente mascherato dall'ideologia della libera impresa e dal culto della privata iniziativa. L'epopea delle migrazioni interne da Sud a Nord e da Est ad Ovest si sarebbe compiuta allo stato brado, senza eccessive preoccupazioni per quelle infrastrutture sociali che sono essenziali per qualsiasi paese civile. Al Mezzogiorno si sarebbero elargiti fondi ma in una prospettiva clientelare e non produttivistica, perpetuando una tradizione di corruzione capillare.

Le contraddizioni complessive del sistema ne sarebbero risultate aggravate invece che risolte. L'Italia sarebbe infine venuta fuori dalla ricostruzione come un paese borbonico ed elettronico nello stesso tempo. E tuttavia, nessuno può onestamente negare che la ricostruzione avviata nel decennio tra il 1945 e il 1955, con le sue luci e le sue ombre, sia stata la premessa essenziale che ha reso possibile all'Italia di prendere un posto importante fra i sei paesi più industrializzati del mondo odierno. Quello che un tempo fu chiamato «il giardino d'Europa» esporta attualmente più macchine utensili che arance siciliane.

La vecchia classe dirigente aveva puntato, esclusivamente e all'occorrenza duramente, sulla produzione, sull'aumento, quantitativo e qualitativo, della capacità produttiva. Aveva trascurato o messo tra parentesi – come un di più che sarebbe evangelicamente venuto da sé – le infrastrutture sociali fondamentali (case, scuole, ospedali).

Gli anni dal 1960 al 1980, con la conflittualità sociale capillare, la contestazione globale del '68 e poi gli «anni di piombo» culminati nel sequestro e nell'uccisione di Aldo Moro, si sarebbero incaricati di chiarire la portata mortale di questo errore di prospettiva, così naturale d'altronde per una classe dirigente da sempre autoritaria, paternalistica e manipolatrice. Ma procediamo con ordine. Nella selva intricata dei dati empirici cerchiamo di fissare una scansione plausibile che copra il trentennio che va dai tardi anni Cinquanta ai primi anni Novanta.

Gli anni tra il 1954 e il 1958 sono segnati da tre fenomeni:

a) accelerata trasformazione economica; *b*) evoluzione del quadro politico uscito dal dopoguerra; *c*) tendenziale modernizzazione culturale.

Si tratta di fenomeni dominati da una loro logica specifica;
nessun filtro critico sembra in grado di graduarne e renderne
relativamente coerente lo sviluppo; lo scenario è quello tipico del
darwinismo sociale e della crescita selvaggia. La classe dirigente
politica, che in un regime democratico dovrebbe mediarli, appare
perduta nei suoi giochi interni di potere. Sullo sfondo c'è l'esodo
contadino dal Sud, a fornire ai letterati italiani materiale umano
di prim'ordine per notevoli prove di bravura stilistica, ma anche a
denunciare, in primo luogo, la persistenza di un'irrisolta «questione meridionale», con conseguenti processi di massiccia urbanizzazione nelle re-industrializzate città del Nord, che si innestano su
una tendenza demografica in aumento.

Sono gli anni che precedono e accompagnano il «boom» economico. In assenza di una politica di programmazione effettiva, il
fenomeno si fonda sul concorrere e sul sovrapporsi di fattori diversi. L'esodo dal Sud e dalle campagne – autentiche trasmigrazioni
bibliche – offre manodopera a basso costo per le imprese del Nord,
che sono intanto impegnate nella rincorsa ai mercati internazionali. Lo scenario è quello consueto quando si tratta di creare l'accumulazione finanziaria essenziale per il decollo della grande industria sul piano internazionale: salari bassi, disciplina di fabbrica
rigida, consumi privati compressi. Solo agli inizi degli anni Sessanta si avrà la «mobilitazione dei consumi» con l'allargamento della
domanda interna e la diffusione di una cultura consumistica.

Anche il quadro politico post-bellico è in movimento. L'egemonia democristiana, fondata sui governi centristi, scricchiola. Il
1954 può essere considerato, a questo proposito, un anno simbolo. Scompare Alcide De Gasperi, l'uomo del 18 aprile 1948.
Amintore Fanfani, leader emergente del partito, lavora per liberare la Democrazia cristiana da una duplice subalternità, quella
delle gerarchie ecclesiastiche e quella che si lega ai notabili.
Obiettivo cruciale della strategia fanfaniana è la spregiudicata
occupazione dei grandi enti di Stato, con la creazione di una
burocrazia politico-amministrativa, dotata di proprie risorse finanziarie e politicamente protetta, e di canali di consenso autonomi.

Il quadro internazionale, nonostante la guerra fredda, è relativamente rassicurante: proprio nel 1954 l'intesa italo-iugoslava

28

chiude l'ultima ferita aperta dalla guerra. L'attenzione si concentra sulla situazione interna, sul logoramento del centrismo degasperiano, sulle ipotesi di nuovi equilibri. Si inaugurano gli anni del centrismo instabile.

Nella fase di transizione che si profila, la grande industria gioca con vigore le proprie carte. La FIAT di Valletta si pone alla testa di un'offensiva antisindacale condotta su tutti i terreni. L'obiettivo è togliere alla CGIL la titolarità della contrattazione centrale, favorendo un ripiegamento aziendalistico in cui possa trovare spazio il sindacalismo autonomo. Le elezioni del 1955 per il rinnovo delle commissioni interne alla FIAT sono un momento importante della strategia padronale: la CGIL subisce una sconfitta storica, l'ordine di Valletta è ristabilito e diviene il presupposto di un'espansione aziendale in un'atmosfera di controllo che sconfina in episodi di repressione. Ma la sconfitta prepara una fase di intensa maturazione strategica che produrrà frutti importanti nel decennio successivo e stimolerà l'avvento di una cultura e di una leadership sindacale più attenta alle complesse dinamiche dell'industrializzazione e dell'integrazione sociale nel contesto urbano [1].

Nel 1956 si manifestano segnali di un'autonomia politica che rivela il progressivo articolarsi di un'identità operaia non più totalmente subalterna ai tradizionali insediamenti subculturali. La CISL comincia a differenziarsi dalla gestione democristiana degli enti pubblici, promuovendo alcune vertenze in aziende statali. La CGIL di Di Vittorio rifiuta di avallare la repressione ungherese, che trova giustificazioni nelle file del PCI di Palmiro Togliatti.

Ma il profilarsi di identità e contraddizioni tipiche della cultura industriale non occulta i dati sociali prevalenti del periodo. La vita politica e socio-culturale italiana è ancora egemonizzata dalle subculture ideologiche dominanti, che conoscono anzi nuove for-

---

[1] La vittoria dell'aziendalismo spurio, invece di una contrattazione realisticamente basata sulle situazioni aziendali specifiche, era stata indubbiamente favorita dallo «schematismo» ideologizzante della CGIL, come fu, a suo tempo, riconosciuto dallo stesso Di Vittorio; cfr., in proposito, il mio *Sindacato, industria, società*, Utet, Torino 1970. Si veda specialmente il mio *La protesta operaia*, Comunità, Milano 1955, per una vigorosa istanza critica verso il dottrinarismo ideologico; il libro si attirò severe rampogne; cfr., fra gli altri, P. Spriano, *La protesta operaia*, in «l'Unità», 2 novembre 1955; F. Onofri, *Il Maometto di Olivetti*, in «Il Contemporaneo», 17 settembre 1955.

me di radicamento nel tessuto produttivo. Il «boom» sarà figlio della grande industrializzazione, ma anche della crescente vitalità dell'impresa artigiana o semi-industriale che fiorisce nel cuore territoriale delle subculture dominanti, il Veneto bianco e l'Emilia rossa. A queste si aggiungono l'Umbria e le Marche.

La vivacità che contraddistingue il mondo dell'associazionismo (si pensi all'evoluzione delle ACLI o alla sinistra giovanile e universitaria), è tutta innestata sulla dialettica con i partiti di massa, cui fornirà i futuri quadri dirigenti.

Fra i due partiti di massa, DC e PCI, è guerra. A metà del decennio, Fanfani ha elaborato la teoria dello «sfondamento a sinistra», inaugurando un dialogo a distanza col PSI in funzione anticomunista. La stagione post-staliniana non ha appannato la rivendicazione della «diversità» comunista. Nenni e Saragat si incontrano a Pralognan nel 1956, alimentando voci e attese di una ricomposizione autonomistica del movimento socialista che andranno deluse sul breve periodo, pur inserendosi nel travaglio che precede l'opzione per il centro-sinistra, già abbozzata nel Congresso di Venezia nel 1957. Il 1957 è anche l'anno del Trattato di Roma, che dà vita al Mercato comune europeo. Per la classe dirigente italiana è uno strumento di legittimazione internazionale e di possibile uscita da un ruolo nazionale fortemente defilato e subalterno negli anni del dopoguerra.

Le elezioni politiche del 1958 danno alla DC oltre il 42 per cento dei suffragi, ma lo «sfondamento» non riesce e anche il PCI – in omaggio ad una tendenza che alimenterà un intero filone politologico – si consolida, mentre la crescita socialista è contenuta e netta appare la flessione delle destre tradizionali. L'esito elettorale ha per effetto l'accelerazione del dibattito che porterà alla prefigurazione del futuro centro-sinistra. Un processo travagliato che si inserisce in una stagione nuova anche per il mondo cattolico. Il 1958 è l'anno della scomparsa di Pio XII, cui succede il cardinale Roncalli, Giovanni XXIII.

2. I primi passi del «boom»

Le trasformazioni economiche e le tensioni politiche non esauriscono, ovviamente, il profilo del periodo. Sono però il punto di riferimento e la matrice delle modificazioni che investono il costume, la cultura, i modelli di comportamento. Il 1954, ad esempio, non è soltanto l'anno che segna un ideale spartiacque tra due stagioni governative. È, forse principalmente, l'anno in cui hanno inizio le trasmissioni della televisione di Stato; un fatto destinato a caratterizzare un'epoca, pur nel clima di soffocante controllo istituzionale e, a volte, di censura pretesca cui la programmazione è sin dall'inizio sottoposta.

Ed è l'anno del primo, clamoroso scandalo di regime che turba il ceto politico democristiano, lacerando il velo di moralismo tradizionalistico di cui si ammanta la sua immagine pubblica: il «caso Montesi». La plumbea atmosfera culturale dell'immediato dopoguerra è incrinata, del resto, anche da più innocue manifestazioni di costume, che rivelano l'emergere di mode e manie esotico-consumistiche, a fianco di sopravvivenze culturali arcaiche. Sono i giorni dell'affannosa (e dispendiosa) ricerca del taumaturgico «fungo cinese»...

Un grande fatto collettivo (la televisione), uno scandalo di regime, una mania di massa: tre episodi di diseguale portata, ma coerenti nel disegnare il profilo di una transizione culturale incipiente. Un processo cui non è estranea l'avanguardia intellettuale, che viene faticosamente emergendo dal grigiore del periodo fascista e dello stesso post-fascismo e che avvia una contestazione – ancora per larga parte strisciante – dei moduli tradizionali e del loro impianto idealistico.

È di questo periodo la produzione più sofferta e originale della poesia e della narrativa di Pasolini, con cui il mondo dello sradicamento metropolitano (*Ragazzi di vita* è del 1955; di quattro anni dopo sarà *Una vita violenta*) trova cittadinanza ed espressione. *La strada* di Fellini propone una riflessione cinematografica piena di disincanto sulla solitudine e la speranza. Il neorealismo evolve verso tematiche più complesse, che riflettono la condizione degli immigrati e la nuova marginalità metropolitana. Dino Risi si cimenta con le anteprime di quella che sarà la commedia all'italiana (*Poveri ma belli* è del 1956).

Nel 1955 la FIAT 600, prodotta nella grande fabbrica «normalizzata» e lanciata pubblicitariamente come il simbolo di una promozione sociale collettiva per via consumistica, avvia una stagione di accelerata motorizzazione. Si intravedono i segnali di una prima ondata di quella mobilitazione dei consumi che caratterizzerà la fase storica successiva. La televisione di Stato inventa i primi fortunati *circenses*, con Mike Bongiorno e il suo *Lascia o raddoppia?*. Nel 1956 scendono per la prima volta in Italia dieci milioni di turisti stranieri, un gigantesco fatto di costume di cui, per l'intanto, si coglie il contributo economico al rilancio italiano. In una miniera di Marcinelle, in Belgio, muoiono trecento lavoratori. Moltissimi sono italiani: è l'altra faccia del «miracolo» che si annuncia. Ha inizio un poderoso programma di opere viarie, destinato ad accompagnare (e sorreggere) la motorizzazione degli italiani. Nel 1956 è posta la prima pietra dell'Autostrada del Sole, mentre il sistema dei trasporti pubblici rimane spesso a livello di sottosviluppo. L'affondamento dell'«Andrea Doria» colpisce l'immaginario collettivo; i media radiotelevisivi si cimentano con le loro possibilità di suggestione e di influenza.

Fra il 1956 e il 1958 le tendenze si precisano, il quadro si fa più ricco, si definiscono le traiettorie della modernizzazione. L'impulso consumistico, che in questa fase viene sempre più assecondato a livello imprenditoriale e di politica economica, si rinforza. Lo simboleggia il lancio della 500, la superutilitaria FIAT «veramente per tutti». La crisi degli equilibri politici di regime – come sempre in questi casi – si consuma in un crescendo di clamorose vicende giudiziarie (emblematico è il caso Giuffré, primo di una serie di spregiudicati «banchieri di Dio»). La legge Merlin, che impone la chiusura delle case di tolleranza, divide l'opinione pubblica in una controversia sul senso comune degli italiani, estremamente istruttiva sotto il profilo dell'antropologia nazionale.

Ma non si smentisce neppure la tendenza a un parziale sprovincializzarsi delle manifestazioni artistico-culturali. Nel 1956 Moravia e Carocci fondano «Nuovi Argomenti», destinato a divenire un luogo privilegiato della «contraddizione intellettuale» della sinistra. Nello stesso anno Milano ospita per la prima volta in Italia un eccezionale evento jazzistico. L'anno dopo, a New York, Venturi presenterà con sucesso una mostra dedicata all'avanguardia pittorica italiana. Ancora, nel 1957 Gadda pubblica *Quer pasticciaccio brutto de via Merulana*, con la sua carica di invenzione linguistica e di trasgressività letteraria. Il 1958 è l'anno della riscoperta del *Gattopardo*, che segna una grande operazione editoriale e sottintende una opzione culturale di massa, ancora embrionale ma significativa. Ed è anche l'anno della rivoluzione operata da Modugno nella musica leggera col suo successo sanremese, sintomatico di una rottura operante ormai anche ai livelli del gusto popolare, mentre col Cantacronache si affaccia un uso alternativo della canzone e del linguaggio di massa.

Se gli anni precedenti avevano consentito l'accumulazione materiale di risorse destinate ad un'accelerata espansione economica, quelli compresi tra il 1959 e il 1964 sono gli anni dell'attesa riformatrice. Come si è visto, la prima ondata espansiva dell'economia italiana postbellica aveva provocato una crisi nel sistema di governo. Seppure confusamente, si avanzava fra le stesse forze dominanti la coscienza degli immensi costi umani e sociali dell'industrializzazione accelerata e, con essa, l'esigenza di una razionalizzazione che impedisse effetti degenerativi su larga scala e, indirettamente, una radicale delegittimazione del sistema di potere costruitosi, fra vari aggiustamenti, nel quindicennio postbellico.

È nel contesto di un'espansione economica impetuosa e sempre meno governabile che va, dunque, collocata l'evoluzione del quadro politico, che porterà alle prime esperienze di centro-sinistra. Un'espansione già pienamente visibile nella seconda metà degli anni Cinquanta, ma che non si traduce in *sviluppo* civile e sociale comparabile ai tassi di crescita rivelati dagli indici economici. L'esodo dalle campagne, soprattutto meridionali, in direzione delle città industriali del Nord, significa ormai spopolamento di intere aree del paese. E la socializzazione di queste masse rurali meridionali nel sistema urbano-industriale non è facile. In alcuni casi, l'espansione demografica in assenza di servizi sociali e di strutture civili essenziali provoca fenomeni di urbanizzazione di tipo latino-americano. Si gonfiano anche città terziarie come Roma, dando vita a processi caotici di modernizzazione spuria, socialmente devastanti. Nascono i ghetti urbani dell'immigrazione, mentre perdura un incremento demografico massiccio – malgrado l'emigrazione – che il censimento del 1961 rivela di proporzioni tali, e dagli effetti potenziali così acuti, da imporre alternative strategiche urgenti al modello di espansione non diretta che domina il sistema economico e quello delle relazioni sociali.

Lo sviluppo – o meglio, l'*espansione* – dell'economia, sta infatti provocando, fra l'altro, una mobilitazione delle forze sociali, che è il versante politicamente cruciale della trasformazione socio-demografica. L'idea dell'«apertura a sinistra» matura nella percezione di questa avvertibile linea di tendenza, cui le forze di governo, e soprattutto il ceto politico democristiano, rispondono intanto potenziando indiscriminatamente l'intervento economico pubblico nel Mezzogiorno. Una strategia funzionale alla creazione-occupazione di nuovi centri di potere per il personale politico governativo, ma alla quale non è estranea una cultura dell'efficientismo coniugata a un'ispirazione genericamente meridionalistica. Strategia e vocazione politiche, che premono per un superamento dell'immobilismo centrista e per un modello di sviluppo differenziato e tecnocraticamente «programmato». L'attesa riformatrice che accompagna i primi passi del nuovo quadro politico è, perciò, il tratto politicamente caratterizzante la fase. E rappresenterà, naturalmente, l'elemento di misurazione della delusione che vi farà seguito. Va detto, anche, che il periodo conosce un relativo rinnovamento degli stessi studi economici e sociali, peraltro spesso ispirati ad una ripresa di temi funzionalistici d'oltre oceano o del solidarismo cattolico. La filosofia della «programmazione» – con qualche corollario ideologico che prelude alle sfortunate elucubrazioni sulla «fine dell'ideologia» – è l'asse centrale dell'elaborazione di centro-sinistra. Ma si tratta, appunto, di una filosofia dell'autosuggestione, condizionata dall'illusione di poter dominare il quadro socio-economico in trasformazione senza intaccarne seriamente gli equilibri politici. E questo, paradossalmente, teorizzando un largo dispiegamento dell'intervento pubblico e in presenza di un'opposizione di sinistra dal capillare radicamento territoriale e subculturale. La deriva mediatoria e istituzionalistica del centro-sinistra (dall'enfasi sui contenuti al ripiegamento sulle alleanze, come si esprime Tamburrano) sarà il frutto, fra l'altro, di queste illusioni e di queste contraddizioni insolute, mentre l'Italia sperimenta nell'arco di un decennio o poco più, fenomeni di impressionante mobilità. Undici milioni di cittadini cambiano residenza, spostandosi dalle campagne alle città, dal Sud al Nord, dai campi alle fabbriche.

La tradizionale frattura sviluppo-sottosviluppo di un quadro simile si ridefinisce, cambia profilo e soggettività sociali (per esempio, con una divaricazione del potere contrattuale fra operai di fabbrica e lavoratori «decentrati» che influirà sui processi di ricomposizione politica della classe), ma non si riassorbe. La politica dell'intervento statale a pioggia produrrà cattedrali nel deserto e sradicamento culturale al Sud, lasciando mano libera al confronto diretto fra parti sociali, che determina i primi embrioni di una politicizzazione conflittuale nei centri industriali del Nord. La mobilitazione consumistica, con i suoi connotati di cittadinanza economica passiva, è divenuta intanto l'elemento centrale della transizione socio-economica e culturale. Gli anni ne evidenzieranno l'obiettiva funzione surrogatoria, come agente principale di modernizzazione in assenza di una radicata e condivisa cultura industriale [2].

La lunga fase di incubazione dell'esperienza di centro-sinistra è ricca di colpi di scena. I mesi che precedono il governo Fanfani con appoggio esterno del Psi, sono fra i più tesi e convulsi, a dimostrare il groviglio di lacerazioni intestine, il contrasto di interessi, le spinte contrapposte che il progetto di «apertura a sinistra» alimenta. La rivolta dorotea e la crisi degli equilibri interni della Dc (1959) sembrano ricomporsi con la vittoria congressuale di Moro, che ratifica la scelta formalmente denominata di «centro sinistra».

Sono i mesi del varo del Piano verde, che aspira a ricomporre gli equilibri socio-economici rurali, travagliati dall'esodo e dalla caduta dei redditi agricoli. E il bisogno di mutamento coinvolge settori nevralgici del mondo cattolico organizzato, come le Acli, crocevia fra appartenenza sociale e identità subculturale, che sono le prime a sollecitare l'incompatibilità fra cariche sindacali e di partito.

Il rinnovamento culturale del mondo cattolico è, del resto, un «segno dei tempi», se proprio nel 1959 Giovanni XXIII annuncia la convocazione del Concilio Ecumenico Vaticano II [3]. I primi mesi del 1960 segnano un'accelerazione e poi una drammatizzazione delle tensioni che percorrono il sistema politico in una fase delicata di transizione. L'appoggio fornito dal Msi al debole governo presieduto da Tambroni scatena una reazione di piazza, che culmina nei moti di Genova e in tumulti popolari, con vittime in diverse città e una mobilitazione vigorosa dell'antifascismo «storico», cui si affiancano in forze giovani, lavoratori sindacalizzati, intellettuali.

La fiammata antifascista è un segnale sociale di insofferenza che fornisce indirettamente impulso all'ipotesi di centro-sinistra.

---

[2] Si veda, in proposito, il mio contributo *Italy: the idea of a dynastic capitalism*, in «Social Compass», 1980; per una costante critica *in itinere* al centro-sinistra mi permetto di rinviare ai miei interventi alla Camera dei deputati nel corso della terza legislatura (1958-1963).
[3] Sul Concilio Vaticano II e sulla sua tormentata evoluzione, mi permetto di rinviare il lettore al mio *Una fede senza dogmi*, Laterza, Roma-Bari 1990; specialmente ai primi due capitoli.

Alla fine del 1960, Fanfani forma un governo che, per la prima volta, gode dell'astensione socialista. Il «miracolo economico» sembra fornire le fondamenta strutturali per un esperimento che si annuncia equilibrato, ma coraggioso. Fa clamore l'apprezzamento del «Financial Times», che considera la lira come la più stabile fra le monete occidentali. Le Olimpiadi di Roma si propongono come una vetrina dell'Italia del «boom». Anche fra le organizzazioni sindacali si stanno intanto verificando dinamiche importanti. La classe operaia è per la prima volta alle prese con una situazione di quasi pieno impiego, il che ne accresce il potere contrattuale e induce a chiedere una diversa distribuzione dei profitti (anche se è cresciuto il divario fra lavoratori «tutelati» delle grandi aziende e dipendenti delle piccole imprese periferiche, quasi del tutto estranei alla condizione sindacale). Una data simbolo è il Natale del 1960, con la veglia pubblica per il contratto degli elettromeccanici milanesi. Una manifestazione che porta in piazza una nuova forza sociale e che anticipa le tensioni e i linguaggi del decennio successivo.

Il bisogno di un diverso governo della società, del resto, è fotografato dal censimento del 1961, che segnala *sub specie statistica* aree di sofferenza sociale e di distorsione dello sviluppo, in un contesto di vertiginoso incremento demografico e di urbanizzazione accelerata. Esperienze di centro-sinistra a diretta partecipazione socialista si realizzano in Sicilia e in comuni come Milano, Firenze, La Spezia (1961). La sinistra democristiana interpreta come un incoraggiamento la maggioranza assoluta che nello stesso anno lo scudo crociato consegue in Sardegna, alle consultazioni regionali. Nello stesso periodo l'Italia conosce il primo esperimento di conferenza triangolare fra governo, sindacati e industriali, che sembra inaugurare un nuovo stile di lavoro e un progetto di più mature relazioni industriali, riflettendo anche l'accresciuta contrattualità sindacale.

Il 1962 è un anno importante nel percorso che conduce al nuovo quadro politico. Malgrado l'appoggio dell'estrema destra all'elezione del presidente della Repubblica, Segni, e la scomparsa in circostanze inquietanti di Enrico Mattei, manager sostenitore dell'urgenza della svolta, Fanfani riesce a costituire il primo governo, sostenuto dall'esterno dal Psi. Il programma è ambizioso e, per una fase, non privo di traduzioni operative. Vengono aumentate le pensioni sociali; è riformato l'ordinamento scolastico dell'obbligo; si varano spezzoni di un rudimentale *welfare*, tardivamente arrivato in un'Italia convulsamente e caoticamente inseritasi nella società industriale. Viene persino istituita una commissione antimafia. Ma il provvedimento di maggior peso economico e politico è la nazionalizzazione dell'industria elettrica, che provoca preoccupate reazioni in settori ancora potenti dell'establishment imprenditoriale, insieme ad uno dei più ingenti trasferimenti di risorse finanziarie che la storia nazionale ricordi.

L'apertura del Concilio Vaticano II contribuisce ad alimentare il sentimento del nuovo e dell'attesa, favorendo un disgelo culturale, destinato a sviluppi diversi ed interessanti. Sembra tuttavia mancare la chiara determinazione degli obiettivi.

Le elezioni politiche del 1963 rappresentano un primo banco di prova per i nuovi equilibri politici. La Dc subisce una sconfitta netta, ma non imprevista e che non ne pregiudica il ruolo di guida nella transizione. I socialisti mantengono la loro forza parlamentare. Raddoppia i voti il PLI, capofila della campagna anti-nazionalizzazioni. Guadagna quasi il 3 per cento il PCI, forte ormai di un prestigio e di un insediamento sociale che rendono problematica l'ipotesi strategica di uno sfondamento a sinistra che si riaffaccia fra le forze moderate, quasi come assicurazione d'intenti nei confronti delle destre interne. Alla fine del 1963 prende corpo il primo centro-sinistra «organico», a partecipazione socialista. Lo presiede Aldo Moro; Pietro Nenni è vicepresidente. Passa la parificazione salariale che dovrebbe rivalutare la condizione professionale delle lavoratrici. Non passa, invece, l'abolizione della cedolare secca, che per molti osservatori costituirà un campanello d'allarme sulla possibile involuzione programmatica del nuovo governo. Si profila, intanto, una fase di recessione produttiva, destinata a protrarsi per tutto il 1964 e che sarà sbrigativamente definita «congiunturale», quasi un incidente di percorso rispetto alle linee della «Nota aggiuntiva» con cui Ugo La Malfa aveva, nel 1962, disegnato la strategia economica del nuovo governo, in un'ottica di alleanze sociali ispirate all'efficientismo e al produttivismo finalizzato.

Non si tratta di nubi passeggere. La fase recessiva che interrompe una lunga ondata espansiva segnala distorsioni strutturali non sanate nel modello di sviluppo. Nel 1964 due provvedimenti economici sono esemplari della situazione che si annuncia: la riduzione di orario di cinquantamila dipendenti delle grandi industrie e la decisione di dar vita a un faraonico centro siderurgico a Taranto.

Il centro-sinistra, ispirato ad una filosofia dell'espansione e della redistribuzione, deve fare i conti con una situazione nuova, prodotto del dualismo socio-economico e dello stesso nuovo ruolo internazionale dell'economia italiana. La mediazione sociale e gli investimenti statali rimangono i pilastri della risposta governativa, cui si aggiunge l'attuazione tardiva dei patti agrari. La programmazione ripiega, si riduce a slogan propagandistico, manifesta le sue contraddizioni irrisolte anche in sede teorica.

I contraccolpi dell'affievolirsi della spinta riformatrice non si fanno attendere. Il governo Moro cade su un provvedimento di finanza scolastica; l'estate del 1964 conosce episodi mai pienamente chiariti. Col «caso Sifar-De Lorenzo» si affaccia un'ipoteca golpista sulle istituzioni democratiche che, al di là della sua effettiva consistenza, denuncia fragilità e tensioni inquietanti in apparati decisivi dello Stato. Il presidente Segni è costretto alle dimissioni a seguito di una paralisi. Gli succederà Saragat, eletto coi voti della sinistra dopo un breve interim di Merzagora.

Ancora nel 1964 muore Palmiro Togliatti. I suoi funerali confermano con la loro solenne imponenza la presenza sociale del Pci. Il suo memoriale segna uno spartiacque ideologico, quasi un punto di non ritorno rispetto al divaricarsi fra modello sovietico e «via italiana» al socialismo.

L'anno si chiude con un panorama politico lacerato ed inquieto. La sinistra del Psi porta alle estreme conseguenze la critica alla «socialdemocratizzazione» del partito, scindendosi e dando vita al Psiup.

Se la politica italiana è tormentata e trapela qualche crepa nella mitologia del «boom», l'integrazione socio-culturale degli italiani nel consumismo e nei suoi circuiti sembra non conoscere battute d'arresto. La motorizzazione privata procede a ritmi paragonabili a quelli degli Usa pre-bellici; dilagano mode e stili di vita d'importazione, spesso provincialmente ostentati; il jukebox in ogni bar è formidabile simbolo d'identificazione; gli elettrodomestici entrano in tutte le case (o quasi).

La cultura di massa fagocita stereotipi di ogni genere, la pubblicità diviene un grande fatto di costume. Imperversa il twist anche nelle antiche balere; nel 1962 Celentano è il primo cantautore italiano ad approdare alla mitica Olympia parigina, sebbene Tajoli trionfi ancora con i suoi gorgheggi a Sanremo 1961.

Il cinema trasmette nel mondo un'immagine seducente – e in fondo rassicurante – dell'Italia della *Dolce vita* (1960). È curioso che, ancora recentemente, il film di Federico Fellini sia additato da un quotidiano cattolico, «L'Avvenire» (febbraio 1990) come l'indice segnaletico più importante di quell'erosione dei principi morali che doveva fatalmente condurre al nichilismo odierno. I film di denuncia sociale (Rosi) si accompagnano alla sofisticata ricerca di Antonioni e di Visconti. Sono anni di creatività artistica e di «Italian Style». Trionfano il nostro design e la nostra moda da esportazione. Ma *La noia* di Alberto Moravia segnala una crisi di valori esistenziali, che si è incuneata nell'immagine levigata del «miracolo». Natalia Ginzburg sperimenta una originale narrativa autobiografica nel suo *Lessico famigliare*; Pasolini si cimenta come regista cinematografico; Strehler propone al grande pubblico il *Galileo* brechtiano nello stesso anno (1963) che vede il costituirsi del Gruppo 63.

Esplode l'industria discografica. Un pubblico giovane ed eterogeneo divora i cantautori nazionali (con la paradigmatica vicenda di Luigi Tenco), impazzisce per i Beatles e per l'astro nascente dei Rolling Stones, Mick Jagger, scopre le suggestioni del folk e del country americano, in un'integrazione totale nei gusti e nelle mode generazionali internazionali. Nel 1964 – l'anno del *Vangelo secondo Matteo* pasoliniano – la cinematografia italiana inventa gli spaghetti western, a cura di Sergio Leone, già aiuto di Roberto Rossellini e Federico Fellini.

La televisione è ormai un bene di consumo diffuso. Dilata gli spazi della comunicazione sociale e pone problemi complessi di gestione alle stesse forze che controllano con occhiuta vigilanza. Nel 1960 si inaugura una tribuna elettorale televisiva, che pare abbia turbato i sonni integralisti del ministro Scelba. Ed è la Tv a portare per prima nelle case l'immagine delle grandi tragedie collettive. Come per la sciagura ferroviaria di Voghera del 1962 e, soprattutto, per la catastrofe del Vajont (1963). Ed è ancora l'immagine televisiva a santificare le grandi opere pubbliche realizzate nel periodo: il traforo del Monte Bianco, l'Autostrada del Sole destinata ad «accorciare l'Italia» (1964).

L'Italia delle parate e delle inaugurazioni nasconde, però, a fatica gli scheletri nell'armadio. Esplode – e sarà presto opportunamente «ridimensionato» – lo scandalo di Fiumicino. E in un accesso di moralizzazione viene condannato – a 11 anni – Felice Ippolito, sostenitore di un piano energetico nazionale osteggiato da forze economiche e politiche potenti, fra cui brillano le «sette sorelle» petrolifere e l'on. Giuseppe Saragat. La censura, del resto, vigila anche sulla produzione artistica, per esempio colpendo l'*Arialda* di Giovanni Testori messa in scena da Visconti a Milano o le apparizioni televisive di Dario Fo, in un rigurgito di clericalismo repressivo che sarà sbeffeggiato – ma non politicamente contestato o contrastato – proprio dalla dilagante liberalizzazione del costume, inevitabile portato del consumismo. Il 1964 è anche l'anno dei primi timidi topless...

È l'anno di una polemica sul lavoro di Franco Fortini, presentato a Spoleto – *Bella ciao*, dedicato alla cultura della Resistenza – che la dice lunga sugli umori latenti dei conservatori del tempo, a solo quattro anni dall'esplosione del '68. Il folk politico, che costituirà la colonna sonora del '68, nasce del resto proprio attorno al 1963, dalla ricerca di Della Mea e dal sincretismo con la cultura musicale di massa.

L'editoria si rivolge a un pubblico che mostra segni di evoluzione-diversificazione del gusto e degli interessi. Viene tradotto in italiano il *Tractatus* di Wittgenstein, mentre si affaccia una produzione di libri economici destinata a conquistare un pubblico poco abituato alle librerie. L'intimismo psicanalitico del *Male oscuro* di Berto è il prodotto ultimo della letteratura del periodo.

3. Le contraddizioni irrisolte si aggravano

La parentesi recessiva del biennio 1963-64 sembra lasciare il posto, sin dagli inizi del 1965, ad una nuova fase espansiva dell'economia italiana. In realtà, si tratta di una ripresa parzialmente drogata da una cura deflattiva, che ha provocato crisi occupazionale, e dal dispiegarsi degli effetti di traino che esercita in questo periodo la locomotiva MEC. Le cause strutturali che sono alla base delle difficoltà ricorrenti del sistema economico vengono così sostanzialmente occultate. Il fallimento del «piano quinquennale» firmato da Giovanni Pieraccini non insegna nulla alla classe dirigente. Ci si culla sui dati OCSE, che nel 1968 assegnano all'Italia il primato mondiale della crescita del reddito globale calcolato a partire dal 1955. Ma le contraddizioni irrisolte permangono e, se possibile, si aggravano.

Fra queste c'è l'immobilità sostanziale di un quadro politico dominato dall'involuzione progressiva dell'esperienza di centro-sinistra verso pura formula in funzione di preservazione degli equilibri di potere e del ceto politico che essi esprimono. E c'è una crisi latente dei partiti che, nel bene e nel male, hanno guidato la transizione dell'Italia a una «democrazia di massa», sia pure fragile e limitata.

È in questo periodo che si consuma la breve parabola dell'unificazione socialista. La Dc, che aveva saputo egemonizzare sino ai primi anni Sessanta il processo di trasformazione clientelare del sistema politico meridionale, senza perdere contatto con l'insediamento subculturale cattolico e senza rinunciare a un'opera costante di mediazione interclassista, vede progressivamente incrinarsi il rapporto storico col collateralismo e, soprattutto, la capacità complessiva di dirigere e risolvere le contraddizioni di una società ormai largamente urbanizzata e «modernizzata». Lo stesso Pci, che pure vede consolidarsi la propria presenza istituzionale e sociale, è attraversato da tensioni e fermenti che entreranno anche drammaticamente in relazione con le effervescenze contestative di fine decennio. Per di più, i fenomeni di secolarizzazione culturale hanno portato alla luce l'intollerabile arretratezza della legislazione in materia di diritti civili, con l'emergere di un associazionismo d'opinione e di pressione che rappresenterà un elemento non secondario di destrutturazione del conflitto politico tradizionale. Non si tratta soltanto, perciò, di processi endogeni di trasformazione del sistema dei partiti e della forma partito, secondo le tipologie politologiche che imperverseranno nei primi anni Settanta. Il nodo del '68 va fatto risalire innanzitutto a dinamiche sociali diffuse e profonde, a cause non contingenti che troveranno nell'attualità ragioni scatenanti, riferimenti ideali e, persino, nuovi codici comunicativi.

Le mobilitazioni collettive degli anni tra il 1967 e il 1969 hanno il loro iniziale epicentro nelle università. E non a caso: l'università è il luogo in cui esplode la tensione culturale prodotta dalla trasformazione sociale, dalle aspettative deluse dell'aspirante ceto intellettuale, dall'arretratezza e inadeguatezza della mediazione politica tradizionale e dai residui di un autoritarismo borbonico che sarà, per così dire, la miccia della rivolta. La crisi che investe le giovani generazioni colte, disegnando un conflitto potenziale con l'ordine sociale certamente non profilato sulle tradizionali identità di classe, ma che presto adotta i simboli e i moduli teorici, già spesso obsoleti, del classismo rivoluzionario, va dunque fatta risalire a ragioni complesse e inquietudini diffuse in una società squilibrata e divisa.

Entrano in gioco ancora una volta le distorsioni dello sviluppo e la carenza di un filtro politico capace di dare risposte coerenti e organiche agli impulsi dell'economia e alle tensioni di una società mobilissima e non priva di creatività, cui si contrappone il monolite della mediazione perenne, del rinvio decisionale, dell'inamovibilità del ceto politico. Il '68 denuncia la caduta di rappresentatività sociale della rappresentanza politica, anche se la sua visione elitistica delle relazioni di potere – con la personalizzazione simbolica e la demonizzazione del «sistema» – gli impedirà di costruire, in Italia e altrove, un'effettiva alternativa politica.

Il '68 non abbatte nessun governo, ma mina la governabilità dei vari sistemi politici in cui si sviluppa e ai quali si oppone. È un poderoso soggetto di destabilizzazione, con una paradossale funzione conservatrice rispetto agli equilibri interni del Palazzo e con un'interazione evidente con i processi di modernizzazione culturale e le aspirazioni ad una democratizzazione sostanziale dell'ordine civile, caratteristici di una società come quella italiana all'indomani del balzo nella società industriale. In questo senso, la sua relativa impotenza progettuale rinvia proprio ai caratteri della modernizzazione spuria, alla debolezza di una tradizione di associazionismo democratico e riformatore, alle persistenze retoriche e alle inclinazioni settarie, tipiche del sistema politico.

Il '68 studentesco fa, anche, da detonatore per la ripresa operaia e sindacale, che celebra i suoi fasti nell'autunno 1969. È un grande movimento organizzato che riesce a inventare nel proprio seno nuove dinamiche di rappresentanza (vengono abolite le commissioni interne nelle grandi fabbriche, nasce il soggetto politico del «delegato», preferibilmente espresso unitariamente, in una fase di veloce smobilitazione degli steccati ideologici intersindacali). Aggrega domande sociali diffuse sul territorio e nella condizione urbana e spesso surroga le funzioni dei partiti. È un movimento che affonda radici nella nuova contrattualità «strutturale» della classe lavoratrice, meno esposta al ricatto occupazionale, più integrata nella cultura industriale e sempre meno subalterna alle appartenenze subculturali tradizionali, espressione di «fratture» ormai debolmente percepite. Di qui, per inciso, l'impulso fisiologico alla ricomposizione unitaria del fronte rivendicativo – e, in prospettiva, organizzativo – che non matura tanto nella sfera dell'ideologia, quanto nella pratica dello scontro con un padronato arroccato a un potere politico spesso latitante. Il decennio si chiude, quindi, in un panorama dominato da fenomeni di mobilitazione collettiva e di tensioni sociali che l'Italia post-bellica non aveva ancora conosciuto. E anche nell'impatto con i nuovi movimenti e con la loro carica anti-istituzionale si manifestano i nodi irrisolti dello sviluppo civile e della cultura politica.

È un impatto che produce una latente quanto lacerante crisi istituzionale, con divaricazioni spesso inquietanti nelle stesse strategie di risposta dei poteri. Alle divisioni e al ritardo culturale del ceto politico elettivo si sommano le divisioni interne al ceto politico non elettivo proliferato all'ombra della burocrazia di Stato e delle istituzioni tradizionali. Così, se la magistratura pretorile o gli amministratori locali «apriranno» spesso alle istanze emergenti dalla società civile, talvolta dilatando discrezionalmente gli spazi delle competenze legislative e finanziarie, l'alta burocrazia risponderà spesso con arroccamenti corporativi e resistenze di segno reazionario. La spinta proveniente dalla società civile, insomma, contribuisce a divaricare ulteriormente il sistema politico e le istituzioni. È in questo quadro che si sviluppano segnali inquietanti per lo stesso ordine democratico. Si aggregano nell'ombra poteri occulti stanchi della tattica del «muro di gomma», con cui il potere politico cerca di resistere alla pressione dei movimenti, e inclini a risposte apertamente repressive. Resistenze e reazioni che non operano nel vuoto, innestandosi sulle fantasie golpiste di gruppuscoli neonazisti e sulle operazioni dei servizi segreti internazionali, e persino sui segnali di un'incipiente contromobilitazione di destra, che avrà connotati urbano-borghesi nelle città del Nord (la «maggioranza silenziosa») e fisionomia local-populistica nelle rivolte meridionali.

Le bombe che esplodono a Roma e a Milano nel dicembre 1969, provocando le prime vittime di una violenza terroristica destinata a insanguinare il decennio successivo, scandiscono la transizione cruenta a un diverso e ancora più incerto momento politico. La fase recessiva del biennio precedente suggerisce una ripresa dell'idea di programmazione, la parola magica che aveva

43

riassunto le attese del primo centro-sinistra. Se ne fa interprete il ministro Pieraccini, che elabora un «piano quinquennale» che, a decorrere dal 1965, dovrebbe iniettare elementi di razionalizzazione dirigistica nel sistema economico. Il piano non avrà successo, mettendo a nudo l'intrinseca debolezza della volontà politica e la forza delle resistenze all'innovazione. È varata, invece, la legge sulla «giusta causa», che restituisce prestigio al ruolo sindacale e anticipa per alcuni versi la produzione legislativa degli anni Settanta.

L'onorevole Loris Fortuna presenta il primo progetto per l'introduzione del divorzio nell'ordinamento statale, una questione destinata a sviluppi importanti, fra costume e sistema politico. Ma l'attenzione dell'opinione pubblica è ancora turbata dal terrorismo alto-atesino, che conosce una recrudescenza inquietante.

Si apre nel 1966 la breve stagione dell'unificazione socialista, frutto tardivo e precocemente degenerato del centro-sinistra e delle velleità di una radicale ristrutturazione degli equilibri politici nazionali. Ma c'è tensione anche fra le fila democristiane, dove la leadership di Moro è sfidata dall'insofferenza della destra scelbiana. La costituzione, a Livorno, di un minuscolo Pcd'i, di pervicace osservanza stalinista, anticipa – ancora nel 1966 – la deriva partitica di alcune esperienze post '68. Nasce, fra sospetti e polemiche, il colosso industriale Montedison; la FIAT realizza un importante accordo con l'URSS per la costruzione di una «città dell'automobile», Togliattigrad, che avrà il suo seguito – nel 1989 – con la «perestrojka» di Michail Gorbaciov. L'anno dopo (1967), conquista il primato europeo delle vendite automobilistiche. Il governo conosce, intanto, un'altra clamorosa e significativa sconfitta, su un provvedimento che riguarda l'istituzione della scuola materna statale, a conferma delle resistenze con cui si scontra la pur timida innovazione legislativa del periodo. L'università di Roma è teatro di scorribande neofasciste, nel corso di una delle quali muore lo studente Paolo Rossi. La reazione è vasta e massiccia; si hanno i primi sit-in nelle sedi accademiche. Nella primavera del 1967 si sviluppa un movimento di occupazioni che prelude alle mobilitazioni dell'anno successivo. Esplode sulla stampa e in parlamento la denuncia sui fatti del SIFAR di tre anni prima. Il terrorismo alto-atesino fa altre vittime, ma si intensifica la mediazione diplomatica per disinnescarne il potenziale eversivo, soprattutto attraverso la trattativa diretta fra governo italiano e austriaco e l'ulteriore dilatazione dei poteri autonomi. Fra la fine del 1967 e il 1968 si collocano eventi internazionali destinati a effetti non secondari sul piano interno, dal golpe militare in Grecia all'offensiva vietnamita del Tet, dal maggio francese alla primave-a cecoslovacca, sino agli assassinii di Guevara, Robert Kennedy e Martin Luther King. È un denso e complesso materiale di idee, di fatti, e anche di simboli e suggestioni, che alimenta fenomeni destinati a confluire nell'accelerata mobilitazione collettiva del '68. In Italia si tengono le ultime elezioni politiche indette alla normale scadenza legislativa. Si rafforzano ancora i due partiti maggiori; subisce un rovescio pesante il partito socialista recentemente unificatosi, a vantaggio degli scissionisti psiuppini. L'insuccesso elettorale accelera la crisi interna: nel 1969 si conclude l'ennesima, provvisoria parentesi «unitaria» del socialismo italiano. Crescono le tensioni sociali: ci sono morti ad Avola e a Battipaglia, in una ripresa di ribellismo meridionale che scuote l'opinione pubblica e induce nuove difficoltà politiche. Alla fine del 1968 i sindacati confederali organizzano il primo sciopero generale unitario. Pochi mesi dopo, vengono abbattute le anacronistiche «gabbie salariali», contro le quali il movimento si ritrova ancora unito, gettando le premesse della stagione rivendicativa per i contratti dell'autunno 1969, che sarà denominata «autunno caldo». Il giudizio sulla vicenda cecoslovacca allarga il solco fra comunisti italiani e dirigenza sovietica (1968). A una immensa manifestazione operaia di fine d'anno, fa da tragico contrappunto l'esplosione di piazza Fontana (12 dicembre 1969).

Il quinquennio è animato da fatti e vicende che segnalano un'accelerazione delle dinamiche culturali complessive. La giovane siciliana Franca Viola, che nel 1965 rifiuta le tradizionali «nozze riparatrici», esprime col suo gesto un declino degli apparati comunitari di controllo sociale, ancora largamente operanti nella periferia pre-industriale della società. L'anno dopo, i giovani «capelloni» diverranno, retoricamente, gli «angeli del fango» dell'alluvione di Firenze, quasi una legittimazione etico-estetica del nuovo universo giovanile. Eppure, negli stessi mesi, scoppia al liceo Parini di Milano un «caso Zanzara», per un'innocua inchiesta sull'etica sessuale degli adolescenti, che rivela la persistenza di un senso comune arcaico e cupamente repressivo che convive con istanze modernizzanti. Imperversa ancora, del resto, la censura televisiva in tutte le sue forme. Ne fanno le spese persino le canzonette di Gianni Morandi e Carmen Villani, troppo «politicizzate» per via di vaghi accenni alla questione vietnamita che sta scuotendo gli equilibri mondiali. Molte manifestazioni artistiche e culturali, d'altro canto, hanno già sapore di contestazione. Vi sono episodi clamorosi, come l'invito alla Biennale di Venezia polemicamente respinto da Guttuso (1966); come le dimissioni di Strehler dal Piccolo Teatro di Milano; come il circuito teatrale alternativo allestito da Dario Fo e Nuova Scena (1968), che prelude alla stagione della cooperazione culturale alternativa dell'immediato post '68.

C'è, però, anche un'evoluzione di gusti ed espressioni, che interessa un pubblico relativamente ampio e che non manca di sintonizzarsi con i nuovi umori politico-culturali dei giovani. A Bologna trionfa il free jazz, giudicato fuori mercato dai manager dello spettacolo; nasce un cabaret politico o semi-politico; si esibisce a Venezia il Berliner Ensemble (1966); ha successo il dissacrante *Orlando Furioso* di Ronconi (1969).

La produzione cinematografica del periodo è ricca e spesso originale. Ai capolavori di Fellini e Visconti, si affianca la ricerca di registi politicamente impegnati, o comunque attenti ai risvolti sociali dell'inquietudine esistenziale: è la stagione di Gillo Pontecorvo, Marco Ferreri, Liliana Cavani e degli esordienti Marco Bellocchio (*I pugni in tasca* è del 1966) e Salvatore Samperi. È un momento di fulgore per la nuova canzone politica, rilanciata da Paolo Pietrangeli. *La governante* di Vitaliano Brancati fa scandalo sulle scene. Ma non mancano gli scandali veri, spesso torbidi, la cui denuncia trova ormai eco in una stampa meno conformistica e più attenta ai linguaggi della comunicazione sociale.

Le inchieste sugli aiuti ai terremotati del Belice (1968), sul «caso Lavorini» e sulla vicenda di Felice Riva (1969) scuotono un'opinione pubblica incalzata da una «mobilitazione» che fa spesso piazza pulita della retorica del «boom» e apre una fase di critica e di inquietudini individuali e collettive.

Vanno avanti i processi di laicizzazione religiosa, spesso sovrapponendosi alla politicizzazione emergente: è il caso di don Lorenzo Milani e della sua *Lettera a una professoressa*, pubblicata nel 1967, e della comunità fiorentina dell'Isolotto, esempi di una religiosità in cerca di incarnazione nel sociale, mentre cresce l'indifferenza per le pratiche liturgiche tradizionali. Persino l'enciclica di Paolo VI, *Humanae vitae*, cade nella rispettosa indifferenza dei più, a dispetto dell'obiettiva provocazione in essa contenuta nei confronti della morale contemporanea e delle sue complesse motivazioni sociali, oltre che etico-teologiche. Prosegue lo svecchiamento dei modelli culturali. Vengono tradotte in italiano in questi anni opere fondamentali del pensiero contemporaneo di Claude Lévi-Strauss, Roland Barthes, Walter Benjamin.

4. Una società tecnicamente progredita, ma priva di mediazioni politiche positive e di filtri critici culturali

Gli anni Settanta rappresentano sicuramente, al di là di più ponderate analisi storiografiche, una delle più acute fasi critiche della storia sociale italiana. Sono anni in cui le tensioni e le contraddizioni di un'espansione economica cui sono venuti meno il filtro politico e il parallelo sviluppo civile si compongono in una miscela esplosiva con i nuovi bisogni propri di una società che, a suo modo, può ormai considerarsi «industriale avanzata».

Le tensioni, le contraddizioni, i bisogni sociali emergenti si collocano, con effetti laceranti, su uno sfondo dominato dalla crisi economica mondiale – questione energetica, modifica delle ragioni di scambio, choc petrolifero – e si innervano su soggettività politiche alternative alle forme politiche costituite. È in questa prospettiva che trova corpo una sempre più palese crisi di rappresentanza che minaccia di incrinare gli stessi equilibri istituzionali.

La società politica sperimenta una «ridefinizione» accelerata e sconnessa, il cui dato emergente è una crescente instabilità complessiva. Fra il 1969 e il 1973, pur senza espansione della base produttiva industriale, l'Italia vede quasi venir meno la residua identità socio-economica legata alla terra e al lavoro agricolo. In cinque anni quasi 750 mila addetti lasciano i campi, alimentando ancora il trend di un'urbanizzazione spuria, che il censimento del 1971 fedelmente registra, segnalando, peraltro, l'ultima stagione del boom demografico prima della radicale inversione di tendenza, che si profilerà a metà del decennio. L'Italia si terziarizza velocemente; l'occupazione industriale accenna a stabilizzarsi, mentre il salario operaio si è ormai quasi allineato ai valori medi europei.

47

A un sistema politico immobile e diviso, preoccupato essenzialmente della propria sopravvivenza in un contesto nuovo e mutevole, che erode i margini tradizionali della mediazione istituzionale, si contrappone il fiorire di movimenti collettivi cresciuti nella crisi delle vecchie subculture e tendenti a un'esasperata politicizzazione delle domande sociali. Un'inclinazione, questa, che ne spiega l'obiettivo traumatico impatto col sistema politico istituzionale e, insieme, ne lascia intravedere l'intrinseca fragilità, che sarà dimostrata dalla precoce involuzione in partitini para-istituzionali o in strutture di supporto a un partecipazionismo politico subalterno.

I movimenti investono l'intero corpo sociale di domande latenti nelle distorsioni dello sviluppo e che, malgrado la pesante (e talvolta fuorviante) cappa ideologica, esprimono una qualità nuova della dialettica istituzioni-società civile.

C'è alla base, anzi, una critica delle istituzioni e degli apparati di riproduzione culturale che non casualmente dilaga dalla scuola ai «corpi separati», agli ospedali, alle carceri, ai manicomi. E si sviluppano esperienze di partecipazione popolare sul territorio che hanno spesso per referente il «nuovo» sindacato dei consigli. Un esito di questa inedita pressione sul sistema politico-istituzionale sarà una produzione legislativa che cercherà – con parziale successo – di incanalare la spinta al rinnovamento nell'alveo tradizionale della partecipazione subalterna, favorendo per via normativa la trasformazione dell'associazionismo «di solidarietà» in gruppi «di interesse», secondo la definizione canonica del funzionalismo sociologico.

È incontestabile, ma a condizione di averne chiari i connotati di strategia reattiva, un processo di allargamento della cittadinanza, che agisce sul sistema della norma (prime leggi sui diritti civili: divorzio, obiezione di coscienza, liberalizzazione delle droghe leggere ecc.) come su quello della rappresentanza formale. Esemplari sono la pur tardiva attuazione dell'ordinamento regionale, l'estensione del voto ai diciottenni, l'istituzionalizzazione degli organi collegiali della scuola e del decentramento amministrativo nei centri urbani maggiori. A cavallo fra le due istanze c'è lo Statuto dei diritti dei lavoratori, che rivoluziona un diritto del lavoro fermo da decenni con un'implicita e formale legittimazione del ruolo generale del sindacato, che non sarà privo di contraccolpi di segno diverso (resistenze imprenditoriali e divaricazione emergente fra impresa pubblica e privata, da un lato; accentuazione della disparità contrattuale fra classe lavoratrice «forte» e disoccupati, sottoccupati, dipendenti di aziende minori, dall'altro). Il sindacato, del resto, gode ancora di un mandato sociale che si ridimensionerà bruscamente con la recessione e la tensione indotta sul sistema politico. È il sindacato che, ancora in questa fase, si fa interprete di domande non strettamente rivendicative (si pensi alle 150 ore), che impugna la bandiera della mobilitazione antifascista, che rompe gli argini della mediazione interpartitica, accennando persino a misurarsi con le *issues* qualitativamente emergenti (la condizione della donna, la vita metropolitana, la produzione culturale alternativa).

Ma gli effetti di reazione-retroazione delle spinte prodotte fra gli anni Sessanta e Settanta sul «sistema» non tardano a manifestarsi, anche in forme inquietanti. L'accresciuta rigidità contrattuale del fattore lavoro si rivelerà presto, ad esempio, un vero boomerang per una politica di gestione di una forza lavoro non «garantita» in rapida crescita. Sul versante politico propriamente inteso, l'attuazione del decentramento statale si accompagna all'esplodere di rivolte di piazza al Sud (Reggio Calabria), che rivelano la debolezza delle pure risposte istituzionali, dando spazio alla contromobilitazione neofascista e risolvendosi nella frustrazione e nella beffa (il «pacchetto Colombo» per l'occupazione in Calabria, la follia di Gioia Tauro ecc.), fra rigurgiti di municipalismo periferico (l'Aquila, Eboli).

Ma, soprattutto, si manifesta una violenza politica crescente, di segno ambiguo e dagli effetti pericolosi, che fa svanire rapidamente le illusioni di chi aveva interpretato le bombe del dicembre 1969 come il classico colpo di coda delle effervescenze politiche del periodo. Sono anni di stragi agghiaccianti, con propositi destabilizzanti e con diffusione di un allarme sociale strumentalizzato da poteri occulti e forze contrarie al cambiamento. E sono gli anni in cui muove i primi passi anche il terrorismo rosso brigatista, animato dalla criminale intenzione di rendere sanguinosamente visibili la crisi e la degenerazione del sistema politico.

Le elezioni politiche del 1972 – le prime consultazioni legislative anticipate del dopoguerra – si tengono in un clima arroventato dal «caso Feltrinelli» e dalle drammatiche rivelazioni sulla vicenda di piazza Fontana. L'esito elettorale conferma in parte quello delle regionali del 1971, con un'avanzata della destra al

Sud, ma con una tenuta dei due partiti maggiori, che prelude alla polarizzazione registrata nelle scadenze successive.

La crisi della strategia riformatrice si consuma emblematicamente nel ritorno a un centro-destra tattico, presieduto da Giulio Andreotti, l'uomo della futura «solidarietà nazionale» aperta al Pci. È una disfatta per la nuova sinistra che cercava rappresentanza fuori dell'alveo dei partiti storici. Scompare il Psiup e si accentua una caduta di tensione che porterà alla deriva dei partiti minoritari di estrema.

L'alternativa a una coraggiosa azione di rinnovamento è, più in generale, il ripiegamento corporativo disegnato sulla crescente segmentazione degli interessi di ceto e sulla crisi recessiva che investe l'economia a partire (ma non per sua causa esclusiva) dallo choc petrolifero del 1973. Il ricostituito centro-sinistra vara un fallimentare «blocco dei prezzi» e lancia l'austerity delle domeniche in bicicletta e delle lampadine spente. Cresce un sentimento di insicurezza collettiva che si coniuga alla strisciante crisi di legittimazione sociale, che investe ormai sindacati e nuovi movimenti. A Napoli esplode il colera. A Brescia e sul treno Italicus (1974) ricompare la strategia del terrore.

Ma il periodo 1974-75 è anche, come si è detto, di riaggregazione e ridefinizione di domande diffuse, che cercano risposte non sperimentate. In questo clima culturale matura la vittoria divorzista al referendum voluto dalla destra cattolica, che produce una «frattura» politica non riducibile ai vecchi schemi e consegna a una classe politica quasi incredula il profilo di un'Italia – soprattutto urbana – modernizzatasi per vie e canali estranei agli alvei tradizionali, egemonizzati dalla Chiesa e dai partiti subculturali. E a questi fenomeni va in parte ricondotto l'impulso elettorale – votano per la prima volta i diciottenni, ma il fatto non risulterà decisivo nel descrivere il trend politico generale – che il 15 giugno 1975 consegna al governo delle sinistre quasi tutti i grandi centri urbani e molte regioni.

La produzione legislativa del decennio si inaugura con provvedimenti importanti. A distanza di pochi mesi passano in parlamento l'introduzione del divorzio nell'ordinamento civile e lo Statuto dei diritti dei lavoratori. Prende concretamente il via l'attuazione delle regioni ordinarie, la cui gestazione politica è travagliata da tumulti municipalistici meridionali, rivelatori della persistenza di un rapporto di ostilità e diffidenza nei confronti dello Stato. La rivolta conosce episodi gravissimi ed è presto egemonizzata da ambienti della destra eversiva e populistica. Sarà necessario l'intervento di reparti militari in una città, Reggio Calabria, posta in stato d'assedio.

Sono, del resto, tempi di violenza politica costante. Alla fine del 1970 muore, nel corso di incidenti in piazza, lo studente milanese Saltarelli. Nel 1971, ancora, la Statale di Milano è teatro di scontri sanguinosi fra giovani contestatori e forze dell'ordine. Si organizza anche la risposta di destra con manifestazioni in piazza di intonazione nostalgica. Le prime elezioni regionali vedono un'affermazione del Msi al Sud. Leone è eletto presidente della Repubblica con i voti determinanti dell'estrema destra parlamentare. Si parla di tentativi eversivi orditi con la complicità di ambienti dell'apparato statale.

Ai primi del 1972 muore in circostanze inquietanti l'editore Giangiacomo Feltrinelli, mentre l'inchiesta sulla strage di piazza Fontana rivela retroscena che portano all'individuazione di una «pista nera». In un clima di grande tensione, fra voci incontrollate e fenomeni di logoramento del quadro istituzionale, si vota per il rinnovo delle Camere. La tenuta di Dc e Pci prefigura la polarizzazione degli anni a venire; avanza la destra; naufragano le attese della nuova sinistra espressa dalla crisi delle subculture politiche tradizionali, con il rovescio elettorale subito da Manifesto e Mpl, e con il mancato quorum dello stesso Psiup.

Pochi giorni dopo, viene freddamente assassinato il commissario Calabresi, protagonista delle prime indagini sulla strage del 12 dicembre 1969. I suoi funerali si svolgono in una Milano in stato d'allarme, con un'esibizione della «maggioranza silenziosa» che sembra inclinare verso posizioni apertamente autoritarie. Il clima di emergenza preme sugli equilibri politici. A fine giugno Andreotti riesuma il centro-destra, strappando una risicata maggioranza in parlamento.

L'unità sindacale si dà nuovi obiettivi: nasce la Federazione unitaria Cgil-Cisl-Uil (luglio 1972), esito politico di un'integrazione avvenuta nelle lotte operaie e che sembra segnare un punto di non ritorno. Il mondo del commercio e della produzione è agitato dall'introduzione dell'Iva, che dovrebbe adeguare l'Italia alla legislazione comunitaria e segnare un'occasione di lotta all'evasione fiscale.

In lento movimento il fronte dei diritti civili. Viene approvata una legge che consente l'obiezione di coscienza e, sull'onda del «caso Valpreda», viene limitata la carcerazione preventiva.

Ancora nel 1972 Enrico Berlinguer assume l'incarico di segretario del Pci. Col sequestro Macchiarini compare la sigla «brigate rosse». Vengono scoperti ordigni esplosivi sui treni che portano al Sud i delegati sindacali per una manifestazione unitaria nazionale. E la violenza imperversa nel 1973, l'anno aperto dalla tragica morte dello studente Roberto Franceschi durante gli scontri con la polizia a Milano e proseguito con i disordini neofascisti di aprile (i giorni del rogo di Primavalle a Roma e dei tumulti in Calabria) e con l'attentato alla questura centrale milanese, di cui è protagonista l'ambiguo «anarchico» Bertoli. L'aeroporto di Fiumicino è teatro di un episodio sanguinoso di guerriglia fedayn.

A luglio si ricostituisce un governo organico di centro-sinistra, guidato da Rumor. Sarà subito alle prese con l'epidemia di colera a Napoli e nel Meridione e con la crisi energetica, che porterà all'austerity. Berlinguer denuncia la censura operata dalla stampa sovietica a un suo discorso tenuto a Mosca.

La crisi economica ormai acuta – con un indebitamento estero incontrollabile – acuisce la fragilità del quadro politico. Nel 1974 si costituiscono tre governi, fra acrobazie di schieramenti e di formule che non riescono a nascondere la progressiva delegittimazione degli equilibri. Continuano le rivelazioni sulle degenerazioni golpiste che hanno interessato importanti gangli dell'apparato statale, mentre prosegue la sfida del terrorismo nero (stragi di piazza della Loggia e dell'Italicus) e si sviluppa l'azione brigatista. Il 1974 è l'anno del sequestro Sossi (e dell'arresto di Curcio, che evade dopo qualche mese di detenzione).

Il referendum sul divorzio del 12 maggio 1974, che le forze politiche parlamentari hanno cercato sino all'ultimo di evitare, è vinto dagli antiabrogazionisti, con il 60 per cento dei voti. Nello stesso anno viene varato il finanziamento pubblico ai partiti e sono approvati i decreti delegati sulla democrazia scolastica. Al logoramento dei tradizionali equilibri parlamentari Berlinguer oppone l'ipotesi di «compromesso storico», che segnerà un tornante controverso della politica comunista.

Il 15 giugno 1975 si tengono importanti consultazioni amministrative. Votano per la prima volta i diciottenni e si diffonde un clima di attesa e di inquietudine, che troverà sbocco in un voto a sinistra, capace di modificare la fisionomia politica locale di regio-

52

ni e città. Quasi tutti i grandi centri urbani si danno amministrazioni di sinistra a partecipazione comunista. La crisi della Dc è
profonda, anche se non c'è il tracollo elettorale vaticinato dalla
nuova stampa di opinione. Lo scudo crociato si affida all'immagine non compromessa di Zaccagnini. Il panorama politico conosce, intanto, una rapida eclisse di gruppi e partiti che avevano
cercato di intercettare e cavalcare i movimenti collettivi dei primi
anni Settanta. Emerge il carisma provocatorio di Marco Pannella,
che prefigura una anomala forma di partito, quella radicale, dise-
gnata sulla società dello spettacolo e sulla proclamata rinuncia a
compiti di rappresentanza sociale all'interno delle istituzioni. Ma
la progressiva erosione del tradizionale associazionismo politico e
parapolitico – anche di quello ispirato alle tematiche più esplicitamente «politiche» del '68 – lascia il campo all'emergere di *issues*
sino a quel momento compresse dalle rigide appartenenze ideologiche. Il femminismo, l'ecologismo, le campagne antinucleari
esprimono una destrutturazione-ristrutturazione del campo politico che fa presagire una stagione di «ritorno alla società civile»
troppo presto e sbrigativamente etichettata come «riflusso».

La cultura, il costume, la cronaca (prevalentemente nera) del
periodo, confermano l'immagine di una società non priva di inclinazioni schizoidi e di una propria paradossale creatività. I primi
anni Settanta ci offrono la politicizzazione della commedia cinematografica di costume (come l'*Indagine* di Elio Petri), l'esplosione dell'invenzione satirica di Dario Fo, la narrativa alternativa di
Nanni Balestrini, il successo anche commerciale del folk politico
(i concerti del «proletariato giovanile», gli Inti Illimani). E l'interazione fra arte, spettacolo e politica si manifesta nella ricerca dei
nuovi cantautori Venditti e De Gregori, nell'esperienza di Umbria
jazz, persino negli incidenti che costellano i concerti pubblici del
circuito ARCI o le «feste alternative» (drammatici quelli del 1974
a Milano per ascoltare gratis Lou Reed).

Paolo VI proclama l'indubitabilità dell'esistenza del diavolo a
un'opinione pubblica che si divide sulla questione dell'aborto,
sollevata dall'arresto di medici che lo effettuano pubblicamente
per denunciare la piaga delle pratiche clandestine. E dentro al
mondo cattolico, scosso e diviso dal referendum, matura la vicenda dell'abate Franzoni e della comunità di San Paolo.

Si festeggia il Nobel a Montale, mentre prosegue la sperimentazione dell'avanguardia teatrale con prestigiosi riconoscimenti

53

internazionali. I fratelli Taviani si affermano con *Allonsanfàn* (1974). L'anno dopo, Pasolini celebra col suo *Salò* un apologo sulla violenza che precede di pochi mesi l'assassinio del regista scrittore a opera di un «ragazzo di borgata». La cronaca, d'altro canto, non manca di episodi di violenza, anche torbida e con sotterranee implicazioni politiche, come nel «massacro del Circeo» attribuito a giovani rampolli fascistoidi dell'alta borghesia romana (1975). Sono gli anni del colera e della nube tossica di Porto Marghera; delle intercettazioni telefoniche; del profilarsi di un gigantesco «caso Sindona». La RAI «riformata» conosce qualche momento di autonomia dalla soffocante tutela del potere politico, che sarà presto ridimensionata e ricondotta a giusta (seppur «corretta») lottizzazione. Ma dopo la parentesi di Telebiella, un esperimento di Tv via cavo burocraticamente represso, il vero fatto nuovo è l'esplosione di un'emittenza radiofonica privata, che viene «legittimata» prima di fatto, poi di diritto, in un crescendo inatteso di audience. Le variazioni sul tema saranno infinite: dalle radio alternative a quelle più spudoratamente commerciali, dalle esperienze autogestite e fortemente politicizzate alle no-stop tutto rock e dediche personalizzate. Si è rotto il circuito monopolistico della comunicazione, aprendo una fase di caos normativo e di pressioni sociali e politiche di vario genere, in cui si affaccerà rapidamente la nuova frontiera delle Tv private. Un fenomeno che produrrà presto effetti importanti e si innesterà su una abnorme dilatazione del «tempo di utenza» Tv e su una veloce commercializzazione dell'innovazione tecnologica, che modifica gli stessi comportamenti individuali (la Tv a colori, il telecomando, il moltiplicarsi dei canali ecc.).

Anche l'Italia entra nell'epoca dei mass media e dell'immagine, e si trova immediatamente a casa sua. In un'epoca in cui non contano più tanto i contenuti, su cui nessuno sembra aver più il tempo di riflettere, quanto i contenitori, in cui il *packaging* sembra più importante del prodotto, la patria del «bel canto» e della «bella figura» si muove a suo agio, respira – finalmente! – aria di casa. Non pensiamo solo alla *haute couture made in Italy*, che insidia dappresso il primato internazionale francese. Lo stesso terrorismo italiano ha dato prova di grande raffinatezza nell'usare i mass media, specialmente la televisione, come ribalta, cassa di risonanza, piattaforma politica. La teoria della violenza come «visibilità» ha trovato in questo caso una verifica conclusiva.

Esplode la politica-spettacolo. È tragico che in Italia debba esplodere soprattutto in occasione di eventi luttuosi: i funerali di Togliatti, quelli di Berlinguer, ma in primo luogo la messa in suffragio di Aldo Moro, sequestrato e ucciso dalle Brigate rosse, a San Giovanni in Laterano, presente un Papa schivo e intellettualmente raffinato come Paolo VI, che si rivolge direttamente e chiama in causa Dio, come un novello Giobbe, non assiso nella gloria della basilica e rivestito degli splendidi paramenti liturgici, bensì seduto sul letamaio della miseria umana.

Con il terrorismo la società, per così dire, si contrae. Si esce poco la sera. Le stesse scorte di polizia che vigilano sulla sicurezza dei personaggi pubblici contribuiscono a tenerli lontani dalla gente. Si approfondisce il fossato fra rappresentanti e rappresentati, fra governo e cittadini. L'autorità è sempre più lontana.

Si nota anche un calo sintomatico della saggistica nella produzione editoriale. La ragione presso il grosso pubblico è intuibile: cosa mai potranno insegnare scrittori e commentatori se non hanno previsto il caso Moro? La sera, le strade della città si presentano spesso deserte. C'è una specie di rattrappimento della società. Solo nel caldo seno della famiglia e degli amici personali si ritrova il tradizionale rifugio, la sicurezza, la conversazione.

La reazione del vitalismo italiano non tarda tuttavia a farsi strada. Le mille città e cittadine italiane, le «piccole patrie», ben presto riprendono vita, si animano. Neppure il terrorismo ha potuto scalfire il tessuto sociale di base. La nuova temperie sociopolitica e culturale, la stagione dell'effimero, è legata alle «estati romane» di un giovane assessore comunista, l'architetto Renato Nicolini: grandi spettacoli, praticamente gratuiti, all'aperto; schermi giganti dove si proiettano film da cineteca come *Napoléon* di Abel Gance, al Circo Massimo o alla basilica di Massenzio; concerti e danze, dal rock al liscio, a Villa Ada e nelle antiche ville. L'Italia provinciale si risveglia con i carnevali locali, le feste della tradizione folklorica, la riscoperta dei dialetti e delle usanze d'una volta.

Sul piano politico, l'effetto-Moro comporta la collaborazione di comunisti e democristiani. Bandiere rosse e bandiere bianche prendono a garrire insieme; s'intrecciano crocifissi e falce e martello. Il famoso «compromesso storico», elaborato da Enrico Berlinguer dopo l'aspra meditazione sui fatti cileni e sul sanguinoso golpe di Pinochet contro il governo di «Unidad Popular» di Salvador Allende e con l'attenta, puntigliosa consulenza dell'antico leader della Sinistra cristiana dell'immediato dopoguerra, Franco Rodano, prende corpo e si realizza infine sul cadavere ancora caldo di Aldo Moro. Si direbbe che ci voleva quel sacrificio umano perché il terrorismo cominciasse, dopo indubbi successi, a conoscere una rapida caduta verticale.

Nasce la figura del «pentito», figura essenzialmente cattolica e mediterranea, figlia di una cultura in cui la confessione e il perdono sono istituzioni familiari e venerande. Non è un mistero che la fine del terrorismo coincida con il suo trionfo. Arruolando i grandi numeri, viene meno la selezione, si imbarcano i neurolabili, gli instabili, i pavidi e gli incerti, destinati ad incappare nelle capaci reti abilmente lanciate dal generale Carlo Alberto Dalla Chiesa.

Più tardi, contro la mafia in Sicilia, la partita sarà più dura, non consentirà successi così brillanti. Anzi per il generale, divenuto «prefetto anti-mafia», arriveranno dapprima l'isolamento e poi la morte in uno spietato agguato. Una partita che, al di là di parziali e provvisori successi, rimane tuttora aperta e dall'esito incerto.

Intanto la società riprende a marciare. L'economia innova le tecnologie e rivede le relazioni industriali. Lo stesso potere dei sindacati spinge gli imprenditori a comprimere il più possibile la forza-lavoro impiegata: meglio avere a che fare con i robot che con la GGIL. È una riprova che la militanza sindacale tiene sveglia la controparte, finisce per irrobustire il capitalismo, mantiene gli imprenditori sul chi vive.

La società nel suo insieme si rianima. L'incubo di quella che Sergio Zavoli chiamerà, in una serie di trasmissioni televisive, la «notte della Repubblica», sta per finire. Il «sistema» ha retto e in qualche modo funziona. È quasi un capolavoro di flessibilità, di resistenza morbida, ma tenace. L'Italia si è liberata del terrorismo senza trasformarsi in uno Stato di polizia, nonostante la legge Reale e i provvedimenti straordinari.

La commedia all'italiana comincia a dare frutti vistosi e insperati di civismo. Da *Il giorno della civetta* (1968) di Damiano Damiani, tratto dal romanzo omonimo di Leonardo Sciascia, si arriva alle prove spesso idiosincratiche ma sempre di grande interesse di Nanni Moretti (*La messa è finita*, 1985; *Palombella rossa*, 1989), osservatore acuto e puntuto del mondo giovanile, ma anche della sua generazione, della crisi ideologica del comunismo, dei fermenti che agitano il clero cattolico, specialmente il basso clero nelle parrocchie povere della sterminata, slabbrata periferia dei nuovi centri metropolitani. In generale il cinema riprende a dialogare con la società. Non è più un cinema di pura evasione. Riflette i problemi d'una quotidianità viva, dinamica, cui manca ancora peraltro la piena consapevolezza di sé.

La collaborazione fra comunisti e democristiani, che ha dato vita ai governi di solidarietà nazionale, dura poco, un biennio. Il PCI perde terreno nelle elezioni. Non molto, ma quanto basta per far concludere in tutta fretta l'esperimento. Il PSI teme l'isolamento. I partiti minori, l'irrilevanza. La struttura istituzionale scricchiola. Si fanno vivi e aggressivi i movimenti, più o meno spontanei. Guadagnano terreno i radicali, poi gli ambientalisti. La «fine» dell'ecologia rimescola le carte del gioco politico e annuncia un orizzonte post-ideologico. Non è più sufficiente indicare grandi mondi nuovi, riforme generali macrosociali. Occorre legare i grandi ideali alla quotidianità, ai bisogni immediati, alla lotta contro l'inquinamento.

La crisi delle istituzioni tradizionali spinge in primo piano le persone. Sandro Pertini – eletto presidente dai partiti in Parlamento *faute de mieux* – riesce nell'impresa impossibile di rendere popolare il Quirinale, a prezzo di un pizzico di demagogia e di qualche ambiguità, forzando meritoriamente la lettera della Costituzione repubblicana.

Su tutto – dalla disfunzione dei servizi alla mafia e in genere alla criminalità organizzata, politica e comune – vince sempre il buon cuore, l'improvvisazione, la fortuna, lo «stellone» d'Italia. Questa volta la buona stella ha la forma tondeggiante d'un pallone.

Nel 1982 l'Italia vince a Madrid i mondiali di calcio. Il presidente Pertini assiste in tribuna accanto al re di Spagna Juan Carlos, ma al gol decisivo per la squadra italiana Pertini balza in piedi, manda al diavolo l'etichetta e – re o non re – comincia a fendere l'aria con grandi gesti di giubilo. Come nel 1948 la vittoria di Gino Bartali al Tour de France aveva salvato l'Italia dalla «rivoluzione», scatenatasi per l'attentato al leader comunista Palmiro Togliatti, così ora l'Italia si ritrova unita ed emotivamente coinvolta da un'altra grande vittoria sportiva. La Costituzione recita che l'Italia è una repubblica fondata sul lavoro. In realtà, appare come una repubblica fondata sul pallone. L'entusiasmo è contagioso. Si rinnova il tripudio dei giochi olimpici a Roma nel 1960. Ma in una società che non risparmia i miliardi quando si tratta di ingaggiare calciatori stranieri famosi (classico il caso dell'argentino Diego Maradona al Napoli) mentre poi lèsina le poche migliaia di lire per maestri e professori, la tensione sociale è destinata a salire, soprattutto nel pubblico impiego.

I sindacati tradizionali, verso la metà degli anni Ottanta, cominciano a soffrire di una crisi di rappresentanza. Non sono più percepiti dai loro stessi iscritti come rappresentativi. Si moltiplicano gli «scioperi selvaggi». Nascono i Cobas, o «comitati di base» [4], in una situazione in cui non vige il principio dello «Hire and fire», ossia in cui non c'è libertà di licenziamento, l'autorità manageriale stenta a farsi sentire. La società italiana appare percorsa da violente tendenze «corporative»: nel senso di una difesa accanita degli interessi settoriali, ma anche di una propensione, relativamente inedita, a mettere se stessi al di sopra di tutto. La crisi delle ideologie totalizzanti, che sottomettevano per principio l'individuo al disegno globale, non è più soltanto una questione intellettuale, si fa comportamento pratico quotidiano. Il successo, ad ogni costo, diviene ora il segno tangibile che l'individuo ha valore. La solidarietà sociale si appanna.

Tutto sembra tornare al «centro». La spinta riformistica che le iniziative dei radicali avevano sapientemente messo in moto e cavalcato per circa un decennio sembra spegnersi. Il colpo di freno impresso paradossalmente dal terrorismo alla società italiana – depauperando l'erario per le scorte armate ai personaggi, scavando un solco, per motivi di sicurezza, certamente, fra eletti ed elettori, scoraggiando qualsiasi riforma per tema di favorire, sia pure inconsapevolmente, i nuovi «sovversivi» – si fa ora sentire in profondità.

A Sandro Pertini succede al Quirinale il freddo Francesco Cossiga. Il «rinnovatore» Ciriaco De Mita è primo ministro e nello stesso tempo segretario nazionale della Dc. È tornato il

---

[4] Si veda in proposito E. Lombardi, *Cobas. Una spina nel fianco*, Sovera, Roma 1988, con mia introduzione circa il senso della rivolta della base rispetto ai vertici sindacali. Insieme con i movimenti studenteschi, quello dei Cobas resta per i tardi anni Ottanta il segno d'una crescente irrequietezza delle basi sociali nel quadro d'una «democrazia bloccata» e di una struttura istituzionale statica, vischiosa, che tende a rinviare i problemi anziché cercarne la soluzione più funzionale e al minor costo per la collettività.

«pentapartito», ossia un governo fondato sull'asse Dc-Psi con il contorno del Pri, Pli, Psdi: un aggiornamento del vecchio «centrismo», anche se De Mita e la sinistra Dc sembrano voler abolire le correnti interne del partito di maggioranza e rinnovarne i quadri periferici in un tentativo di ammodernamento «manageriale» che inevitabilmente fallirà e darà vita a un'alleanza trasversale che vede strettamente uniti e perfettamente allineati il nuovo segretario della Dc, Arnaldo Forlani, il nuovo primo ministro, l'intramontabile Giulio Andreotti, e il segretario «movimentista» e spregiudicato del Psi, Bettino Craxi.

L'evoluzione interna della Chiesa cattolica sembra riprodurre, in grande e su scala planetaria, un disegno analogo. Venticinque anni sono passati dalla chiusura del Concilio Vaticano II. L'eredità ecumenica di Giovanni XXIII è passata nelle robuste mani di Giovanni Paolo II, dopo l'interludio sofferto di Paolo VI. Karol Wojtyla è tanto moderno nell'uso dei mass media e degli aviogetti quanto è conservatore nelle posizioni politiche e teologico-morali. È il papa polacco, il papa che viene dalle trincee, che non vuol cedere un'oncia del controllo centrale sulle comunità ecclesiali di base, dal Brasile all'Olanda, dai cattolici Usa, che non accettano i divieti degli anti-concezionali, al dissenso cattolico di base, che scuote la Francia e la Germania, ma anche l'Italia [5].

Tramontano le grandi ideologie le cui radici affondavano ancora nel mondo culturale ottocentesco. Lo stesso Pci, sull'onda dei crolli del «socialismo reale» nel Centro e nell'Est europeo, ritiene di dover cambiare nome, con iniziative che sanno forse troppo di *public relations* e di cosmesi fotogenica, dallo spessore teoretico e ideale alquanto gracile.

Si torna al privato. La burocrazia pubblica ha clamorosamente fallito. Le industrie statali e parastatali sono messe in vendita, ma fino a un certo punto. Senso della misura o commedia all'italiana? Romano Prodi, presidente dell'Iri fino alla nomina di Franco Nobili (1990), cede alla mano privata quanto gli è possibile per colmare la voragine dei debiti. Dopo laboriose trattative con la Ford, l'Alfa Romeo di Arese e di Pomigliano d'Arco passa alla Fiat, che già aveva incamerato la Lancia e la Ferrari. La Montedi-

---

[5] Mi si consenta di rinviare in proposito al mio *Una fede senza dogmi*, Laterza, Roma-Bari 1990, specialmente al cap. I, *Verso la fine del Cristianesimo costantiniano* e al cap. II, *La tentazione neo-costantiniana*.

son si allea con l'ENI, ma la *joint venture* sembra subito un matrimonio mal riuscito. Rispetto al resto dell'Europa, il capitalismo italiano, che pure ha realizzato progressi impensabili anche solo un paio di generazioni fa, è un capitalismo zoppo, che altrove ho chiamato «dinastico». Il suo zoppicare è peggiorato drammaticamente da una mano pubblica che aggrava le distorsioni e sembra usare le aziende dello Stato e del parastato solo come serbatoio di voti e all'occorrenza come cassa d'emergenza da cui attingere fondi a man salva. Gli osservatori più attenti se ne rendono conto. Mentre romanzieri come Paolo Volponi [6] si attardano in visioni stancamente moraleggianti, in cui l'amarezza personale prevale per principio sull'analisi e sull'interpretazione che la creazione artistica potrebbe rendere perspicue ed emotivamente trascinanti, non mancano commentatori i quali rilevano come, rispetto all'Occidente industrializzato, l'Italia di oggi sia caratterizzata da una doppia distorsione: un capitalismo privato sostanzialmente oligarchico (pochi grandi nomi, pochi grandi famiglie: Agnelli, Gardini, Berlusconi, De Benedetti ecc.), un oligopolio, se non un monopolio, privatistico e chiuso, e un sistema detto «pubblico» che è in realtà una arciconfraternita del potere, che si potrebbe definire «neo-feudale», se questa determinazione non fosse offensiva per il feudalesimo storico, assai responsabile verso i *famuli* e i sudditi, tanto che i Colonna potevano scatenare una guerra contro gli Orsini per un'offesa recata a un loro contadino.

Questo sostanziale immobilismo istituzionale si traduce nella paralisi dei centri politici e nel sistematico rinvio delle grandi decisioni. Dal mondo universitario, che specialmente nei centri metropolitani appare sovraffollato e inefficiente, a quello dei servizi sociali fondamentali (casa, ospedali, trasporti), la stasi copre, sotto la coltre d'una tranquillità di superficie, una situazione sociale in lenta, ma costante, ebollizione. L'immobilismo viene presto complicato e portato al punto di rottura, nei tardi anni Ottanta, dall'insorgere di situazioni nuove, impreviste, che colgono la classe politica e i ceti intellettuali di sorpresa. Si è del tutto impreparati a far fronte alle nuove emergenze: droga come fenomeno di massa e immigrazione extra-comunitaria.

La prima emergenza, quella della droga, segnala che l'Italia ha paradossalmente progredito: da stazione di transito è divenuta

---

[6] Cfr. *Le mosche del capitale*, Einaudi, Torino 1989.

mercato di consumo. È il tragico certificato rilasciato dalle multinazionali dello spaccio di stupefacenti: l'Italia è entrata nel novero delle società opulente [7].

Quanto all'immigrazione extra-comunitaria, specialmente di colore, dall'Africa e dall'Asia, dalle Isole Filippine e Capoverdiane, è un fenomeno che fa girar la testa [8]. I luoghi comuni vanno a pezzi. Eppure, come sono dolcemente, astutamente ingannevoli i luoghi comuni! Ci si adagia e ci si addormenta come su una comoda poltrona. Da tempo, forse da secoli, usavamo pensare che gli italiani, certo non privi di difetti anche gravi, erano però di buon cuore, compassionevoli, umani. Italiani, brava gente ... I razzisti erano gli altri, i tedeschi, i nazisti. Non c'è voluto molto a scoprire che non ci sono solo i negri degli altri. Prima, Villa Literno: un delitto che si poteva ancora in buona fede ritenere la bravata d'un pugno di balordi di paese, tanto che persino al funerale di Jerry Masslo, il giovane nero assassinato, il parroco poteva cercare scuse, in verità poco convincenti, per la popolazione nel suo insieme. Ma i recenti fatti di Firenze (marzo 1990), le scorrerie di bande solo in apparenza raccoglitticce, la proterva affermazione dei minorenni arrestati, che sembrano di primo acchito essere stati opportunamente imbeccati e criminalmente istruiti, non possono più lasciare dubbi. Ancora poco più di due anni fa, i soprusi subiti in un autobus romano da una signora nera potevano essere ridotti e interpretati come mala creanza. Era questa l'interpretazione data da me e dal compianto Cesare Musatti. C'era, naturalmente, la discriminazione – una discriminazione a sfondo razziale in quanto subìta da una persona di colore – ma la stessa casualità del fatto ci spingeva a far rientrare l'episodio in un quadro di costume più che di consapevole razzismo o di deliberato conflitto etnico. Questo riduttivismo, oggi, sia pure nell'intento di sdrammatizzare, non è più sostenibile, rischia di favorire i criminali.

È stato un brusco risveglio. Un popolo abituato a esportare la propria manodopera – la carne fresca dei più giovani specialmente del Mezzogiorno, costretti ad emigrare per sfuggire, per sé e per le loro famiglie, alla fame cronica e alle angustie della

[7] Mi permetto di rinviare il lettore al mio *Giovani e droga*, Liguori, Napoli 1984².

[8] Si veda in proposito *Stranieri a Roma*, a cura della Caritas e della SIARES, Edizioni SIARES, Roma 1989.

povertà endemica – si rivela oggi profondamente odioso e nemico, insofferente, irritato fino alla violenza, progettata e nello stesso tempo gratuita, contro i lavoratori immigrati di colore.

Vien subito da pensare che dietro ai fatti di Firenze, così come dietro a
certe manifestazioni di pseudo-spirito sportivo, con striscioni che
chiedono perentori, «Hitler, con gli ebrei i napoletani», si nascon-
da un progetto politico, una volontà precisa che persegue un
disegno articolato e rigorosamente calcolato in ogni sua fase. Non
siamo in Francia e neppure in Germania. Non abbiamo un Le
Pen (non ancora!). Nel mio libro *Oltre il razzismo - verso la
società multirazziale e multiculturale* [9], avevo citato esempi e testimonianze del neofascismo francese, che ha trovato le sue fortune
elettorali fra i *pieds noirs*, in centri già operai come Marsiglia
(che ne penserà l'ombra del socialista Gaston Defferre, per decenni sindaco popolarissimo del grande porto mediterraneo?), a Tolone, fra gli epigoni dell'Action Française di Charles Maurras, oggi
raccolti sotto le bandiere del Fronte nazionale di Jean-Marie Le
Pen. Notavo in quel libro che il 20 per cento, ottenuto da Le Pen
a Tolone e battuto solo dal voto sorprendentemente plebiscitario
di Marsiglia, ha dato una sorta di colpo di sprone a quanti manifestano l'orgoglio del *français pur*, specialmente i reduci o nostalgi-
ci di avventure coloniali come l'Indocina e l'Algeria, l'Organisa-
tion de l'Armée secrète, e così via.

Lasciamo stare la situazione tedesca e quella inglese, con i
«cittadini» provenienti dagli ex-Dominions della Corona. Ciò che
ha colpito in Italia è stata la superba confessione, quasi l'auto-in-
criminazione dei giovani teppisti fiorentini. So bene che c'è tutta
una tradizione, non solo letteraria, di «maledetti toscani» e di
«Italia barbara», due famosi titoli dell'*hidalgo* Curzio Malaparte.
So anche che a Roma, non molto tempo fa, a Tor Bellamonaca si
erano verificati episodi, penosi, di lotta fra poveri. Gli abitanti
della borgata si erano sollevati contro l'idea di attrezzare campi
per i nomadi, per gli zingari. Mi domando che cosa significhi il
programma dell'on. Pino Rauti, appena eletto segretario nazionale del MSI, quando parla di uno «sfondamento a sinistra». Che
cosa ha in mente? Intende organizzare i «lazzaroni del re»? Vuole alimentare le insicurezze e le frustrazioni dei poveri indigeni,
alimentarne sapientemente l'irrazionale timore di venire scavalca-

[9] Armando, Roma 1988.

ti dai poveri di colore, scatenare una guerra fratricida fra miserabili, lucrando magari elettoralmente sulle paure dell'eterno grigio e gretto mondo dei benpensanti italiani? Bisognerà far cadere ogni atteggiamento di supponenza, quale quello messo sorprendentemente in luce dall'on. Laura Balbo [10]. C'è da inventarsi, con umiltà e perseveranza, tutta una politica di accoglimento dei «lavoratori ospiti», senza demagogia ma anche senza inutili durezze, nella consapevolezza che la varietà di domani, anche per l'Italia, sarà multietnica e multiculturale.

Ma ecco, intanto, profilarsi un nuovo appuntamento. L'Italia è scelta come sede dei «Mondiali '90», vale a dire per le partite di calcio che nell'estate del 1990 coroneranno i nuovi campioni del mondo del pallone. Come già per le Olimpiadi del 1960, ancora una volta, nel 1990, l'Italia è in lotta con il tempo – rinnovo degli impianti, trasporti, telecomunicazioni – per non far tardi all'appuntamento.

5. Sport di massa: per chi?

In una vecchia intervista rilasciata al giornalista sportivo Oliviero Beha [11], notavo che, pur legata alla cultura umanistica classica così come si incarna negli scrittori greci e latini, la cultura italiana non ha manifestato un interesse particolare per le attività sportive: le *Odi* di Pindaro, filologia a parte, le sono estranee; di Giacomo Leopardi ha celebrato piuttosto il *Passero solitario* e la figura pallida e aggobbita che l'*Ode a un giocatore di pallone*, e bisogna del resto aspettare *Il lanciatore di giavellotto* (1981) di Paolo Volponi per ammirare e godere, vicariamente, degli exploit, sia di sport che di letto, di un campione-protagonista. Forse non è difficile intuire le cause profonde di questa riluttanza a considerare seriamente lo sport, salvo a citare, quasi sempre a sproposito, la massima di Giovenale, «Mens sana in corpore sano».

La frattura, teorizzata e parzialmente (molto parzialmente) praticata dal Cristianesimo fra corpo e anima, spirito e materia ha certamente il suo peso. Ma vi è dell'altro.

---

[10] In «Democrazia e Diritto», n. 6, novembre-dicembre 1989.
[11] Si veda *All'ultimo stadio. Una Repubblica fondata sul calcio*, Rusconi, Milano 1983.

Bisogna dire – notavo in quell'intervista – che lo sport, come tutte le attività di massa, in ogni società e non solo in quella italiana, è una spia preziosa per capire gli orientamenti profondi e non soltanto la facciata superficiale di questa società. Non si può negare che gli italiani siano interessati allo sport, in particolare sono appassionatamente interessati al calcio [...] Ma lo sono poi davvero? Chiamiamoli sportivi in poltrona [...] che sussultano davanti allo schermo televisivo, che urlano nello stadio ma che non praticano lo sport [...]. L'Italia, con uno sviluppo costiero di ottomila chilometri, è tuttora il paese dove vi è una proporzione minima di nuotatori rispetto alla popolazione globale, ed è purtroppo anche il paese dove si dà durante l'estate il più alto numero di morti per annegamento [...] anche perché le attrezzature sportive, le palestre, i campi attrezzati non ci sono [12].

Forse qualche cosa sta cambiando. Le recenti cronache dei giornali parlano di vittorie, del tutto inedite e insperate, del nuoto italiano su scala internazionale. Si è registrato, in Italia, un aumento notevole del numero delle piscine. Tanto da poter dire che gli italiani sono passati dal pallone alla piscina; dalla «partitella» di periferia che incantava Pier Paolo Pasolini (che era del resto – eccezione straordinaria fra i colleghi letterati – lui stesso un discreto giocatore) ai buoni tempi in vasca. Anche questo dato è ricco di insegnamenti nei riguardi della società globale. Il cronista attento li ha diligentemente indicati. Vi è una inter-connessione del sociale che risulta qui ampiamente comprovata:

la difficoltà di spostamento, la crisi della famiglia ha fatto crescere una architettura più indipendente e più autosufficiente: in molti condomini la piscina non è più un optional, ma una necessità da gente comune, soprattutto ora che il mare è in agonia. E in molti casi i ragazzi e le ragazze vanno in piscina e in acqua da soli. Senza controllo dei genitori, che tra l'altro ora non sarebbero all'altezza [13].

Anche da queste notazioni alquanto rapide, più legate all'evoluzione del costume di un paese che fino ad un paio di generazio-

[12] Ivi, pp. 11-12.
[13] E. Audisio, *Dal pallone alla piscina*, in «La Repubblica», 18 agosto 1989; cfr. anche G. Baccini, *Lamberti non è solo: l'Italia del benessere ha scoperto le piscine*, in «Il Messaggero», 17 agosto 1989. La menzione del «benessere» segnala una variabile sociale generale indubbiamente significativa; sta di fatto che sono i giovani di Bergamo o di Brescia, più di quelli di Palermo o di Catanzaro, a mietere i record più ambiti.

ni fa era sostanzialmente rurale e contadino, che ad analisi appro-
fondite, è facile rendersi conto che un approccio sociologico al
fenomeno sportivo, malgrado la relativa latitanza della sociologia
accreditata, è urgente. Fra i pochissimi sociologi classici che si
sono occupati della questione, è prevalso un atteggiamento sommariamente liquidatorio. Lo stesso Thorstein Veblen, a proposito
degli sport e delle loro supposte «virtù», in netto contrasto con
quanto sembrano pensare in proposito Pio XII – nel discorso ai
giovani del Centro sportivo italiano – e Lenin – nella famosa
lettera a Clara Zetkin – scorge nelle attività sportive una variante
delle «inutili occupazioni» che tendono a costituire la trama dello
«sciupìo vistoso», tipico modo di vita della «classe agiata» per la
quale il consumo inutile di energia e di beni diviene una necessità. Le attività sportive costituiscono, per Veblen, una sopravvivenza dello «spirito di prodezza» e sono l'indice di una costituzione
psichica di tipo arcaico, dominata dalla «disposizione emulativa
predatoria» (*predatory emulative propensity*). Veblen dedica l'intero capitolo X della sua opera più nota – la *Teoria della classe
agiata* [14] – per dimostrare che tutte le attività sportive sono in
fondo manifestazioni rilevanti del temperamento predatorio, che
tutte sono mosse dal desiderio di accrescere il proprio prestigio
(«with a view to gaining repute for prowess») e non manca poi di
sottolineare l'incongruenza (che resterà però come una falla aperta del suo stesso sistema di pensiero) dell'industrialismo avanzato, il quale sembra destinato a produrre contraddittoriamente sia
il trionfo del nesso razionale causa-effetto sia la nuova magia del
fascino sportivo e della «ferocia antagonistica».

Sembra chiaro che a Veblen è in parte sfuggito il senso profondo della società di massa e dei suoi fenomeni, anche se le sue
intuizioni circa l'occhiuto sfruttamento dei comportamenti di massa da parte di élite reazionarie e i legami fra incoraggiamento
degli sport, dittatura carismatica e populismo aggressivo ci appaiono oggi dotate di un valore profetico. Sarebbe comunque un
errore, una volta delineato lo sport come oggetto relativamente
nuovo della ricerca sociologica, dar corso a una pura e semplice
specializzazione disciplinare che in nome della specificità finireb-
be inevitabilmente per perdere di vista il carattere critico complessivo della teoria sociale e nello stesso tempo la sua concreta

[14] Einaudi, Torino 1949.

utilizzabilità empirica. Non ci serve, in altre parole, una «sociologia dello sport» riduttivamente intesa come recinto specializzato e riserva di competenze. Il fenomeno dello sport chiama in causa la ricerca sociologica come insieme di apparati concettuali e tecniche di ricerca. Per una sua descrizione e comprensione socialmente significativa esso richiede l'integrazione critica di teoria e ricerca, a sicura distanza sia dalla mania quantitativa, che non a torto era stata a suo tempo definita «quantofrenica», sia dalle «scomuniche» radicali e globali dei francofortesi, quando, per esempio, Adorno poteva liquidare la passione per lo spettacolo agonistico nei termini e nei modi dello sguardo, esperto e indifferente, del «costruttore di bare». Il filosofo di Francoforte esprimeva così quelle che a suo giudizio erano le implicazioni sostanzialmente voyeuristiche ed esteriorizzanti della civiltà della misurazione, vale a dire d'un modo di vivere fondato sull'esattezza quantitativa e sul culto della precisione, ma incapace ormai di una sobria valutazione globale delle situazioni umane in crisi. Lasciarsi andare a giudizi così radicali, siano essi positivi o negativi, significa rinunciare all'analisi e alla comprensione del fenomeno sportivo nelle società di oggi. Significa anche precludersi la via per giungere a delineare alcune sue funzioni accertabili.

Una prima funzione sociale degli sport di massa sembra essere quella dell'aggregazione. Funzione primaria, non solo perché riguarda le attività sportive più popolari, come il gioco del pallone in Europa e nell'America Latina oppure del baseball negli Stati Uniti. Il carattere fondamentale della funzione aggregativa si lega al fatto che le società industriali odierne sono società segmentate. Hanno perduto i loro centri focali, dove la popolazione, indipendentemente dalla classe o dalla corporazione professionale, poteva riunirsi e mescolarsi, in relativa libertà, dando luogo a quegli atteggiamenti e comportamenti espressivi che sono il preludio per scambi più approfonditi fra le persone. Si pensi, per qualche esempio, alla piazza nelle città italiane, alle *shopping malls* nei paesi anglosassoni e del Nord Europa.

Una seconda, più sottile funzione è però accertabile, specialmente con riguardo agli sport più raffinati o solo recentemente divenuti sport di massa. Mi riferisco in particolare al tennis e in generale a tutte le attività classificabili come atletica leggera. Qui si profila una funzione sociale di fondamentale importanza, che investe direttamente la mobilità e la stratificazione della società.

Si tratta evidentemente di mobilità ascendente. Si pensi al pugilato, che è forse l'attività sportiva che ancora oggi apre le porte più promettenti per l'ascesa sociale di individui nati in famiglie povere e socialmente emarginate. Ma non si dimentichi l'atletica leggera e i suoi effetti, in termini di classe, prestigio, status, per i partecipanti vittoriosi, con particolare riguardo al sesso femminile, che trova qui l'occasione per una emancipazione di ampio respiro sociale extra-familiare, oltre che per clamorose affermazioni di natura agonistica. Le ricerche condotte a questo proposito dal gruppo di ricerca romano, da me coordinato, sono sostanzialmente probanti. Il fenomeno è solo agli inizi; gli atleti sono ancora in maggioranza maschi; entrambi i sessi appartengono ancora a classi sociali relativamente privilegiate, ma la tendenza verso una massiccia auto-promozione dal basso pare indubbia. La vittoria sportiva tende a consacrare, insieme con il campione, anche la persona che è riuscita ad avanzare nella scala sociale [15].

6. La Tv: «grande sorella» o «tigre domestica»?

Si può dire che l'Italia era già un paese televisivo prima ancora che la Tv si affermasse, nelle sue luci e nelle sue ombre, come la regina dei mass media. Sarebbe sufficiente ricordare che, in taluni villaggi d'Abruzzo e in generale del Centro-Sud, la televisione è arrivata spesso prima dell'alfabeto, saldando così la vecchia oralità della saggezza sapienziale degli analfabeti con la nuova oralità degli analfabeti di ritorno e dei teledipendenti. Cos'è dunque la televisione, oggi? È una fata oppure una strega? [16]

Troppo reciso, il dilemma proposto. Credo che sarà bene tenersi prudentemente alla larga dal ragionare dicotomico, dai suoi drammatici chiaroscuri, forse suggestivi, certamente ingannevoli. Fata o strega, la Tv? Probabilmente, né l'una cosa né l'altra. Oppure: un poco l'una e un poco l'altra. Del resto, nei suoi quarant'anni, o poco più, di vita, quanti appellativi, esaltanti e derogatori, ha dovuto sopportare la Tv. Gli inglesi l'hanno disin-

---

[15] Sono da vedersi in proposito le ricerche di Nicola Porro, specialmente *L'imperfetta epopea*, CLUP, Milano 1989.
[16] È questo il dilemma formulato da Jader Jacobelli per una «tavola rotonda» sul tema organizzata dal Centro culturale Saint-Vincent (ottobre 1989). Cfr. anche l'informato C. Sartori, *La grande sorella*, Mondadori, Milano 1988.

voltamente, e programmaticamente, chiamata «box», la scatola; gli americani, «tube», il tubo; altri, abbreviatamente, la «tele», «grande sorella», quasi a rendere più equanime, sessualmente parlando, l'idea di George Orwell del «big brother», o «grande fratello»; o ancora, «tigre domestica», «finestra sul mondo», «di meglio, di più», e via discorrendo e appellando.

E che ne dicono le numerose ricerche sui mass media? Che cosa ci insegnano? Non molto, in verità. A proposito degli effetti sociali della Tv, e forse a conforto delle grandi reti nordamericane (NBC, ABC, CBS), da sempre timorose di venir messe sotto accusa da un'opinione pubblica non aliena da estremismi emotivi di biblico furore, Paul F. Lazarsfeld aveva per tempo elaborato il mito del «piccolo gruppo» e, legata a questo, la teoria del «flusso comunicativo a due stadi», il famoso «two-steps communication flow» [17]. Peccato che i piccoli gruppi d'ascolto, quelli che secondo Lazarsfeld avrebbero dovuto agire come filtri critici rispetto agli impersonali e invadenti messaggi televisivi, la società industriale di massa li abbia semplicemente spazzati via.

Rispetto a Paul F. Lazarsfeld e ai primi analisti del fenomeno, Marshall MacLuhan [18] mostra una straordinaria apertura verso gli aspetti interni dei mass meda. Il suo *Understanding Media* è a tutt'oggi il solo libro che cerchi di comprendere il loro impatto dall'interno, ossia in quanto questo interno agisce e viene influenzato a sua volta, secondo le misteriose regole di un *feed-back* intorno al quale sappiamo ancora troppo poco. Il discorso di Lazarsfeld non era del tutto privo di valore anche conoscitivo, aveva una sua plausibilità, ma era ancora un discorso esterno, che non coinvolgeva i singoli mass media in base alle loro caratteristiche interne e alla loro operatività specifica mentre altri autori, come H.L. Skornia, con il suo *Televisione e società* [19], hanno fatto – e continuano meritoriamente a fare – un discorso sostanzialmente politico, di potere, vale a dire pongono il problema dei vantaggi relativi e degli eventuali danni che i messaggi televisivi arrecherebbero alle forze sociali e politiche in gioco. Non si vuol

[17] P.F. Lazarsfeld, E. Katz, *L'Influenza personale*, trad. it. ERI, Torino 1968.
[18] M. MacLuhan, *Understanding Media: The Extensions of Man*, Signet Books, New York 1964.
[19] Se ne veda la trad. it. nella collana da me diretta a suo tempo per la ERI, Torino 1975. In Italia questo punto di vista è stato particolarmente sviluppato da Ivano Cipriani.

negare a questo discorso una sua validità. Esso però lascia del tutto da parte, anzi deliberatamente trascura come irrilevante, il peso specifico dei mass media, indipendentemente da chi li controlla o tecnicamente li gestisce.

MacLuhan compie al riguardo un notevole passo avanti. La Tv è per lui una protesi dell'uomo e, come tutto ciò che amplifica le possibilità umane, ci riempie di ammirazione, ma anche di spavento. Con MacLuhan entriamo finalmente all'interno del mezzo, nel regno del suono e dell'immagine. Non è un caso che MacLuhan, con la sua tipica insensibilità storica, cominci a parlare come un sociobiologo ad orecchio e si affanni a chiarire che fino ad oggi abbiamo usato soltanto l'emisfero cerebrale sinistro, quello razionale-cartesiano, mentre adesso è finalmente venuta l'ora di recuperare quello destro – immaginifico, musicale, caldo, emotivo – non ancora astrattamente dimidiato dal ragionamento scientifico formale. In questo senso, nel senso dell'immersione in una nuova globalità di significati emotivi, e non solo cognitivi, MacLuhan comincia a parlare di una nuova, imminente epoca «tribale» e anche di «villaggio globale». Non è più premiata soltanto l'acuità e la precisione visiva. Si vede con l'orecchio. Si recupera l'olfatto. Si riscopre il tatto. MacLuhan, che pur era un valente critico letterario, non lo dice, ma qualcuno ha già scritto: «L'amour est dans le toucher....» [20]. Tutto l'essere umano – intelligenza astratta e corpo – è finalmente investito, messo in movimento, chiamato a partecipare. Si va oltre la logica cartesiana e guten-

---

[20] La frase è del naturalista Buffon, citato da Balzac e ripreso da L. Sciascia dai *Feuillets* di A. Gide, ma il testo di Sciascia è un delizioso *divertissement* che va citato per esteso: «un pensiero che mi è venuto leggendo nei *Feuillets* una citazione da Balzac che a sua volta cita Buffon: "Si, comme l'a dit Buffon, l'amour est dans le toucher...". "L'amore è nel tatto". Una di quelle verità così lampanti che difficilmente, se non al genio, si rivelano. [...] Ed il pensiero che mi è venuto è questo, dilettevole di filologia alla Borges: Buffon annota questa rivelazione, Balzac la convalida un secolo dopo, Gide un secolo dopo Balzac; io la riscopro vera sessantasei anni dopo che Gide l'ha annotata nei *Feuillets*. Gide aveva allora quarantatré anni. Io ne ho cinquantasei nel momento in cui la ricevo da lui. Quanti anni aveva Buffon quando l'ha pensata e quanti Balzac quando, ne *Les Paysans*, l'ha citata? E in conclusione: è una verità, questa, che – anche se è vera da prima – può rivelarsi ad un uomo che non abbia superato quello che Gongora chiama il "climatérico lustro de la vida"?» (cfr. L. Sciascia, *Nero su nero*, Einaudi, Torino 1979, p. 245). Ma forse gli italiani non hanno bisogno di queste scadenze per capire certe cose della vita. Si pensi alla «mano morta» in un autobus strapieno.

berghiana della scrittura: una parola dopo l'altra, una riga dopo l'altra... Si entra nell'abbraccio caldo di una nuova oralità.

Il tono di MacLuhan, che qui si fa idillico, non mi sembra più accettabile *en bloc* (ma per alcuni rilievi critici rimando al mio *La storia e il quotidiano* [21]). Mi sembra però difficile, specialmente osservando da vicino il comportamento dei giovani odierni, il loro gusto dell'ammucchiarsi e dell'esprimersi in gruppo fino a fondersi in un'amorfa gelatina umana (si pensi a certi raduni rock di Michael Jackson o di Madonna, per esempio, e così via), negare che una nuova dimensione del comunicare umano è stata fissata – comunicare come un «mettere le cose – idee, esperienze, tecniche – in comune». In quanto regina dei mezzi di comunicazione di massa la Tv esercita una sorta di monopolio dell'immagine attraverso una sottile inesplorata dialettica fra l'immagine del potere e il potere dell'immagine. In questo senso, il potere della Tv sembra indubbio, anche se non va mai dimenticato che non si tratta di un potere illimitato, poiché esso è destinato a misurarsi con gli altri mass media, e anche con logiche comunicative che sfuggono alla rete (pur imponente e ormai planetaria) dei mass media, per la semplice ragione che la Tv non agisce nel deserto (anche quando faccia il deserto), bensì in un contesto storicamente specifico. Sono da esplorare aree e forme di complementarità fra Tv e altre fonti di informazione. La Tv non è necessariamente un ferro da stiro, come certe concezioni ingenuamente cospiratorie vorrebbero. Essa dispone tuttavia di alcuni poteri.

Il più ovvio è probabilmente quello che gli studiosi nordamericani amano presentare come il potere dell'*agenda setting*, vale a dire il potere di determinare l'ordine del giorno, decidendo su quali temi incentrare la trasmissione. Non è un potere da poco: quali notizie, a preferenza di molte altre, trasmettere? Quali fatti illustrare? Quali personaggi intervistare? Quali, invece, ignorare sistematicamente, e perciò stesso, in un'epoca sempre più orale e legata all'immagine, condannare ad un ruolo marginale, se non irrilevante?

Recentemente, nella seconda metà del mese di dicembre 1989, riportando l'insurrezione popolare in Romania contro il tiranno Nicolae Ceaucescu, pare che un nuovo tipo di televisione

---

[21] Laterza, Roma-Bari 1986; specialmente la Parte prima, *La conversazione interrotta*.

sia nato, la «televisione interattiva». Si ritiene, in altre parole, che la Tv si sia posta, rispetto agli insorti, come una sorta di specchio e nello stesso tempo di suggeritore dinamico, nel senso che gli insorti vedevano se stessi in azione in televisione e ne traevano coscienza e conferma della propria iniziativa insurrezionale, comunicavano fra loro e con il pubblico in generale, si scambiavano informazioni, consigli, parole d'ordine. Forse nella stessa prospettiva andrebbero ricordate le piccole radio a transistor, portatili, facili da nascondersi, che aiutarono efficacemente la ribellione antifrancese dell'Algeria, ribellione che un tempo dagli intellettuali parigini era ritenuta impossibile a causa dell'alto tasso di analfabetismo fra gli algerini. Ma qui si tocca un secondo potere della Tv, che chiamerei «potere di svelamento», propriamente epifanico, che, Romania a parte, si era già manifestato al tempo della guerra nel Vietnam, e poi ancora a proposito del Biafra, della fame in Etiopia, nel Sahel, in tutte le zone subsahariane, della tragedia dei boat people vietnamiti, costretti da Hong Kong a tornare nella patria ripudiata. Con particolare vigore, nell'estate del 1989, è ritornato di attualità mostrando gli studenti cinesi, soli e inermi nella piazza Tienanmen di Pechino davanti ai carri armati.

È allora lecito, di fronte a questi fatti, parlare della televisione, assai più che di una finestra aperta sul mondo, come di una attenta coscienza morale dell'opinione pubblica mondiale? Una coscienza che agevolmente travalica le cancellerie, i rapporti bilaterali fra le nazioni, le trame, più o meno segrete, della diplomazia, puntando direttamente e all'occorrenza brutalmente sulla generosità, sull'altruismo, sulla semplice capacità di compassione degli spettatori mediante immagini singolarmente efficaci anche in grazia della loro truculenza. Il problema si fa qui più complesso. L'immagine offerta dalla Tv è certamente intensa, sofferta, ma è breve, non risale alle cause, non dà il tempo per una riflessione compiuta. Essa dà certamente un tremito all'anima generosa, ma un tremito che non è più di un fugacissimo brivido. Già si passa ad altro. E se non è uno spot pubblicitario a favore di un qualche detersivo o cosmetico, sarà un'altra scena orripilante, ma diversa, lontana, altrove.

Proprio quando si consideri il potere di svelamento della Tv, paradossalmente si fa evidente la sovrana ambiguità dello strumento, non tanto per la banale ragione dell'uso buono o cattivo

71

quanto per uno strano effetto rovesciato. Quando il dramma sullo schermo è più reale, vivo, immediatisticamente vero, sembra anche più lontano, irreale, «montato». Il problema è che la verità non è riducibile ad una sequenza di fatti, più o meno accurati, allineati l'uno accanto all'altro. Essa dipende dalla capacità di riflessione globale; non le bastano le immagini; ha bisogno delle parole. Dal muto documento deve passare alla testimonianza. Per questa ragione fondamentale si può dire che la Tv non manipoli con la censura – questo lo possono fare politici e amministratori maldestri e inconsapevoli – né con i tagli o con i silenzi – ciò non è a rigore necessario. Di per sé, la Tv fagocita – e quindi censura in quanto blocca la comprensione del significato – proprio perché dice tutto, semplicemente e puramente tutto, fa vedere le cose come stanno, senza commento, secondo un criterio positivistico di oggettività naturalistica, cioè mettendo tutto sullo stesso piano, come temi o *items* della stessa cronaca, offerta a individui isolati, frantumati, atomizzati, incapaci di resistere alla pressione dell'immagine, vale a dire incapaci di giudizio critico.

Da qui emerge un altro, inquietante potere della Tv, un potere a prima vista non visibile, subdolo, non perfettamente afferrabile da un punto di vista razionale. Esso conferisce alla TV la straordinaria facoltà di tramutare in spettacolo, a suo modo divertente, tutto ciò che tocca: balletti e massacri, scene di lusso sfarzoso nelle dimore dei ricchi e dei potenti e insieme, simultaneamente, la fame disperata di bambini coperti di croste e di mosche, con le piccole pance gonfie e gli occhi ormai spenti. È qui che, come altrove ho osservato in maniera più approfondita, occorre procedere ad una distinzione decisiva fra i vari mass media. Si dà infatti una differenza molto forte tra il giornale stampato e la diffusione via etere di radio e televisione. La stampa ci riporta ad una logica cartesiana di chiarezza e distinzione; non solo, consente il ritorno su di sé, la riflessione critica. Giunto al termine di un articolo, posso sempre rileggerne i paragrafi iniziali, per rendermi conto della coerenza, saggiare la consistenza logica della tesi, controllare la saldezza delle prove addotte. In altre parole, non vengo defraudato della mia capacità di autoriflessione. La radio è tipicamente «calda», invita immediatamente l'ascoltatore, lo sprona, anzi, a far uso di tutta la sua immaginazione, non rinuncia all'universalità della parola; è, anzi, con le parole che costruisce tutto il quadro, le immagini, i significati.

Diversa è la situazione della Tv, che in un certo senso si colloca al centro delle luci e delle ombre della comunicazione.

Per esempio, parlando di terrorismo, certamente la Tv informa, ma nello stesso tempo «teatralizza» straordinariamente il fatto in sé, tanto da ridurre, fino ad annullarla, la capacità di giudizio autonomo dello spettatore. Altrove ho rilevato quanto sia difficile sconfiggere o quanto meno diminuire la portata di questi effetti. Si potrebbe cominciare con il ridurre il sensazionalismo, a favore dell'informazione in quanto tale, fornendo allo spettatore dei dati di sfondo che gli consentano di elaborare una sua opinione autonoma. Per «dati di sfondo» intendo le matrici causali e condizionali che aiutano una comprensione globale del fatto specifico. Per esempio: si verifica un drammatico attentato terroristico; si facciano vedere i vetri dell'auto infranti, il sangue delle vittime, le stesse vittime riverse sui sedili, d'accordo. Ma si diano immediatamente i dati di sfondo: quanti attentati vi sono stati, quali sono le forze eventualmente in giuoco, qual è la situazione dal punto di vista legislativo e operativo. Forse così lo spettatore non sarebbe mai completamente consegnato, inerme, disarmato e sorpreso, al fascino, direi perverso, dell'immagine.

Con ciò siamo però di fronte ad un nuovo aspetto del proteiforme potere della Tv. Il potere di incantamento dell'immagine ci sottopone ad un rischio ancora più insidioso, di cui lo spettatore singolo non è certamente consapevole e che si pone tuttavia come un esito che sarebbe imprudente scartare a priori: alla lunga scadenza, attraverso il condizionamento delle coordinate spazio-temporali in cui il processo cognitivo ha luogo, la Tv potrebbe ottenere il monopolio della conoscenza. Non è un rischio da poco.

III.

L'«EXPERIMENTUM CRUCIS» DELLA TRANSIZIONE ITALIANA: VIOLENZA COMUNE E VIOLENZA POLITICA

1. Una criminalità organizzata che «governa»

L'*experimentum crucis* della transizione italiana dal mondo contadino alla società industriale, tecnicamente progredita e razionalmente organizzata, è dato dalla violazione generalizzata della legge. Si ricollega all'alleanza fra criminalità comune e criminalità politica. Evoca lo spettro del terrorismo. Le tre grandi tradizioni culturali italiane – quella risorgimentale liberaldemocratica, quella marxistica e quella cattolica – sono in proposito di scarso aiuto. D'altro canto, la cultura sociologica prevalente, dentro e fuori le università, è ancora troppo derivativa e tributaria di influssi stranieri per offrire schemi analitici, spiegazioni storicamente radicate ed eventualmente indicazioni terapeutiche efficaci.

Con riguardo all'esperienza italiana, gli apparati teorico-concettuali e le tecniche specifiche di indagine appaiono carenti e non pertinenti. Ho in altra sede chiarito che i concetti sociologici o sono storici, vale a dire storicamente tarati e acclimatati, o non sono niente, scadono a diversivo, riflettono problemi e orientamenti estranei al contesto storico specifico, distorcono, invece di chiarire. È stupefacente dover constatare come gran parte delle ricerche sociali in Italia oggi siano ricerche derivative non originali, tendenti a calare sulla realtà italiana specifica schemi interpretativi e tecniche euristiche che non hanno nulla a che vedere con questa realtà. I ricercatori fanno così pagare ai problemi italiani di oggi il prezzo, in verità esorbitante, dei limiti e delle inadeguatezze delle loro impostazioni teoriche e dei loro metodi, in generale importati all'ingrosso da altri contesti storici e culturali. Non fa dunque meraviglia che i tre problemi fondamentali della vita sociale italiana odierna non vengano neppure sfiorati, se non del tutto marginalmente, dai ricercatori sociali italiani. La mafia come problema dello sviluppo nazionale [1], i sequestri di persona come industria organizzata su vasta scala e la violenza politica come sistema rappresentativo spurio, restano sullo sfondo della consapevolezza comune – come problemi repressi o spinosi che si spera di cancellare come brutti sogni – mentre la ricerca sociale corrente discorre, secondo un'ottica fondamentalmente anglosassone, di pluralismo politico, sistema dei partiti, funzionalità dell'organizzazione aziendale, socialismo e capitalismo ad alto livello di astrazione.

In realtà, si tace o si ha troppo poco da dire, sui tre problemi che oggi costituiscono, nel mondo capitalistico in generale e nell'Europa occidentale in particolare, l'eccezionalismo italiano, vale a dire:

a) la mafia, come sistema di potere e problema dello sviluppo nazionale, e non più mera anomalia della Sicilia nord-occidentale;

b) i sequestri di persona, come sintomo di permanenza di comportamenti e valori d'una civiltà contadina in declino e ormai, per importanti aspetti, putrefatta, con tutta la rete di servizi su scala industriale e le solidarietà delinquenziali che comportano;

c) la violenza comune e quella politica; la violenza politica organizzata per bande terroristiche che, sotto la varietà pittoresca e alquanto fagocitante delle sigle, sembravano tuttavia convergere nel comune disegno di colpire «il cuore dello Stato», di destabilizzare il regime democratico, sfruttandone sapientemente le carenze, e bloccare quindi indefinitamente il processo politico attraverso l'instaurazione di un regime poliziesco e di uno Stato autoritario; questo primo tipo di violenza è stato relativamente battuto e il suo progetto è fallito. Ma ecco rafforzarsi il secondo tipo di violenza, quella malavitosa, o comune, che «governa» ormai tre regioni (Campania, con la camorra; Calabria, con la 'ndrangheta; Sicilia, con la mafia).

In queste condizioni, il discorso sulla violenza odierna in Italia si fa difficile. I modelli descrittivi, esplicativi e predittivi

[1] Sono un'eccezione promettente le inchieste di Corrado Stajano e le testimonianze di Michele Pantaleone; cfr. in proposito il mio *Rapporto sulla mafia*, Liguori, Napoli 1980.

che sono stati elaborati a proposito della società italiana non sembrano sufficientemente critici per darci spiegazioni esaurienti. Le definizioni correnti della violenza sono numerose e singolarmente fuorvianti. Esse non vanno al di là di un mero catalogo descrittivo in senso, al più, sociografico. Si parla così di guerre interne-esterne; violenza e tumulti nelle piazze; violenza morale, legittima, criminale; violenza non-violenta; violenza e contro-violenza; violenza rivoluzionaria e contro-rivoluzionaria. Il ritardo teorico è evidente, ma non può essere attribuito solo a ragioni di ordine concettuale.

È un fatto difficilmente contestabile che, a partire dalla fine della seconda guerra mondiale, si è aperta in Europa e nel Nordamerica una fase di sviluppo economico e socio-politico nel quale appariva del tutto irrilevante lo scontro violento, in nuce irrazionale, in quanto i problemi venivano posti e gradualmente risolti, a poco a poco, secondo le regole di un minimalismo giudizioso e contrattualistico che sembrava anche aver suggellato quella che, per un certo tempo, si chiamò «la fine delle ideologie». Poiché la società industriale si poneva come società fondata sul calcolo razionale e sulla strumentazione tecnica, l'ipotesi di uno sviluppo liscio, senza perturbazioni gravi, capace comunque di superare le sue difficoltà in base ad un pluralismo compromesso, fra le forze in gioco, tanto da poter sistematicamente sostituire il dialogo allo scontro, si configurava a un tempo come un'ipotesi plausibile e come una norma politica accettabile, una suprema regola del gioco al di sopra delle parti e quindi universalmente valida.

In concomitanza, e non necessariamente e semplicisticamente in base ad un nesso di causa-effetto, con i movimenti di protesta giovanili e con i moti studenteschi, variamente motivati – dalla guerra del Vietnam e dalle lotte razziali in USA alla mancanza di opposizione nella Germania Federale, alla politica gaullista di grandeur in Francia, alla democrazia che si trasforma in gerontocrazia in Italia, e così via – la violenza fa la sua repentina, inattesa apparizione e si profila come una radicale rottura: rottura delle regole del gioco; interruzione delle procedure; contestazione delle motivazioni legittimanti; revoca della delega e messa in stato di accusa di tutte le istanze del potere, da quello accademico a quello economico, politico, sociale, ecclesiastico.

In questo senso, la violenza è scandalosa, coglie tecnici, moralisti, politici e intellettuali impreparati. Come ho altrove rilevato, la violenza fa scandalo. È infatti una rottura sistematica, si mette «fuori», non rispetta le regole del gioco democratico. In quanto tale, è deliberatamente fuori e contro la legalità. Lo scandalo provocato dalla violenza è per lo più collegato con un tipo di «angelismo» che considera realizzabile, dal punto di vista pratico-politico, un ideale di convivenza civile in cui tutti i contrasti di interesse siano componibili e positivamente solubili mediante la transazione e il compromesso. Non è tuttavia possibile ignorare che al fondo di ogni legittimità formale emerge un atto di illegittimità sostanziale, un dramma di violenza. Romolo che uccide Remo. La lezione di Machiavelli è tutta qui. La legittimità non è uno stato di natura; è un processo, un'idea-limite, mai completamente acquisita. La rappresentanza non è mai data una volta per tutte. È sempre da verificare. La rappresentanza formale democratica può sempre offuscarsi e diventare non rappresentativa.

Il consenso è importante, ma il dissenso è essenziale. La democrazia si afferma premendo dal basso. Il diritto alla resistenza è il suo cardine profondo. Resistenza, opposizione, contestazione, violenza. Nelle situazioni in cui l'espressione del dissenso e della contestazione anche nelle sue forme più drastiche è garantita dalla legge è chiaro che la violenza non ha giustificazioni. Esiste tuttavia il rischio, ancor più grave dal punto di vista della stabilità sostanziale d'un regime democratico, del pluralismo spurio, ossia della democrazia di facciata, manipolata, in cui i gruppi di potere, al riparo di procedure formali ineccepibili, occupano in realtà tutto lo spazio pubblico-politico disponibile e lo «privatizzano» piegandolo ai loro disegni per definizione settoriali ed «egoistici».

Chiarite le ragioni della peculiare difficoltà a «realizzare» la violenza come problema, occorre sottolineare che nessuna disciplina, singolarmente e, anzi, autarchicamente concepita, appare oggi in grado di affrontare questo nodo problematico con le sue sole risorse, sostanziali e di metodo. È necessaria una impostazione inter-disciplinare. Riconosciuta la violenza come comportamento umano, per quanto eticamente aberrante, è necessario esplorarne i molteplici aspetti, che vanno da quelli propriamente fisiologici e bio-genetici a quelli socio-economici e politici a quelli di ordine psicologico, etico-intellettuale e latamente culturale. Nessun dubbio che l'impostazione interdisciplinare ponga delicati problemi terminologici e di raccordo sostanziale fra discipline che hanno tradizioni e codici critici differenti e talvolta contrastanti. Ma altrettanto certo è che le spiegazioni unilaterali non spiegano nulla e cadono, nella maggior parte dei casi, vittime di processi riduzionistici cui sfugge di regola la sostanza del problema [2]. Gli esempi, per limitarci alla letteratura sociologica, non mancano. Lo schema interpretativo di N. Smelser [3], che ha avuto in Europa numerosi e diligenti adepti, sottolinea specialmente il passaggio dalla «insoddisfazione» intesa come percezione di una *relative deprivation*, alla violenza come premessa per un nuovo stadio di pace sociale e di compromesso proceduralmente regolato. La spiegazione di Smelser è essenzialmente psicologistica; in essa, la violenza ha origini psicoculturali, proviene da modelli di socializzazione in cui il «farsi avanti», il successo, l'aggressività sono presentati come strumenti, mezzi importanti di mobilità sociale ascendente e di affermazione individuale, specialmente quando l'individuo si trovi la strada sbarrata da ostacoli istituzionali o sperimenti in sé uno stato di «privazione relativa» rispetto al resto della società.

È forse inutile richiamare la profonda affinità e i collegamenti della teoria smelseriana con la concezione di «anomia» in Robert K. Merton [4]. Sui limiti di queste e consimili teorie psicologizzanti che tendono, indipendentemente dagli intenti espliciti degli autori, a dissolvere il sociale in una variegata sequenza di stati d'animo, mi sono in altra sede soffermato. Queste teorie hanno una certa plausibilità, con riguardo alla sfera privata di quegli individui che fanno ricorso a comportamenti violenti per risolvere problemi che non escono dalla loro personale quotidianità. Esse non spiegano però, neppure embrionalmente, il comportamento, le motivazioni, gli scopi tattici e le finalità ultime di coloro che fanno ricorso alla violenza, in forma organizzata e sistematica, per porre in essere determinate situazioni politiche e psicologiche di massa e per ottenere determinati risultati di natura ideologica.

---

[2] Per un equilibrato commento al mio modo di porre e trattare il problema della violenza nelle odierne società altamente tecnicizzate, cfr. L. Valiani, *Come nasce la violenza*, in «Corriere della Sera», 23 gennaio 1979.
[3] Cfr. specialmente il suo *Manuale di sociologia*, trad. it. Feltrinelli, Milano 1970.
[4] Si vedano le traduzioni e introduzioni di F. Barbano a R.K. Merton, *Teoria e struttura sociale*, 3 voll., trad. it. Il Mulino, Bologna 1975.

L'impostazione inter-disciplinare o, come preferirei chiamarla, «post-disciplinare» emerge allora come un approccio indispensabile, almeno nel presente stadio delle ricerche intorno alla violenza. Secondo la prospettiva biologica, sembra che la tendenza verso l'aggressione si sia sviluppata nell'uomo così come è avvenuto tra i membri di altre specie animali. L'uomo viveva in un ambiente povero e dipendeva da risorse naturali limitate. In un tale habitat la sopravvivenza della specie poteva essere salvaguardata più efficacemente dagli individui più forti e aggressivi. Essi dovevano respingere con la forza qualsiasi tentativo di penetrazione nel loro territorio da parte di altri individui appartenenti a comunità diverse della stessa specie. I biologi, e specialmente gli etologi, fanno osservare che questo «comportamento territoriale» si ritrova in molte specie animali sulla terra e nell'acqua [5]. È evidente che tale comportamento difensivo-offensivo trova poi, e contestualmente, una sua base genetica nelle strutture socio-politiche e una sua legittimazione, più o meno elaborata, sul piano ideologico e culturale.

Pur nel relativo silenzio delle scienze sociali accreditate, si è dato inizio ad un cauto processo esplorativo circa le cause della violenza politica e le relative responsabilità. Il limite di tale processo è legato a una carenza metodologica che restringe indebitamente l'ambito problematico, elevando singoli fattori al rango di cause ultime del fenomeno e finendo così per far coincidere le risultanze di una ricerca, che si suppone scientifica e intersoggettiva, con i propri principi di preferenze personali, certamente legittimi, ma scientificamente irrilevanti.

Così, un ottimo saggio [6], dopo aver correttamente criticato l'unilateralità di alcune ricerche, opta per una spiegazione in chiave sommariamente «ideologica» che fa ricadere, naturalmente, ogni responsabilità della violenza e del terrorismo sulle spalle della «cultura della violenza», la quale è a sua volta «ridotta» e fatta opportunamente coincidere con la cultura degli «ideologi di matrice marxista» [7]. Il tono è così reciso da sfiorare quello d'una dogmatica requisitoria:

---

[5] Si vedano, per tutti, i lavori di Konrad Lorenz, specialmente *Gli otto peccati capitali della nostra civiltà*, trad. it. Adelphi, Milano 1974.
[6] In «La Civiltà Cattolica», 19 aprile 1980, pp. 101-22.
[7] Ivi, p. 112.

La matrice del terrorismo italiano è la «cultura della violenza» che dopo il 1968 si è diffusa in tutta l'area della sinistra italiana. A diffondere tale cultura hanno contribuito gli ideologi di matrice marxista, con la loro continua predicazione sulle ingiustizie nel sistema capitalistico e sulla necessità di abbatterlo con la violenza; hanno contribuito il susseguirsi incontrollato di azioni di sciopero selvaggio e di picchettaggio e la difesa di quanti si rendevano colpevoli di atti di vandalismo o di soprusi, favorendo in tal modo l'idea che la «violenza paga» e che nella nostra società nulla si può ottenere senza di essa. Ma alla base della cultura della violenza ci sono principalmente le ideologie. In primo luogo, l'ideologia marxista [...] A tale filone si richiamano i terroristi italiani [...]. In secondo luogo, la «teoria dei bisogni», del «tutto e subito» [...]. In tal modo, nella cultura della violenza il filone rivoluzionario marxista si coniuga col filone underground della rivolta contro la società «oppressiva» e «repressiva», cioè con il filone libertario, individualistico e anarchico.[8]

È un testo esemplare dell'unilateralità analitica che necessariamente si lega e deriva dal riduzionismo. La cultura della violenza è ridotta, contro ogni evidenza logica e storica, alla sola violenza di sinistra; questa stessa violenza di sinistra è poi ridotta ad un unico denominatore, in cui confluiscono mondi di pensiero e prassi politiche non solo differenti, ma diametralmente opposti, come il marxismo organizzato e la tradizione anarchica. Ma, aspetto ancor più preoccupante, l'oggetto da spiegare – il comportamento violento e le sue varie coperture ideologiche e motivazioni culturali – diventa il criterio della spiegazione.

2. Le condizioni strutturali sottaciute

La conseguenza, in termini politici e terapeutici, è grave: si cerca di uscire dalla violenza, su tutti i piani, da quello sportivo alla microconflittualità, insistendo sulle conseguenze derivate; si lasciano invece cadere e si trascurano come ininfluenti le cause strutturali, sociali e politiche del fenomeno. Così le stesse, corrette, registrazioni dei dati di fatto restano senza risposta. Si era detto che «il terrorismo italiano è un terrorismo 'diffuso' con un'ampia base sociale»; che «essa è formata da ampi settori che

[8] Ivi, pp. 112-13.

nella nostra società si ritengono emarginati, sfruttati ed oppressi oppure sono in condizione di non poter soddisfare i loro "bisogni" e si sentono, perciò frustrati nelle loro aspirazioni», ma ci si dimentica semplicemente di domandarsi: perché? È sufficiente a produrre una tale percezione diffusa che, da stato d'animo – si noti! – diviene prassi di massa, una pura e semplice «atmosfera intellettuale» o non occorre invece chiamare in causa fattori strutturali oggettivi: per esempio, la gestione clientelare – essenzialmente anti-democratica – delle istituzioni formalmente democratiche?

Su un altro, opposto ma simmetrico, versante, vi era chi teorizzava il «seme religioso della rivolta»[9]. E. Severino giunge ad affermare che «la fede è la forma originaria della violenza»[10]. Siamo di fronte ad un nuovo, grossolano caso di riduzionismo. Come credo di aver chiarito nel mio libro *L'ipnosi della violenza*[11], non solo la «cultura della violenza», nella tradizione politica e intellettuale italiana, è in primo luogo un fenomeno della destra nazionalistica e dannunziana proto-fascista, ma lo stesso legame che alcuni analisti sembrano scorgere fra religione e violenza si può riferire solo ad una forma degradata di religiosità, in cui la fede dell'*homo religiosus* è a tutti gli effetti surrogata e soppiantata dalla *hybris* scatenata di chi abbia interrotto il «dialogo» e il «legame» (*religio* significa legame) in favore del suo puro, solitario affermarsi al di sopra e contro l'alterità degli altri.

Solo un'impostazione globale, inter-disciplinare dello studio della violenza è probabilmente in grado di salvaguardare l'analisi da siffatti riduzionismi e dalle aporie teoriche e operative che necessariamente li accompagnano. Essa ci consente di fissare e comprendere il senso profondo e la portata politica della violenza organizzata e del terrorismo in quanto violenza e terrorismo, in una data situazione socio-politica, segnano il limite della mediazione culturale; un limite che è anche uno scacco perché appare invalicabile in termini puramente intellettuali.

Vi sono dunque nella violenza aspetti biologici, socio-politici, economici, ideologici, psicologici e culturali, che vanno coordina-

[9] Cfr. S. Acquaviva, *Il seme religioso della violenza*, Rusconi, Milano 1979.
[10] Cfr. E. Severino, *Techne. Le radici della violenza*, Rusconi, Milano 1977, p. 77.
[11] Rizzoli, Milano 1980, pp. 80-90.

tamente esplorati, facendo convergere sugli specifici nodi problematici le risorse, metodologiche e sostanziali, delle scienze del comportamento e delle scienze sociali, con un preliminare, particolare riguardo per la dimensione storica di ogni situazione specifica. Le ragioni della violenza e del terrorismo non possono dunque essere arbitrariamente contratte e semplificate, sia pure in base a legittime esigenze euristiche. Non vi è analisi sociale che non contenga in sé una lezione severa intorno alla complessità dei fenomeni sociali. Il fenomeno della violenza non sfugge a questa regola generale. Ogni tentativo di semplificazione del procedimento di ricerca finisce in una mutilazione, fa perdere di vista il significato complessivo del fenomeno.

A mezzo secolo dalla fine della seconda guerra mondiale, si può dire che il fenomeno della violenza politica e del terrorismo organizzato in maniera sistematica e stabile sia un fenomeno universale. Variamente motivato e praticato secondo tecniche e modalità differenziate, non vi è paese che non ne abbia avuto, direttamente o indirettamente, esperienza. Ciò che sembra tipico di questo fenomeno universale è questo insieme di caratteristiche:

a) il rifiuto della negoziazione, non importa a quale livello e con quali procedure (ma vedremo più avanti come si diano al proposito fra terrorismo e terrorismo, differenziazioni qualitative apprezzabili);

b) il carattere segreto dell'organizzazione, che agisce in clandestinità e può quindi colpire i propri obiettivi usufruendo del vantaggio fondamentale della sorpresa (anche se il grado e il tipo di clandestinità variano da una situazione all'altra e da organizzazione a organizzazione);

c) il reclutamento altamente selettivo, ma sempre fra gruppi in età giovanile;

d) una giustificazione ideologica e un retroterra teorico culturale piuttosto fragile, quando non sia la pura e semplice richiesta dell'autonomia.

Non sono mancati gli arditi confronti e richiami storici. L'organizzazione terroristica italiana è stata, per esempio, paragonata, forse anche a causa della sua struttura orizzontale, almeno in parte legata al territorio, ai club giacobini della Rivoluzione francese del 1789. In Italia la rete dei Comitati unitari di base, i Cub, sorti spesso per fronteggiare e sostituire organismi sindacali tradizionali ormai burocratizzati, può aver suggerito il paragone. Può anche aver indotto a pensare che, con i Cub, era giunta finalmente anche in Italia la democrazia giacobina e che Robespierre stava, con il suo freddo razionalismo, soppiantando il boss mafioso e il «padrino» politico, con tutta la vecchia organizzazione basata sulla clientela e sulla parentela, che costituiva il cuore del loro potere. Niente di più lontano dalla realtà. I Cub hanno rafforzato il potere dei gruppi primari.

Quanto ai giacobini, è stato correttamente osservato che i giacobini giustificavano l'esecuzione di Luigi XVI, cioè, si badi, il regicidio, alla luce della volontà del popolo sovrano, che si era ribellato e aveva affermato il proprio diritto, e soprattutto il principio che nessuno, neanche un re, era al di sopra delle leggi e che, quindi, anch'egli doveva rendere conto delle proprie azioni alla «sovranità popolare». L'atteggiamento delle Brigate rosse di fronte all'esecuzione di Moro è radicalmente diverso. L'esecuzione non è decisa davanti al popolo sovrano, ma da un piccolo gruppo, che è anzi diviso in se stesso e incerto sul da farsi, perplesso sull'opportunità dell'operazione. Questo d'altro canto non avviene dopo la rivoluzione, quando hanno finalmente corso nuovi principi e una nuova legalità, bensì prima che la rivoluzione abbia avuto luogo.

Resta da chiarire che i grandi rivoluzionari francesi, da Saint-Just a Robespierre, non hanno mai ceduto alla politica dell'azione per l'azione, non sono mai caduti vittime del decisionismo puro, del fare per fare, ma hanno sempre proclamato, non senza retorica talvolta, i principi etici e le giustificazioni politiche delle decisioni operative. Si concepivano come i rappresentanti espliciti, pubblici del popolo sovrano, non come una piccola setta che lavora nelle catacombe della clandestinità per obbligare un giorno la gente ad essere «libera» e «felice».

Colpisce, in primo luogo, nel terrorismo italiano, la vaghezza degli obiettivi. Se accettiamo, in via ipotetica, i parametri proposti da H.L. Nieburg [12] per definire ogni forma di comportamento politico, sembra indubbio che il terrorismo italiano rientri nella categoria generale della violenza politica. Questi parametri definitori sono i seguenti:

— oggetto o vittima (l'individuo, il gruppo o la cosa verso cui il comportamento è diretto);

[12] Cfr. H.L. Nieburg, *La violenza politica*, trad. it. Guida, Napoli 1974.

84

– esecuzione (il modo in cui l'atto viene eseguito);
– motivazione (profonda o superficiale, calcolata o impulsiva, ecc.);
 – associazione (atto isolato, piccolo o grande gruppo di cospiratori, ecc.);
 – organizzazione dell'attività (sicario professionista, capi e subordinati, sciagurato esecutore spinto dalle minacce o dalle pressioni di terzi, ecc.);
 – modello culturale (percezione o asserzione di modelli normativi di comportamento politico);
 – ripercussioni ed effetti politici.

In base a questi parametri, Nieburg propone la seguente definizione di violenza politica: «atti di disgregazione, distruzione e offesa tali che il loro scopo, la loro scelta degli obiettivi o delle vittime, la loro esecuzione e/o i loro effetti abbiano rilevanza politica, cioè tendano a modificare il comportamento di terzi in una situazione di contrattazione che abbia conseguenze per il sistema sociale» [13].

Il terrorismo italiano rientra certamente in questa definizione a maglie larghe, che non tiene conto, come invece abbiamo fatto più sopra, della fondamentale distinzione fra atto terroristico, coinvolgente le persone, e atto di sabotaggio, che investe essenzialmente cose. Ma è in particolare da sottolineare un punto decisivo, che differenzia probabilmente, insieme con la questione dei «terroristi pentiti», quello italiano da tutti gli altri terrorismi su scala mondiale. Questo punto riguarda la contrattazione. Nella quasi totalità dei casi, la violenza è strumentale. I terroristi vogliono qualche cosa, hanno obiettivi specifici e precisi. Quindi, la loro violenza, mentre è vero che sospende, interrompe bruscamente le regole del gioco, è anche vero che entra in un processo di contrattazione. È un'arma, un fattore di negoziazione. Il contratto con la controparte non è mai sospeso.

Ciò è vero anche per i terroristi irlandesi. Bobby Sands nel 1978 si lascia morire, rifiutando il cibo per sessantasei giorni in un carcere dell'Irlanda del Nord. Il gesto è disperato. All'osservatore estraneo al dramma il gesto potrà anche apparire dissennato. Ma non è privo di una sua logica profonda. Non è tanto la richiesta dello status di prigioniero politico, cui il governo di

[13] Cfr. ivi, p. 19.

Londra non ha dato corso, ostinandosi ad equiparare semplicisticamente criminalità comune e criminalità politica. L'autoestinzio-
ne per fame del terrorista irredentista irlandese Sands è qualche
cosa di più, trascende la cronaca politica del momento: è un
segnale d'allarme alla controparte; un gesto disperato, ma anche
di suprema intelligenza politica; il rifiuto radicale di accettare la
fine della comunità repubblicana e cattolica irlandese, la sua inde-
finita emarginazione, la sua perenne ghettizzazione storica. È
necessario che uno muoia per la salvezza della comunità, per
segnarne per sempre la memoria collettiva e impedirne lo smem-
bramento, la dispersione e la dissoluzione finale. Nella terminolo-
gia sociologica di Emile Durkheim, quello di Sands è un tipico
«suicidio altruistico». Sands si dà la morte perché gli altri vivano.
Il suo gesto, la sua decisione sono disperati, ma non irrazionali.
Sono lucidamente intellegibili. La controparte è avvisata. Lo scopo è raggiunto. Lo stesso può in sostanza dirsi per il terrorismo
basco, per quello corso.

3. Il caso atipico del terrorismo italiano

Il caso del terrorismo italiano resta in questo senso atipico. Si
direbbe che non si diano scopi precisi. Nei comunicati delle Brigate rosse si diceva, per lo più genericamente, che il problema,
quindi, la finalità delle imprese terroristiche, consiste nel «colpire
al cuore lo Stato». Progetto tanto ambizioso quanto vago. Il terrorismo italiano non sembra dunque avere uno scopo, al di fuori di
sé. Si pone nello stesso tempo come strumento e come fine. È
preso in un corto circuito. Per questa ragione, è arduo decifrarlo,
stabilirne la natura, il carattere, che permane polimorfico e tuttavia, nella sua essenza, unitario. Ciò spiega il carattere decettivo
della lunga, piuttosto scolastica discussione sugli «album di famiglia», vale a dire sulle ascendenze di «destra» o di «sinistra» del
terrorismo italiano, su cui torneremo più avanti. Forse più di
altri, il terrorismo italiano costituisce la rinuncia al progetto politico in favore della catarsi immediata, violenta, e in questa prospettiva recupera una dimensione di sacralità del sacrificio, di sé ma
anche degli altri, di cui si comprende l'accettabilità in una cultura
a sfondo cattolico e nell'ambito della quale la fissazione di obiettivi precisi può sembrare superflua (*Non habemus hic manentem*

civitatem!). Ma si comprende anche la caratteristica dialettica di ogni terrorismo: dall'esigenza d'una moralità assoluta all'imbarbarimento.

Una seconda caratteristica distintiva del terrorismo italiano è l'alleanza operativa fra criminalità comune e criminalità con rilievo politico. Vi è stato probabilmente un errore di valutazione da parte dei magistrati nelle prime fasi della lotta contro il terrorismo. Per negare loro lo status di prigionieri politici, i terroristi erano stati mescolati e a tutti gli effetti considerati detenuti comuni. In queste condizioni, i terroristi erano in poco tempo divenuti i «sindacalisti», per così dire, cioè i protettori e i difensori dei detenuti comuni. Nessuna meraviglia che in seguito il terrorismo italiano abbia trovato appunto nelle carceri il suo terreno ideale di reclutamento e di indottrinamento.

Non è un caso se si registrano le più dure reazioni, da parte dei terroristi, quando cominciano ad entrare in funzione le carceri speciali o di massima sicurezza, in cui il contatto fra politici e comuni non è più possibile. Sarebbe a rigore sufficiente questa rilevazione di fatto a smontare la tesi del complotto, interno o, peggio ancora, esterno («internazionale»), con riguardo alle esplosioni di violenza e alla diffusione del terrorismo più o meno stabilmente organizzato. Purtroppo, le forze della sinistra democratica non sembrano distaccarsi con facilità dalla tesi del complotto. E se ne possono intuire le ragioni: vorrebbe dire riconoscere che il terrorismo italiano è un fenomeno solo e tutto italiano, che in via Fani non c'erano specialisti tedeschi, ma semplicemente giovanotti italiani, che a sparare non sono dei pistoleros, piovuti chi sa da dove, ma terroristi italiani, venuti fuori da famiglie italiane, dai quartieri residenziali della buona borghesia, dall'Azione cattolica come della Federazione giovanile comunista, dalle parrocchie e dalle case del popolo. Se la sinistra non riuscirà ad elaborare rapidamente una diagnosi e una spiegazione più convincenti dell'ambiguo intreccio fra violenza comune e violenza politica era destinata a lavorare contro se stessa, slittando a poco a poco sulle posizioni e facendo inevitabilmente proprie le parole delle tradizionali forze dell'ordine e degli interessi costituiti.

D'altro canto, nei miei studi sulla violenza [14], devo essermi

---

[14] Cfr. specialmente *Alle radici della violenza*, Rizzoli, Milano 1979; *L'ipnosi della violenza*, Rizzoli, Milano 1980.

espresso in maniera veramente inadeguata se un analista attento come Paolo Farneti, nel «Mondo» del 1° marzo 1978, ha potuto ritenere che io fossi d'accordo, nello spiegare i fenomeni di aggressività individuale e di gruppo, con la tesi classica di Robert K. Merton, il noto sociologo della Columbia University di New York. La tesi di Merton fa perno sul concetto di «sub-cultura», un concetto cui si rifanno del resto molti criminologi e che, tradotto in parole povere, suona più o meno così: il comportamento violento non ha luogo in un vuoto sociale, risponde invece a pressioni collettive, spinte di gruppo, orientamenti di valore che definiscono tutto un modo di vita o di «cultura», in senso antropologico – spinte fra le quali l'arricchimento personale gioca un ruolo primario – ed è pertanto parte di un quadro più ampio, partecipa di un insieme di significati che lo superano, è una «sub-cultura».

Anche se questo concetto della violenza e del comportamento violento come «sub-cultura» è ormai accettato dalla maggioranza degli studiosi, non credo di potermi dire d'accordo. E la ragione fondamentale di questo disaccordo è presto detta: nella nozione di «sub-cultura» è implicito il concetto di una cultura dominante, di cui la «sub-cultura» sarebbe parte subordinata e fondamentalmente omogenea, mentre nel caso della violenza, è precisamente la cultura dominante che viene chiamata in causa e messa sotto accusa. Sarebbe un grave errore logico, con serie ripercussioni politiche negative, assumere come criterio della spiegazione della violenza ciò che invece andrebbe spiegato.

La violenza così come si esprime nel terrorismo non è semplicemente una scorciatoia per arricchire in fretta e senza troppi scrupoli. Ha ben altro spessore. Mira a demolire la credibilità delle istituzioni. Esprime la chiusa, irragionevole collera di chi fiuta nelle procedure democratiche, invece che una garanzia dello Stato di diritto, una truffa continuata. Più convincente mi sembra il riferimento che Farneti fa al carcere, soprattutto al carcere preventivo, per spiegare come nasce il terrorista. È una spiegazione parziale e a breve termine. Non esaurisce il fenomeno che ha precedenti, anche letterari e culturali, complessi. Ma coglie, ciò nonostante, nel segno. Osserva Farneti:

> Credo che la saldatura tra il linguaggio della sinistra e i diecimila dell'«esercito armato» vada ricercata nell'esperienza del carcere, e soprattutto del carcere preventivo. Persone in attesa di giudizio per mesi in celle straripanti che fanno loro sperimentare appunto quella violen-

za dell'apparato dello Stato per poi generalizzarla alla fabbrica e alla scuola.

Nessun dubbio che uno dei nodi più difficili da decifrare e da sciogliere, per quanto riguarda il terrorismo italiano, sia stato l'ambiguo intreccio fra criminalità comune e criminalità politica. Altrettanto certo è che il luogo privilegiato, la base strategica per l'intreccio, sia stato il decrepito sistema carcerario, solo attualmente (1990), con il cambiamento di *status* degli agenti di custodia, in via di rinnovamento. Il terrorismo ne ha sfruttato appieno le antiche carenze. Sulla sofferenza umana non strettamente necessaria, che queste carenze determinano, il terrorismo ha fondato la sua strategia pedagogica.

Le conseguenze della permanenza in carcere sono già in apertura fissate con grande nettezza:

– l'erosione dell'individualità, così che l'individuo non riesce più a pensare e ad agire in maniera autonoma;

– perdita dei valori e delle attitudini che il soggetto aveva prima di entrare in prigione;

– incapacità di adeguarsi all'ambiente esterno una volta rimesso in libertà;

– danno fisico-psicologico, spesso irreparabile;

– isolamento, carenza di rapporto con il mondo esterno e con gli altri carcerati con una serie di conseguenze involutive;

– privazione di stimoli, e quindi caduta in uno stato di cronica passività fisica e mentale [15].

Sta di fatto che la realtà carceraria italiana continua ad essere un inferno. Non è solo una «casa dei morti». La frase di Dostoevskij non riesce a definirla in tutta la sua drammaticità. Basta ricordare qualche episodio di cronaca. Le dichiarazioni del bandito Renato Vallanzasca (marzo 1981), per esempio, non hanno svelato solo la proterva e deprimente «banalità del male». Hanno fatto anche trapelare all'esterno qualche sinistro spezzone della vita carceraria d'ogni giorno. Il bandito si vanta d'aver mozzato la testa, letteralmente, ad un compagno di prigionia che aveva «tradito». Si ritiene al di là del bene e del male poiché «intanto l'ergastolo ce l'ha già e non possono fargli più niente». Ma si apprende che in carcere un alone di prestigio lo circonda, il mito

---

[15] Cfr., per una recente ricerca sulle strutture culturali, promossa dal Movimento di collaborazione civica, C. di Carpegna, *Le biblioteche negli istituti di pena del Lazio*, ciclostilato, Roma s.d. (ma 1990).

del duro e del crudele. Può avere visite ogni giorno. Si favoleggia di festini a base di champagne. Nessuno lo può toccare. Anche in carcere, anche condannato all'ergastolo, resta un capo, temibile, capace di vendette rapide e atroci.

È forse questo l'aspetto più preoccupante della questione carceraria italiana, anche con riguardo al terrorismo oltre che alla mafia e alle altre forme di criminalità tradizionale. È un aspetto che investe la quotidianità e che cade al di là dei tentativi di riforma in termini puramente organizzativi e finanziari. Le riforme sono indubbiamente necessarie. Quella carceraria è pronta fin dal 1975. Ma è rimasta sulla carta. E si sa che le riforme che restano sulla carta producono frutti velenosi, spesso mortali. Le carceri in Italia sono complessivamente trecentosei; gli agenti di custodia sono diciassettemila; i carcerati, circa trentacinquemila. Con riguardo al servizio effettivo nei penitenziari, il numero degli agenti di custodia si abbassa notevolmente.

Tenuto conto degli agenti di custodia adibiti ad altre mansioni, certo legittime ma lontane dalle carceri, «distaccati», come si dice, presso il ministero di Grazia e Giustizia o tribunali e Corti d'appello, o come scorte a magistrati, il rapporto fra il numero degli agenti di custodia e quello dei carcerati è di uno a sessanta. Il loro regolamento risale agli anni del fascismo, al 1937. Basti pensare che è prevista una libera uscita di non più di cinque-sei ore al giorno e di dodici ore una volta la settimana e che sono condannati all'emigrazione in quanto non possono essere destinati ai penitenziari che si trovano nella loro provincia d'origine o in quella delle loro mogli.

All'arretratezza del regolamento che impedisce ogni sforzo di aggiornamento del personale si aggiunge il carattere arcaico, se non fatiscente, di molti penitenziari. Conventi, antichi edifici dotati di strutture igieniche rudimentali e privi dei requisiti minimi per una funzione così delicata sono stati spesso sommariamente convertiti e adattati alla bisogna. Non fa allora meraviglia che ogni attività di recupero dei detenuti sia stata frustrata e resa difficile, se non impossibile. E che lo stesso carcere, lungi dal redimere il condannato, si sia trasformato in una sorta di università del crimine. Dietro le periodiche agitazioni degli agenti di custodia c'è però di più e di peggio.

Una terza caratteristica del terrorismo italiano è il suo carattere urbano. Questa terza caratteristica si lega alla seconda perché,

90

nel sistema sociale italiano attuale, è la città a porsi, nel corso degli ultimi anni, come una realtà decisamente criminogena. Chiunque analizzi e legga con attenzione rapporti, articoli, ricerche sul terrorismo è colpito dall'abbondare di parole e frasi come dramma, scena, teatro, attori, e così via. La violenza, credo di averlo conclusivamente dimostrato in altra sede, rende visibili. Il terrorismo italiano ha a suo tempo dimostrato una profonda conoscenza della logica dei mass media e una capacità consumata nel valersene. Occorre soggiungere che la scena è la scena urbana, il teatro su cui si giuoca la partita del terrorismo appartiene alla città. Dalle vicende del terrorismo italiano si ricava anche la conferma dell'Italia come società neo-urbana.

Il terrorismo dell'America Latina, cui si ispirava a suo modo Giangiacomo Feltrinelli, era ancora un terrorismo molto suggestionato dall'esempio maoista, che si basava sui «focos» e che teorizzava l'assalto della campagna alle città, al Palazzo d'inverno del potere e la sua conquista dall'esterno, dall'area extra-urbana.

Il terrorismo italiano, invece, è un fenomeno urbano; non ha radici nelle campagne (la «strage di Patrica» è piuttosto eccezionale); ha il proprio terreno di appoggio e le sue basi strategiche, i suoi «santuari» nel tessuto urbano, nelle fabbriche e nelle università; cresce con il crescere della violenza e della criminalità urbana. Al fondo del terrorismo italiano, come premessa e pedana di lancio, c'è la città come realtà criminogena. L'andamento statistico del fenomeno criminale tende a confermare la fondatezza di questa ipotesi.

4. La realtà criminogena dell'ambiente urbano

Se si concentra l'attenzione sul periodo 1961-1976, che è un periodo cruciale per saggiare il nesso criminalità-ambiente urbano, le risultanze sono impressionanti. Gli 889 mila delitti del 1961 diventano 1.015.000 nel 1970, 1.813.000 nel 1974, 2.039.000 nel 1973, 2.044.394 nel 1976, con un aumento di più del 130 per cento in dodici anni. Ancor più netto l'andamento dei quozienti di criminalità per 100.000 abitanti, 1.705,1 nel 1961, 1.705,1 nel 1965, 2.316,7 nel 1971, 3.614 nel 1975. Si tratta di cifre inequivocabili: la criminalità italiana sta registrando indici di incremento senza precedenti nella nostra storia sociale. Un esame più attento dei dati permette di andare oltre. Le cifre assolute e i quozienti di criminalità sono rimasti costanti praticamente per mezzo secolo. Il quoziente medio di criminalità per 100 mila abitanti era di 1.469,5 nel decennio 1901-1910 e di 1.549,6 nel 1951-60: una differenza irrilevante. Anche negli anni Sessanta l'indice registra incrementi lievi concentrati nella seconda metà del decennio. Ma è con il 1970 che inizia l'ascesa vertiginosa della criminalità: i 1.700 delitti per 100 mila abitanti del 1969 diventano 1.886 nel 1970 (+ 11 per cento rispetto all'anno precedente), 2.324,2 nel 1971 (+ 22), 2580,6 nel 1972 (+ 11), 2.897,6 nel 1973 (+ 12), 3.272,7 nel 1974 (+ 13), 3.653,3 nel 1975 (+ 11,6).

Dunque, un ininterrotto movimento ascendente della criminalità che inizia in forma strisciante nel 1965 e si impenna dal 1970. Sono due date che fanno pensare, perché corrispondono a momenti di svolta nello sviluppo economico-sociale dell'Italia. Nel 1965 il «boom» economico è già diventato un ricordo. La pace sociale è finita con i rinnovi contrattuali del 1962-63, l'illusione di uno sviluppo economico costante è stata spezzata dalla crisi recessiva del 1963 e dalla dura politica deflattiva che l'ha seguita. La transizione dal capitalismo al neo-capitalismo coinvolge la società italiana in tutti i suoi aspetti. Le grandi migrazioni interne verso i poli industriali del Nord e verso i centri urbani del Centro-sud disgregano il sistema sociale rurale e gonfiano a dismisura in poco tempo le città.

Il passaggio di milioni di persone dalle campagne alla fabbrica le costringe ad una drammatica trasformazione di tempi, modi e concezioni di vita. Il salto da un'economia di accumulazione ad una economia di consumi di massa sconvolge nel giro di pochi anni abitudini e valori del ceto medio urbano. Già dalla metà degli anni Sessanta questa transizione accelerata si traduce in una crisi della visione del mondo e della società che aveva orientato stabilmente lo sviluppo post-bellico. La famiglia, la scuola, i ruoli sessuali, l'etica del lavoro vengono investiti e minati.

Tra il 1968 e il 1970, questa trasformazione al tempo stesso complessa e brutale esplode nelle lotte degli studenti e nell'«autunno caldo» operaio, che a loro volta introducono nuovi elementi di contraddizione. Si apre con il 1969-70 una crisi senza precedenti, che è al tempo stesso economica, sociale e strutturale. Il vecchio ordine ha perso le sue fondamenta. La pace sociale, un

92

certo tipo di scuola e di famiglia, determinati equilibri tra le classi appaiono definitivamente compromessi. Ma nessun modello nuovo riesce a diventare rapidamente egemone.

Una complessiva carenza di «legittimità» investe tutti i settori e gli aspetti della società italiana. Complicatissimi equilibri di poteri e di contropoteri impediscono soluzioni lineari e scelte precise. Le conseguenze sono molteplici e spesso negative: una vita politica paludosa ed ermetica, una struttura economica che tenta l'impossibile sintesi di una pseudo-economia di mercato con un capitalismo assistito e forme indirette di controllo operaio sulle scelte economiche, una famiglia e sistemi di valori dove coesistono elementi rurali e post-industriali, una scuola che si ostina a recitare rituali meritocratici cui nessuno crede intorno a contenuti che quasi nessuno accetta.

Un'analisi dell'andamento regionale della criminalità per lo stesso periodo fin qui considerato (1961-1976), permetterà di cogliere meglio il rapporto tra uno degli aspetti più importanti di questa trasformazione selvaggia – il cambiamento sociale legato alla urbanizzazione – e l'aumento dei delitti. Si nota negli anni Settanta una certa stabilità ai due estremi della scala dei quozienti di criminalità regionale. Se confrontiamo il 1972 e il 1975, le quattro regioni con i quozienti più bassi sono rimaste le stesse, anche se con un diverso ordine; rispettivamente, nel 1972, Basilicata, Umbria, Marche, Molise; nel 1975, Molise, Umbria, Basilicata. I loro quozienti vanno da meno di 1/3 a meno della metà del quoziente medio nazionale. Ora, tutte e quattro le regioni con la più bassa criminalità hanno anche percentuali di popolazione attiva agricola che sono nettamente superiori alla media nazionale. Molise e Basilicata sono addirittura le due regioni italiane con la maggior percentuale di contadini. Dunque, due regioni immobili, praticamente prive di industrie e di centri urbani di un qualche rilievo, appena sfiorate dallo sviluppo capitalistico terziario (speculazione edilizia costiera e servizi turistici) che non ha intaccato la base rurale della loro società.

Leggermente diverso, ma con risultati analoghi, il caso dell'Umbria e delle Marche. Qui la percentuale di popolazione attiva agricola (20,7 e 25,3 per cento) è più vicina alla media nazionale (17,2 per cento). Tuttavia, l'intero tessuto socio-economico è in queste due regioni estremamente stabile. Sia i fenomeni recenti di abbandono delle campagne e di urbanizzazione, sia gli spostamenti relativi di popolazione tra i grandi settori di attività (primario, secondario, terziario), sono stati nettamente inferiori ai dati nazionali. Anche qui, come e più che per Molise e Basilicata, quozienti molto bassi di criminalità.

Questo rapporto tra mutamento sociale, urbanizzazione e criminalità è confermato dalle caratteristiche delle regioni con i più alti quozienti per 100 mila abitanti. Tra queste troviamo tre regioni italiane con la più bassa percentuale di popolazione agricola: il Lazio (10), la Liguria (7,5), la Lombardia (5,5); vale a dire, tre regioni dove particolarmente drastico e brutale è stato il passaggio dalla comunità rurale alla società urbana, industrializzata e/o terziaria (purtroppo, non possiamo analizzare qui i processi e i tempi specifici di questo passaggio per le tre regioni).

Il grande protagonista della spinta criminale è dunque il mutamento sociale legato ai processi di urbanizzazione accelerata che hanno caratterizzato il «miracolo» e gli anni Sessanta. Questo rapporto privilegiato tra urbanizzazione e fenomeno criminale dei capoluoghi di provincia, che sono poi i centri più importanti, è ampiamente documentato.

Lungo tutto l'arco di tempo considerato, il quoziente di criminalità dei comuni non capoluoghi rimane inferiore alla metà del quoziente dei capoluoghi. Nel 1969 il quoziente dei comuni non capoluoghi era il 36,5 per cento di quello dei capoluoghi. Nel 1975 è il 40 per cento, una variazione minima, che conferma una tendenza di fondo: nelle città si commette più del doppio dei delitti che si commettono nei comuni più piccoli. Il centro urbano genera criminalità, e in misura crescente. Questa caratteristica delle città è comune ai centri urbani di tutte le società industriali avanzate.

Nella situazione italiana, ai fattori criminogeni tipici della città post-industriale, si aggiungono altri elementi specifici. Per ragioni che abbiamo potuto solo accennare, in Italia i centri urbani sono stati lo spazio privilegiato delle tensioni radicali che scuotono da anni un sistema sociale in transizione.

Una quarta caratteristica del terrorismo italiano è il suo carattere giovanile. Purtroppo, non si possono certamente pretendere, dato il tema e la sua natura implicante comportamenti criminali, e un'organizzazione clandestina, statistiche ufficiali aggiornate. Se i dati vi sono, essi sono piuttosto ben custoditi, al più lasciati filtrare con secondi scopi, da parte delle autorità inquirenti, le quali dispongono del resto di poteri eccezionali e di speciali giurisdizioni. Valgono, per questo aspetto della ricerca, le stesse difficoltà che si incontrano, per esempio, nelle ricerche empiriche sui drogati.

Sembra tuttavia indubbio che i gruppi di età sia dei leader che della manodopera esecutiva tocchino livelli medi alquanto bassi, oscillanti fra i diciassette e i venticinque anni. Naturalmente, sarebbe di grande interesse, ai fini di una interpretazione complessiva del fenomeno, conoscere la composizione sociale dei quadri del terrorismo, la loro origine familiare e la loro appartenenza di classe. Da quanto è divenuto di dominio pubblico, si può dire che sono per lo più giovani acculturati; se non laureati, in possesso di diploma di scuola media superiore. È infatti noto che la fondazione delle BR, per esempio, è maturata in ambienti di giovani non privi di un certo carattere intellettuale, talvolta accademico, come nel caso di Trento, se pure in situazioni a vario titolo marginali.

I contributi che gettano luce su questo aspetto sociologicamente molto importante della questione non sono molti, anche perché i dati non sono ovviamente di facile accesso [16]. Si può aggiungere che si tratta spesso di giovani di provenienza cattolica, specialmente legati, prima del passaggio al terrorismo, a organizzazioni fortemente «idealistiche», come Gioventù studentesca e Comunione e liberazione, entrambe fondate da don Giussani. Diversa appare la composizione sociale dei NAP (Nuclei armati proletari), radicata al Sud, con giovani intellettuali ma soprattutto con adepti fra i carcerati. Al terrorismo sono a suo tempo approdati anche i figli della borghesia agiata e medio-alta, specialmente nell'Italia settentrionale, spinti certamente da convinzioni ideali e rivoluzionarie, ma talvolta anche da situazioni familiari difficili o per soddisfare profonde frustrazioni personali, che solo una circostanziata analisi caso per caso potrebbe sperare di chiarire.

Il problema non si limita peraltro ai quadri e neppure ai manovali del terrorismo. Ciò che sembra caratteristicamente italiano è il fatto che, contrariamente alla situazione della Germania federale, qui il terrorismo non si muove in un vuoto sociale e può

---

[16] Si possono utilmente consultare A. Silj, *Mai più senza fucile!*, Vallecchi, Firenze 1977, V. Tessandori, *BR, imputazione: banda armata*, Garzanti, Milano 1977, i documenti di Soccorso Rosso e i resoconti giornalistici di Giorgio Bocca e Giampaolo Pansa.

addirittura contare, se non su complicità dirette, su un clima di relativa accettazione, se non di aperto favore. Persino, nel caso dell'attentato a Papa Giovanni Paolo II (il 13 maggio 1981), è stata notata scarsa adesione allo sciopero di mezz'ora proclamato in segno di solidarietà con il Pontefice e di sdegno contro l'atto terroristico dalle confederazioni sindacali.

Vi è stato certamente un ritardo, da parte delle forze politiche e sindacali democratiche, nel «realizzare» tutto il pericolo potenziale, rappresentato dal terrorismo. Ma occorre scavare più a fondo. È stato opportunamente osservato che in Italia da anni sta emergendo un quadro di contestazione strisciante nei confronti delle istituzioni burocratico-amministrative, la cui inefficienza e degenerazione ormai sono approdate, in certi casi, alle aule giudiziarie; è vero che è largamente diffusa la convinzione di una generale impunità che sarebbe assicurata a coloro che, sebbene corrotti, fanno parte della pubblica amministrazione. Questa sfiducia verso le autorità non è solo un fenomeno psicologico, uno stato mentale da correggersi con opportune dosi di propaganda o di «pubbliche relazioni». Ha dimensioni e radici strutturali, legate al tipo di «sviluppo selvaggio» che, nel corso degli ultimi trent'anni, ha cambiato il volto della penisola.

Questo sviluppo ha fatto compiere all'Italia un incredibile balzo in avanti dal punto di vista economico. I costi sociali risultano però altissimi. La qualità media della vita italiana è stata profondamente alterata. Questo sviluppo impetuoso, non mediato in senso universalistico dalle istituzioni politiche a causa dei criteri di gestione prevalenti – criteri che sono clientelari e personalizzanti – pesa soprattutto sui gruppi sociali periferici e sui giovani.

Si aggiunga a ciò che partiti e sindacati hanno totalmente mancato, in Italia, il momento formativo. In questo senso, il contrasto fra la situazione odierna e quella del primo dopoguerra è impressionante. Gramsci, come è del resto provato dalle *Lettere dal carcere*, era in primo luogo un educatore. Il terrorismo italiano odierno discende anche da questa carenza. Esso non è socialmente isolato. Le ragioni di questo mancato isolamento sono da ricercarsi, oltre che in fattori soggettivi, nell'oggettivo modo di funzionamento delle istituzioni. Queste funzionano solo in virtù del contatto ad personam, attraverso le reti di clientele e parentele. Ma chi non ha contatti in una situazione rigidamente controllata da partiti «lottizzatori» (l'immigrato urbano di recente, l'ex-contadino, il sottoproletariato, gli artigiani impoveriti, certi settori del ceto medio proletarizzato, i piccoli borghesi «risentiti», «precari») non vede altra possibilità di contatto che l'azione terroristica, in proprio o per via vicaria: l'assalto al cielo. L'antico furore contadino si salda qui con la nuova rabbia urbana.

In una situazione socio-politica dominata da poteri personalizzati fondati sulle conoscenze personali, i giovani sono necessariamente penalizzati per il semplice fatto che sono giovani, che dispongono quindi di un numero limitato di conoscenze e di contatti «utili».

Una quinta caratteristica, che si direbbe esclusiva, del terrorismo italiano è la figura del «brigatista pentito». In effetti, per un movimento clandestino un grande successo è un grande pericolo. Occorre qui rilevare un paradosso. Mentre un vasto «brodo sociale» favorevole è, per il terrorismo, una condizione positiva, addirittura essenziale per la sua diffusione e per la sua capacità di resistenza, questa stessa condizione si rovescia, ad un certo punto, e si ribalta, ponendosi come una grossa insidia. Il reclutamento è portato ad attenuare il rigore dei suoi criteri d'ammissione. Si abbassano le soglie della circospezione e della segretezza. Si accettano adepti scarsamente sicuri, non solo dal punto di vista ideologico, ma da quello del carattere. Aumentando il numero dei terroristi, aumenta anche la possibilità statistica che si trovino fra loro dei tipi psicologici tendenti all'incertezza, dei neurolabili, che la polizia non avrà difficoltà a far «cantare».

D'altro canto, in termini antropologico-culturali generali, e soprattutto in un paese cattolico mediterraneo, l'istituto del pentimento, della confessione e del ritorno del figliuol prodigo alla casa del padre è un istituto socialmente, e non solo religiosamente, importante, che indica momenti fondamentali della coscienza collettiva e della tradizione storica. È inoltre da osservare che i verbali delle confessioni sono in generale documenti preziosi dal punto di vista informativo non solo ai fini dell'indagine di polizia. Essi sono anche essenziali per far conoscere le tecniche di sopravvivenza e la qualità della vita quotidiana dei terroristi. In questo senso, hanno per la ricerca sociologica la stessa importanza euristica delle storie di vita.

I verbali delle confessioni di Patrizio Peci, pubblicati nel «Messaggero» del maggio 1980 per merito di Fabio Isman, confermano questo punto e servono, in via preliminare, a mettere in guardia contro prese di posizione aprioristiche, settarie, e quindi a dir poco inutili, se non dannose.

In primo luogo penso che le confessioni siano un materiale prezioso di informazione sulla vita interna del terrorismo. Può darsi che vi siano in esse delazioni infami o intenti strumentalizzanti, cioè, comprensibilmente dettati dalle esigenze di una persuasiva auto-difesa. Ma intanto, prescindendo dalla loro veridicità o meno, si tratta di dichiarazioni psicologicamente e sociologicamente fondamentali per cominciare, con pazienza e modestia, a capire il mondo mentale dei terroristi, la loro visione delle cose e dei problemi. È un'occhiata, per quanto indiretta, all'interno di un mondo che, per essere clandestino, tende a presentarsi e a venir percepito in maniera distorta, apologetica o demonizzante.

Questa visione più realistica della quotidianità del terrorista, che si può anche ricavare da certi resoconti autobiografici, come quello di Luigi Manconi, *Vivere con il terrorismo*, aiuterebbe a far rapida giustizia e a liberare il campo da una serie di luoghi comuni che deformano la realtà e pesano negativamente sul giudizio politico. Una volta c'era il «brigatista inafferrabile». Poi, è stata la volta del «brigatista pentito», da Fioroni a Peci a Barbone, ecc. Con Marco Donat Cattin, si è affacciato il nuovo tipo del brigatista che si «dissocia», pentito, ma non tanto da parlare facendo nomi e cognomi. Ciò che sembra emergere è una impressionante friabilità morale. Colpisce in essi l'oscillazione del pendolo: da un estremo all'altro. Qualcuno aveva parlato (Gianni Baget Bozzo nella «Repubblica») di «invulnerabili BR». Altro che «invulnerabili». Viene qualche volta il dubbio che ci si trovi davanti ad una struttura psicologica e morale debolissima, bisognosa di aggrapparsi all'estremismo del momento, come nel caso di quei caporioni fascisti che, toccati dalla grazia, e non per caso, l'indomani del 25 aprile, passavano armi e bagagli al campo della democrazia, strappandosi in tutta fretta il fez, la camicia nera e le teste di morto insieme con le insegne del regime appena crollato.

Ma le confessioni, a parte l'uso giudiziario più o meno debito e legittimo dal punto di vista della sostanza, sono importanti, in secondo luogo, per un esame di coscienza approfondito da parte della società italiana. Sarebbe in verità troppo facile e ingeneroso a questo punto nascondersi dietro la facciata dello Stato di diritto. Il terrorismo, le confessioni dei terroristi chiamano in causa, prima ancora che i complici, la società e lo Stato italiani. È noto che queste confessioni possono essere dettate da oscuri opportunismi.

Non è strettamente necessario aver letto Dostoevskij o *Buio a mezzogiorno* di Arthur Koestler o *La confessione* di Arthur London, per sapere che le confessioni dei detenuti sono sempre guidate da chi ha il potere, e non per un calcolo diabolico, come inclina a credere Sciascia, ma solo a causa delle circostanze obiettive di asimmetria in cui versano interrogante e interrogato. Ma non è lecito appellarsi e sfruttare questo argomento per «chiamarsi fuori». La società e le istituzioni italiane sono dentro al problema fino al collo. Da dove escono questi pentiti? Da quale società, da quali famiglie, da quali parrocchie, sezioni di partito, cellule sindacali sono stati «prodotti», per così dire, e socializzati questi personaggi che uccidono per un articolo mal compreso, mettono bombe per fare un dispetto e celebrare un loro supposto anniversario, uniscono nella stessa sindrome instabilità nevrotica, irresponsabilità morale e ideologismo imparaticcio di terz'ordine?

Capisco che difendere lo Stato, questo Stato, non sia né estetico né entusiasmante. Eppure va fatto, ad occhi aperti, pur con tutta la carica critica di cui disponiamo. Lo Stato va raccordato con la società. «Pubblico» non significa solo «statale», ma in primo luogo «sociale». Per questo, occorrono qualità in apparenza contraddittorie, ossia rigore e flessibilità, durezza e comprensione. Bisogna saper distinguere fra le due etiche, per valerci della formula weberiana e adattarla alle nostre circostanze, fra l'«etica dei princìpi», o etica assoluta dello Stato di diritto, ed «etica della responsabilità», ossia etica dell'impegno operativo, capace di mediare fra risorse disponibili e fini desiderati. Insistere sullo Stato di diritto in senso assoluto non è solo a-storico; può portare allo Stato etico di gentiliana, e fascistica, memoria.

Si è in proposito parlato di flessibilità astuta. La flessibilità «astuta» non mi piace. Mi basterebbe una flessibilità legata a motivi di umanità profonda, non tanto a furbizie poliziesche quanto al bisogno che una società ha di ritrovare se stessa.

Non, quindi, flessibilità «astuta», ma rispetto per l'atto del pentimento nel suo significato profondo, meta-utilitario. Max Scheler ha scritto su questo punto parole che sono forse definitive: «Il pentimento non è zavorra morale [...] è una forma di auto-medicazione dell'anima, anzi l'unica via per cui essa possa riconquistare le sue forze perdute [...]. Non la confessione, ma la capitolazione di fronte a se stesso è tanto difficile al colpevole» [17]. Non si tratta di dare, con leggerezza, un colpo di spugna, ma di aprire un varco per il ritorno alla società da parte di coloro che riconoscono il loro errore. Come diceva il vecchio Hegel, il criminale ha diritto alla sua pena. Aggiungerei, sommessamente, che la società non ha diritto alla vendetta. Una società che si vendica ha già con ciò firmato la sua condanna storica e l'essiccarsi delle sue fonti morali.

Ho personalmente toccato con mano i limiti di una spiegazione in termini di condizioni socio-economiche o di pura e semplice «emarginazione». Si può essere emarginati e passivi, politicamente inerti per secoli. Lo stato di emarginazione può costituire una premessa, un insieme di condizioni di insoddisfazione generica, l'humus necessario, ma certamente non sufficiente. Ci vuole qualche cosa di più. È chiaro che la condizione di povertà di massa come stato inerziale non ha senso così come manca di qualsiasi supporto empirico, anche del più occasionale e modesto. Tutti sanno che la grande novità della seconda metà di questo secolo è appunto la sollevazione dei popoli poveri, la loro entrata autonoma, e imprevedibile, sulla scena storica, con grande spavento delle oligarchie al potere, in Oriente come in Occidente. Ma la capacità di rendere razionale e continuativo nel tempo il risveglio richiede mediazioni intellettuali raffinate. La condizione di emarginazione sociale non può di per sé spiegare l'insorgenza della violenza.

Il terrorista-giustiziere ha bisogno di sentirsi investito di una missione. Deve poter contare su una giustificazione, per quanto rozza e sommaria, in termini ideologici.

Non bastano le condizioni di fatto. Anzi, queste possono essere al limite «inventate», o proiettate, come faceva Giangiacomo Feltrinelli immaginandosi, nell'Italia meridionale e nelle Isole, una sorta di America Latina ad uso domestico, con i «focos» rivoluzionari da imporre e da adattare all'ambiente italiano sotto le spoglie dei GAP.

Dove affonda le sue radici questo retroterra ideologico? Trovo suggestivo che a questo proposito dovesse venir evocato in Italia – e dove mai avrebbe potuto esserlo? – l'«album di famiglia». I grandi valori sepolti non mancano mai agli appuntamenti

---

[17] Cfr. M. Scheler, *Il pentimento*, trad. it. F.lli Bocca, Milano 1942, p. 24.

storicamente importanti. Aria di famiglia, si torna in famiglia, si cercano le carte di famiglia («come nasce? nasce bene? nasce male? così così»). Il terrorismo italiano ha certamente il suo album di famiglia, con una sola complicazione: che le famiglie sono più di una, che è stato quanto meno azzardato, da parte di alcuni moderati, parlare di album di famiglia in una direzione sola.

Sta di fatto che alcuni dei capi terroristi italiani più importanti non sono di estrazione marxista, ma vengono dalla parrocchia, dall'oratorio, da Comunione e liberazione, da piccoli centri di provincia, chiusi in se stessi, e dei quali possiamo misurare, nel grigiore anonimo della loro quotidianità, con sufficiente precisione la capacità di determinare l'esplosiva miscela di senso di irrilevanza, bisogno di fare, frustrazione, impotenza periferica, aggressività, necessità di cambiare la vita, subito, qui e adesso, come in un grande incendio e in un irrazionale slancio millenaristico.

Ma la lettura dei verbali dei terroristi pentiti, specialmente di quelli di Patrizio Peci, potrebbe darci anche un'altra importante dimensione, farci capire alcuni patteggiamenti alquanto provinciali e talvolta decisamente ritardatari, per non dire francamente reazionari, di questi giustizieri implacabili ai danni di cittadini per lo più inermi, che vorrebbero rivoluzionare e cambiare la vita, ma che intanto coltivano disarmanti luoghi comuni. Colpisce soprattutto, nei verbali di Peci, qualche passo che getta luce sulla psicologia e la quotidianità dei capi terroristi. Per esempio: «Morucci in particolare (mentre si sta mettendo a punto il piano per il sequestro Moro con sopralluoghi minuziosi) ebbe uno scatto di nervi nei confronti della Faranda perché non guidava bene l'autovettura». Finalmente un invincibile BR con volto umano, e piuttosto conosciuto: è l'eterno maschio latino che si «incazza» con la donna al volante. Tratti adolescenziali emergono fra un delitto e l'altro: «Il predetto Fiore [...] ha un naso molto pronunciato, ed infatti, veniva chiamato "nasone" ovvero "pluto"». Apprendiamo poi che uno dei capi terroristi ha scialacquato 36 milioni per mettere la moquette nella casa della sua compagna.

Ma si dà anche il caso del terrorista che minaccia di smettere di fare rivelazioni se la Sig.na XY non sarà, come per il passato e secondo gli accordi, inviata dalle autorità a sollevargli il morale almeno una volta la settimana.

Resta tuttavia in piedi un interrogativo inquietante: perché in Italia? E perché proprio in quegli anni? L'Italia è una democrazia politica – con tutti i difetti e con tutte le carenze della democrazia parlamentare rappresentativa. Ma è pur sempre un regime politico e sociale in cui qualsiasi voce dell'opposizione può esprimersi, che non nega a nessuno la libertà di pensiero e di parola. Nel quadro dell'Europa occidentale, l'Italia offre anzi l'esempio d'una società mobilissima, viva, reattiva, che preme dal basso e quotidianamente sprona le istituzioni formali. Perché proprio in un paese con queste caratteristiche di grande libertà, se non addirittura di permissività, l'opposizione si è di colpo trasformata in contestazione radicale, in «partito armato»? Qual è la causa prossima? O, se si preferisce, il detonatore immediato?

Molti analisti tendono a chiamare in causa e a mettere sotto accusa il '68. Giampaolo Pansa, un cronista dotato di una curiosità intellettuale che lo spinge al di là della notizia di cronaca, ha dedicato alla questione un libro [18] e ha concluso che la lotta armata in Italia è legata ai «frutti marci del '68». La tesi non è nuova, ma è cruciale.

Pansa chiarisce nell'Introduzione il senso del suo libro: intende ripercorrere le tappe delle storie di delitti e sangue che non sono state comprese tempestivamente, da parte della sinistra italiana, nelle loro matrici. Là dove infatti la borghesia ha individuato immediatamente nelle BR e negli altri gruppi terroristici il proprio nemico, da parte della sinistra si sarebbero venuti a determinare una serie di fraintendimenti. Non si è voluto riconoscere la matrice politica di gruppi che vengono interpretati come gruppi puramente criminali, non si è voluta riconoscere, almeno finché non è stato tardi, la matrice e la provenienza da sinistra del terrorismo. Farebbe parte di questo quadro il parlare di «sedicenti» Brigate rosse, di fascisti travestiti, quindi, di «compagni che sbagliano». Pansa ritiene che siano passati troppi anni e ci siano voluti troppi morti prima di comprendere che la guerriglia non cerca consensi, va a danno della libertà di tutti. È per dare un contributo in questo senso che l'autore si propone di scriverne a partire dal punto di vista di coloro che hanno provato sulla pro-

---

[18] Cfr. G.P. Pansa, *Storie italiane di violenza e di terrorismo*, Laterza, Roma-Bari 1980.

pria vita a cosa conduce la logica dell'annientamento e la tecnica della caccia all'uomo. I risultati dell'inchiesta, di grande interesse dal punto di vista umano, sono deludenti dal punto di vista della spiegazione del fenomeno globale. Programmi e «dichiarazioni strategiche» a parte, la «funzione latente» del terrorismo italiano è risultata profondamente conservatrice. Ha confermato un immobilismo politico che durava da tempo. Ha consolidato un assetto istituzionale bisognoso di cambiamenti anche radicali. Ha spinto molti intellettuali italiani su posizioni di estraneità rispetto ai problemi quotidiani della comunità, che sono contrarie e simmetriche alle velleità barricadiere, estetizzanti più che socialmente responsabili.

IV.

SUDDITI E ANARCHICI
ALLA RICERCA DEL CITTADINO

1. Pasolini, intellettuale italiano rappresentativo [1]

Si è visto come la formula in voga in certi ambienti nella fase più
buia del terrorismo, «Né con lo Stato né con il terrorismo»,
esprima abbastanza bene l'irresponsabilità sociale che è caratteri
stica tradizionale degli intellettuali italiani. È sembrato a qualcu
no che Pierpaolo Pasolini fosse, a questo proposito, un'eccezione
degna di nota. L'inventore della metafora del «Palazzo» è parsc
un tipo nuovo di intellettuale impegnato.

Si è insistito sul carattere duro, disincantato delle storie scelle-
rate di borgata. Credo che sia un errore. Pasolini, nella narrazio-
ne, mostra di avere fretta di raccontare i fatti, i dialoghi, gli
ambienti per darsi, non appena possibile, a quei larghi händelia-
ni in cui il poeta sembra riprendere fiato e che somigliano in
maniera così netta a certi passi, frescamente bucolici e pacati, dei
«diari» del Gregorovius che sale a piedi, solo, una mattina di
maggio verso Tivoli. Su tutto e su tutti plana l'aria di una media
solarità, libera e gioconda. Nonostante la miseria, le malefatte, i
furti, i mercati più turpi, la prostituzione, il raggiro, la violenza e
la morte, è l'aria tranquilla e ferma delle epoche statiche, pre-in-
dustriali, quelle che definisco come «epoche dell'accettazione»,
prima degli scontri competitivi e delle organizzazioni burocratiche di massa; è l'aria, ancora umana, profondamente personale,
di una bonomia picaresca, *naturaliter* ottimista, dopo ogni disastro, e ben disposta al prossimo e alla vita.

---

[1] Rinvio in proposito, per una versione più ampia, al mio saggio *P.P.
Pasolini e la vocazione civile dell'intellettuale italiano*, in «La Critica sociologica», n. 43, autunno 1977; su Pasolini la letteratura è ormai sterminata; si
veda, da ultimo, N. Naldini, *Pasolini, una vita*, Einaudi, Torino 1989.

Per esempio, in *Ragazzi di vita*:

Era la prima sera, e un bel freschetto rendeva allegra l'atmosfera nell'ora che gli operai tornano dal lavoro e le circolari passano piene come scatole d'acciughe, e bisogna aspettare tre ore sotto le pensiline per potercisi appendere ai predellini. Da San Lorenzo al Verano, fino al Portonaccio c'era tutta una festa, una caciara, un cori-cori. Il Riccetto cantava:
Quanto sei bella Roma
Quanto sei bella Roma a prima sera
a squarciagola, completamente riconciliato con la vita, tutto pieno di bei programmi per il prossimo futuro, e palpandosi in tasca la grana...

O ancora:

Dal Cupolone, dietro Ponte Sisto, all'Isola Tiberina dietro Ponte Garibaldi, l'aria era tesa come la pelle d'un tamburo. In quel silenzio, tra i muraglioni che al calore del sole puzzavano come pisciatoi, il Tevere scorreva giallo come se lo spingessero i rifiuti di cui veniva giù pieno.

E qui si fa trasparente, dietro la trasfigurazione cui dà luogo questo realismo magico tipicamente pasoliniano, contro l'apparenza d'una testimonianza di pura documentazione sociologica che non esclude, anzi si compiace di certa sua crudezza, il suono remoto della gloria classica del *Flavus Tiber* che giunge intatta a noi, attraverso il tirocinio d'una cultura rimasta nel fondo umanistica e che Pasolini ricongiunge alla miseria presente, con un intento che in apparenza vuol essere di dissacrazione mentre svela la tristezza d'una inconsapevole nostalgia.

Anche quando intende documentare e ragionare, Pasolini «trema». Secondo Goethe, è nel «tremare» (*das Schaudern*) il meglio dell'uomo, ma non bisogna dimenticare che è anche questa, del «tremare», la via per la quale i problemi etico-politici si riducono ad atteggiamenti estetico-esistenziali. Questo limite, così evidente in Pasolini qualora lo si consideri come testimone-sociologo e così caratteristico d'altro canto dell'intellettuale italiano, è stato comprensibilmente eclissato dalla sua fine tragica e dalla commozione che ne è seguita. Può darsi che Alberto Moravia [2] abbia ragione e che Pasolini vada considerato come il poeta civile «di sinistra»

---

[2] Si vedano in proposito i commenti di Mario Lunetta, *Dalla parte del Mito*, in «Il Messaggero», 12 gennaio 1978.

dell'Italia odierna, devastata da uno sviluppo insensato e rapinata della sua identità culturale profonda da una classe politica dominata dal «complesso politico-affaristico-giudiziario» di ben altro peso rispetto al «complesso industriale-militare» di cui scriveva, per gli Stati Uniti, John Kenneth Galbraith. Ma allora bisogna ammettere che il poeta soffre e riflette questa realtà in maniera così puntuale da riuscirne complice. Moravia afferma che la novità rappresentata da Pasolini è che i poeti civili in Italia sono stati sempre di destra. La mia opinione è che Pasolini, se lo si vuole considerare come poeta civile, non può dirsi a rigore né di destra né di sinistra; egli rientra semplicemente nel solco della tradizionale vocazione civile dell'intellettuale italiano, chiamato ad essere un celebratore di miti assai più che a collaborare ad un progetto razionale di sviluppo della comunità e solo eccezionalmente pronto a farsene carico coerente e intransigente fino al martirio (Giordano Bruno, Piero Gobetti). In questo senso, la vocazione civile dell'intellettuale italiano così come ci viene consegnata dalla tradizione letteraria difficilmente può sottrarsi ad una dura ipoteca conservatrice e regressiva. Come poeta civile, mi sembra che Pasolini vada collocato fra il Carducci di *Per la morte di G. Garibaldi* e il Pascoli di *La grande proletaria si è mossa*. A rileggere *Le ceneri di Gramsci* e *La Religione del mio tempo* insieme con gli scritti giornalistici di edificazione civile, nonostante i toni talvolta accesi e persino barricadieri, specialmente negli ultimi interventi «corsari», Pasolini apparirebbe più vicino a Pascoli e alla sua «poetica del fanciullino», così ambiguamente indecisa fra la fedeltà ai valori e alle gioie d'una indeterminata natura e l'entrata nel mondo adulto della storia. *Le ceneri di Gramsci*, a ragione considerate uno degli esiti più alti della poesia pasoliniana, hanno echi crepuscolari indubbi, d'un decadentismo più nostrano (Guido Gozzano, Sergio Corazzini), che europeo: la sera al Testaccio, i lumi che si accendono alle finestre per la cena... Si pensi alle terzine conclusive:

> È un brusìo la vita, e questi persi
> in essa, la perdono serenamente,
> se il cuore ne hanno pieno: a rodersi
> eccoli, miseri, la sera: e potente
> in essi, inermi, per essi, il mito
> rinasce... Ma io, con il cuore cosciente

107

di chi soltanto nella storia ha vita,
potrò mai con più pura passione operare,
se so che nostra storia è finita?

Questo tema della concretezza vitale, forse superiore, perché più profondamente radicata ed essenziale, a qualsiasi progetto storico, che già nel suo essere voluto e deliberato rivela il carattere di artificiosa costruzione, torna sempre, come un basso ostinato, nell'opera di Pasolini, e lo pungola e lo strazia come una ferita sempre aperta, che non abbia mai cessato dal buttar sangue. E poi: l'ossessione della «macchina», così tipica nel provinciale di recente inurbato; ricchezza e miseria come stati d'animo; l'odio-amore per l'ordine borghese, il lindore d'una casa sistemata bene; infine, l'affinità sotto la pelle con gli aristocratici predatori d'una città pre-borghese, come Roma, e l'attrazione reciproca degli estremi, ossia dell'aristocrazia come casta meta-storica e del sotto-proletariato di periferia, come nuova aristocrazia naturale, non ancora entrata nella storia.

2. I nipotini di D'Annunzio
e l'uso ben temperato della metafora

Torna alla mente il nome di Curzio Malaparte. L'autore di *Il sole è cieco, Kaput, La pelle*, ma ancor prima, al tempo della prima guerra mondiale, di *L'Italia barbara* e *La rivolta dei santi maledetti*, è forse un *hidalgo*, non senza collegamenti, sia per la varietà delle filiazioni politiche sia per un certo vitalistico gusto del giornalismo, cinema, mass-media – se pure le condizioni tecniche non ne abbiano fatto un vero e proprio regista – con l'opera e la vicenda umana di Pasolini. Li accomuna il prevalere in essi del personaggio, un che di teatrale, di deliberato, di borghesissimo gusto di *épater le bourgeois*, eterni Rastignac alla conquista di una Parigi che forse non c'è. Le cose dette a questo proposito da Raffaello Brignetti mi sembrano molto penetranti.

Effettivamente belliano [...] non per questo il suo talento non era a momenti anche shakespeariano, plautino, gramsciano, cristiano, tragico, favolistico, gidiano, dialettale, dannunziano. Non gaddiano, invece. Certo, con una propria genialità, ma senza il gran peso del genio, ossia il «dove», il centro di gravità morale. Era la genialità dello scippo, dell'avidità e del tempismo, presso a poco sempre quella, sempre la stessa di quanti sono i più capaci e i più assetati di affermazione, di vita.[3]

L'interpretazione è acuta, ma riduttiva. Così come risulterebbero riduttivi il confronto puro e semplice e la dichiarazione di affinità sostanziale con Curzio Malaparte oppure, per certi aspetti, specialmente per il vorace bibliofagico autodidattismo e il finale patriottismo viscerale di *Italia mia*, con Giovanni Papini. Vi è tutto un versante saggistico di Pasolini che va esplorato e che consente, anzi costringe, a interrogarsi sul tipo e sulla qualità della sua vocazione civile. Un esame del genere, tale da sospendere una severa istanza scettica anche sugli enunciati esplicitamente più progressivi, potrà apparire al commentatore superficiale e al pasoliniano di stretta osservanza un atto di sterile, moralistica accusa. A noi sembra invece un presupposto essenziale per la tranquilla riconsiderazione che renderà possibile, o meno ardua, una valutazione equa. Ciò che abbiamo in animo è un esame tecnico, capace di saggiare la qualità e la struttura logica del ragionare politico e sociale di Pasolini; non una censura su contenuti, e quindi non un'accusa boriosamente accademica o vacuamente moralistica.

Da un punto di vista tecnico, ciò che colpisce negli scritti di ispirazione sociale di Pasolini è l'uso della metafora. Pasolini pensava qualche volta a se stesso come al «restauratore della Logica». Il modo in cui questa qualifica viene avanzata, nell'auto-epitaffio dettato in *Poesia in forma di rosa* a proposito della sua «carriera di poeta» e con «uno sguardo profetico al mare dei futuri millenni», è accattivante, ma inaccettabile.

Venni al mondo al tempo
dell'Analogica.
Operai
in quel campo, da apprendista.
Poi ci fu la Resistenza
e io
lottai con le armi della poesia.
Restaurai la Logica, e fui
un poeta civile.

[3] R. Brignetti, *Interpretazione di P.P. Pasolini*, in «Corriere del Giorno», 5 gennaio 1977.

Non si può certo dire che la logica sia assente dagli scritti di Pasolini, ma se accettiamo il procedimento del discorso logico come una sequenza in cui si passi con coerenza dalla formulazione chiara e scientificamente rilevante, vale a dire in termini metodologicamente operativi, del problema, quindi alla enunciazione di un'ipotesi esplicativa, e quindi, infine, alle operazioni di verifica, occorre riconoscere che la struttura logica del ragionamento di Pasolini si presenta in maniera suggestiva ma il più delle volte fuorviante. Esso non parte dalla definizione chiara di un problema, da tutti controllabile secondo i canoni logici che fanno del discorso scientifico una «procedura pubblica», bensì dalla fulminante, spesso scintillante formulazione d'una metafora (*Prima della scomparsa delle lucciole*; il «Palazzo del Potere», ecc.). Da questa, poi, Pasolini deriva spesso, con serrata consequenzialità, una serie di corollari, socialmente e politicamente impressionanti, che hanno però un solo inconveniente: quello di non essere collegati con un problema chiaramente definito (e quindi rigorosamente analizzabile ed eventualmente spiegabile, in base a regole metodologiche aperte ad un esame inter-soggettivo, ossia controllabili da tutti) bensì con uno splendido fantasma. La metafora non è per Pasolini, come è stata per tutta la tradizione culturale pedagogica, un aiuto del discorso: per renderlo più chiaro, più facilmente comunicabile. La metafora è in Pasolini la pedana, il punto di chiarezza del suo ragionare. Anche quando si sottoscriveva alla sentenza goethiana che «Alles Vergägliche Ist nur ein Gleichnis» (ogni cosa esistente – è solo una similitudine), è indubbio che la metafora sia chiamata a chiarire, non a sostituire, il pensiero, cioè a renderlo più perspicuo, e prontamente afferrabile con il confronto, la similitudine, l'analogia e l'allegoria. È un sussidio pedagogico alla logica del discorso. Di questa logica in Pasolini, la metafora è invece il brillante surrogato. Non intendo applicare al suo caso l'aforisma profondo e crudele di F. Nietzsche: «La metafora rende il pensiero innaturale, sterile (non cresce insieme), e alla fine vuoto di pensiero». È vero però che, sostituita la metafora all'analisi con una sorta di profetica contrazione aoristica, Pasolini ne ricava poi, con ferrea coerenza, tutti i corollari impliciti, arrivando piuttosto rapidamente ad un esito inevitabile: una critica civile e politica tanto irruente e totale quanto socialmente irresponsabile e pervasa da incurante, aristocratico distacco. Il punto mi sembra importante, e lo ripeto qui perché ebbi a suo tempo

110

modo di dirlo direttamente a Pasolini nel corso di una trasmissione televisiva, durante la quale purtroppo i responsabili televisivi trovarono i numerosi primi piani della sua maschera, del volto scavato e scarnificato, di lui, docile attore, assai più interessanti della sostanza logica e politica del dibattito sacrificato come sempre al cosiddetto «gusto del pubblico». Sta di fatto che questo esploratore notturno delle borgate romane in Alfa Romeo 2000 Gran Turismo fa sistematicamente coincidere la ricerca del suo piacere personale privato con una missione politica pubblica. È l'antico vezzo dell'intellettuale italiano che qui ancora una volta si fa palese: il mondo, e i suoi problemi ridotti a pretesto.

Le argomentazioni di Pasolini riescono così affascinanti e deboli. Affascinanti, perché metaforiche; deboli, perché invece del ragionare c'è il sentire. Un passo dell'*Immoraliste* di A. Gide esprime bene la situazione: «Mi sembrava fino a quel giorno di aver così poco sentito per così tanto pensare che alla fine mi meravigliavo di questo: la mia sensazione diveniva forte quanto il mio pensiero». Le metafore di Pasolini sono note e basterà citare pochi esempi. Sono intuizioni fulminee e personalissime, le quali vengono gonfiate e presentate come risultanze di laboriose indagini sociologiche. Si pensi alle conclusioni del saggio *Prima della scomparsa delle lucciole*. Un'Italia virgilianamente, o pascolianamente, «umile», agreste e disponibile, viene esaltata di contro all'Italia industriale odierna. Non colgo alcun segno di consapevolezza che i problemi fondamentali dello sviluppo civile italiano di oggi sono per gran parte legati e determinati dai residui putrefatti, cioè dal familismo mafioso e dagli iniqui clientelismi che ne derivano, dell'amato e idealizzato mondo contadino.

Uno studioso nordamericano ha usato anni fa, in una ricerca socio-antropologica condotta in un paese dell'Italia meridionale, il termine «familismo amorale» [4] per denotare quell'atteggiamento che fa coincidere, e quindi approva e rafforza, l'interesse del ristretto gruppo familiare con l'interesse pubblico e che nel caso di conflitto fa sistematicamente prevalere l'interesse privato, familiare o al più del gruppo consanguineo allargato, contro l'interesse più ampio della comunità. Io credo che questo studioso abbia commes-

[4] Cfr. E.C. Banfield, *The Moral Basis of a Backward Society*, Free Press, Glencoe 1955 (trad. it. Il Mulino, Bologna 1976); per l'uso della metafora si veda specialmente A. Fonzi, E. Negro Sancipriano, *La magia delle parole: alla riscoperta della metafora*, Einaudi, Torino 1975.

so un errore logico nel definire «amorale» un atteggiamento che è dettato da concrete, specifiche ragioni di sopravvivenza in un ambiente storicamente e politicamente non ancora uscito da rapporti sociali in cui la legge, come insieme di norme uguali per tutti, è in realtà amministrata, piegata, elusa oppure semplicemente ignorata, a seconda degli interessi pratici dei gruppi sociali in posizione di vantaggio relativo e di potere.

Lo stesso errore commettono quegli studiosi che rimproverano, con una certa dose di boria e di etnocentrica superiorità, a determinati settore della popolazione italiana, specialmente dell'Italia meridionale e insulare, di essere troppo radicatamente «diffidenti», e quindi, in definitiva, «irrazionali», senza dar segni di rendersi in alcun modo conto che è da tale presunta «irrazionalità» che dipende, in quell'ambiente sociale specifico, la loro possibilità concreta di sopravvivenza. Ciò che può apparire evidentemente irrazionale in Svezia o anche solo a Milano è invece razionalissimo a Napoli e a Palermo. Detto questo, anche al fine di non cadere in quella trappola che è l'etnocentrismo, ossia la tendenza a giudicare determinati fenomeni culturali e politici con criteri e valori appartenenti ad altri sistemi culturali che si suppongono superiori o addirittura universali solo perché si trovano ad essere socialmente e politicamente dominanti, bisogna chiarire con molta fermezza che i valori del familismo, tipici del mondo contadino del Sud, ma anche del Nord, con quel loro particolarismo più o meno accentuatamente tribale e xenofobico, non solo non sono un progresso rispetto ai valori democratico-borghesi delle società compiutamente industrializzate, ma restano, al contrario, come residui di un modo di vita al tramonto, pieno di limitazioni per l'individuo e di sofferenze non strettamente necessarie, dominato da paure ancestrali e da rapporti di dominio mafioso, in cui non è ancora neppure sorta l'idea d'uno Stato di diritto. Le culture locali vanno rispettate; vi sono valori del mondo contadino che vanno preservati o recuperati, ma guai a farne dei miti o delle occasioni per rimpiangere un mondo perduto che in verità non meritava di essere conservato.

Non bisogna mai dimenticare che, se Cristo si è fermato ad Eboli, Lutero è stato fermato a Trento. In altre parole: l'Italia, è doveroso riconoscerlo, è divenuta nel corso degli ultimi trent'anni un paese prevalentemente industrializzato, ma la cultura industriale non vi è ancora nata. Le tre culture tradizionali – liberaldemocratica, cattolica e marxistica – sono oggi chiamate a rendere conto di un fallimento. L'individuo in senso moderno, cioè a livello pieno, conscio dei suoi diritti e dei suoi doveri, qui non è ancora nato. Intendo per individuo un essere autonomo e capace di valutazioni personali, indipendenti, che non ha bisogno di altra protezione che non sia quella della legge neutra, eguale per tutti, che non confonde il pubblico e il privato e che possiede pertanto il senso dello Stato come comunità democratica aperta e non come dominio burocratico oppressivo. Ovviamente, il concetto di legge «neutra» fa riferimento solo ad una neutralità relativa, essendo chiaro che ogni sistema giuridico positivo riflette una matrice di interessi materiali determinata. I valori del mondo contadino, quando sono vagheggiati acriticamente come arca di salvezza, se non pegno d'una mitica età dell'oro, funzionano in realtà come copertura d'una situazione di fatto caratterizzata dall'immobilismo sociale, dalla mancanza di mobilità e di ricambio, dal potere mafioso alimentato e reso possibile da masse umane sostanzialmente inerti o civilmente disarmate. Questi valori non possono in alcun caso venir considerati come alternative storicamente valide ai valori democratico-borghesi su cui ruota la società civile di tipo industriale. È vero che questo tipo di società appare minato alla sua base da contraddizioni oggettive gravissime, le quali riproducono necessariamente gruppi e intere classi di emarginati, spostati, sfruttati. Ma la soluzione di queste contraddizioni, che sono le contraddizioni tipiche delle società burocratiche di massa, vanno cercate guardando avanti, non imbalsamando i valori del mondo contadino che ci stiamo lasciando alle spalle, in una estenuata estetizzante contemplazione romantica.

3. L'anti-modernità e l'estraneità rispetto alla vita industriale

Purtroppo è questo l'atteggiamento comune fra i letterati e gli intellettuali italiani, cui solo di recente è accaduto di occuparsi di vita e di problemi industriali (si pensi alle opere di Ottiero Ottieri o Paolo Volponi) ma sempre ancora in termini di parossismo maniaco con personaggi e figure ben lontani dalla media rappresentazione d'un modo di vita acquisito (*Donnarumma all'assalto*; l'Albino Saluggia di *Memoriale*; diversa, più forte consistenza mostra il recente *Le mosche del capitale*, 1989). In questo senso, Pasolini, lungi dall'essere un intellettuale gramscianamente «disorganico» rispetto al proprio ambiente, è un intellettuale quant'altri mai «rappresentativo».

Conseguenze politicamente più gravi si legano alla proposta di un processo ai potenti e alla metafora del «Palazzo del Potere», non per caso prontamente ripresa da una legione di divulgatori specializzati nell'impedire la conoscenza dei termini veri dei problemi. In un'epoca in cui il potere opprime in primo luogo rifiutandosi di agire, dimenticando, lasciando correre, eclissandosi, rinunciando ad esercitare le iniziative cui è tenuto, appunto per non essere razionalmente giudicato in base ai risultati conseguiti, Pasolini rinverdisce la nozione cospiratoria, grossolanamente antropomorfica e reazionaria, di un potere altamente personalizzato, individuabile con precisione, semplicisticamente affrontabile come interlocutore specifico. Questo significa non avere la più pallida idea intorno alla complessità odierna dei rapporti di influenza e di potere e al carattere essenzialmente impersonale delle grandi forze sociali e tecno-strutturali coinvolte.

La scivolata verso il moralismo è evidente. Il godimento delle menti più sprovvedute è assicurato, ma il livello interpretativo e quindi la possibilità di un'azione politica seria, incisiva sono destinati a soffrirne. C'è un vistoso passo indietro. Le questioni politiche tornano ad essere vissute in termini di magia o di puro scontro personale. Ancora una volta, come tante volte nella storia italiana, il letterato moralista ha vinto. Una disperazione personale, certo genuina, è fatta meccanicamente coincidere con una disperazione cosmica. La lezione di Marx è stata dimenticata o si è rivelata inutile. Anche Marx è stato del resto canonizzato, messo sugli altari, cioè sacralizzato e respinto. Non stupisce dunque che la questione sociale si ripresenti nei termini di «ricchi» e «poveri», mentre i rapporti di produzione sono trascurati come irrilevanti.

Gli effetti di questa regressione moralistica sono disastrosi. Non è la sola cultura subalterna a divenire un mito, una specie di vaso d'elezione intoccabile. Lo scandalo è che i poveri delle borgate rischiano di non essere più poveri come dovrebbero essere e, per il bene dell'umanità, indefinitamente restare. Da ultimo, Pasolini appariva genuinamente disperato a causa della «mutazione antropologica» che, a suo giudizio, veniva verificandosi nella situazione italiana. I poveri erano ormai a suo giudizio contaminati dal «consumismo». Non potevano più distinguersi, fisicamente, dal vestito o dai modi, dai gesti, dal modo di guardare, rispetto ai borghesi. L'Italia era finita. La civiltà stava tramontando. E tutto questo solo perché, nella dieta e nel vestire e nei consumi medi, sempre molto bassi in Italia rispetto all'Europa, gli italiani fuggiti con l'emigrazione di massa dall'inferno contadino di ieri cominciavano ad assaporare, con un ritardo di secoli, un minimo di benessere, di eguaglianza sociale e di diritti democratici. Che si siano potute prendere sul serio, quale risultanza sociologica e riflessione politica, queste lamentele la dice lunga sullo stato della cultura italiana. Tanto più che queste querimonie servivano ottimamente a sviare il discorso più serio e più urgente: quello dell'accertamento analitico della responsabilità politica e delle iniziative specifiche da prendere [5].

4. L'irresponsabilità sociale dell'intellettuale italiano

Mi sembra che, a questo punto, Pasolini riconfluisca tutto, senza residui, nella tradizione dell'intellettuale italiano, in quella sorta di filo nero che dai classici del Trecento si snoda attraverso il Rinascimento e la Controriforma per giungere al Risorgimento, all'unificazione, al fascismo e agli odierni sussulti di soggettivismo estremistico e di decisionismo fondamentalmente irrazionale. Socialmente considerato, ossia analizzato come istituzione, come matrice di effetti sociali al di là dei risultati puramente formali, stilistici o calligrafici, l'intellettuale letterato italiano oscilla fra due poli.

1. Un irresponsabile ottimismo vitalistico (la «vitalità» carducciana e poi crociana e la «disperata vitalità» appunto di Pasoli-

[5] Mi si consenta di rinviare al mio articolo *Gli italiani di Pasolini*, in «Paese Sera», 14 giugno 1974; sullo stesso argomento ero più tardi tornato sul «Corriere della Sera» e ne era seguita una polemica di cui Pasolini, in *Scritti corsari*, Garzanti, Milano 1975 ricorda la durezza e «il garbo»: «Si sono fatti, anzi, su questi problemi dei convegni internazionali di sociologi? È quanto mi oppone gentilmente Ferrarotti ("Paese Sera", 15 luglio 1974) per ridurmi a sua volta al silenzio e all'inesistenza. Ma proprio i nomi, proprio i nomi che tanto, e tanto piacevolmente, sembrano esaustivi a Ferrarotti, proprio i nomi (*melting pot!*), e proprio i luoghi internazionali dove tali nomi vengono fatti, dimostrano che il problema "italiano" non è stato neanche lontanamente affrontato. Ed è quello che io affronto. Perché lo vivo. E non gioco su due tavoli (quello della vita e quello della sociologia) perché altrimenti la mia ignoranza sociologica non avrebbe quel "candore accattivante" di cui parla Ferrarotti stesso».

ni), che si esprime emblematicamente nei canti carnascialeschi di Lorenzo il Magnifico («Quant'è bella giovinezza – che si fugge tuttavia – [...] chi vuol essere lieto sia – del diman non v'è certezza») con l'accentuazione dell'inutilità di ogni pianificazione per il futuro. In altri termini: la consapevole rinuncia a qualsiasi progetto razionale collegato con i problemi pratico-politici della comunità; e quindi, come inevitabile risultato, solipsismo ed egotismo edonistico, ancorché spesso «piagnone».

2. Un esplicito impegno socio-politico, ma sempre da prime donne e in quanto ceto separato, essenzialmente celebrativo e retorico, così come è esemplificato dal Carducci, oppure come lo si ritrova negli intellettuali che si definiscono «rivoluzionari» e per i quali l'invocazione palingenetica sembra dispensare, una volta liricamente affermata, dall'interrogarsi circa i suoi costi sociali pratici, mostrando così conclusivamente l'assoluto disprezzo per le esigenze quotidiane della gente minuta.

In ambedue i casi, l'intellettuale è un uomo in fuga, consapevole della precarietà dei suoi mezzi di sussistenza, pronto quindi a mettersi sotto l'ala del potere, sia questo la Chiesa, il principe, il partito, l'azienda, oppure a servire indirettamente il potere, alimentando i fantasmi del nazionalismo. Ciò che resta dunque più che mai irrisolto in Italia è il problema del rapporto fra l'intellettuale e il potere. Troppo spesso il rimedio della sterilità dell'individualismo solipsistico viene cercato in una militanza politica che scade regolarmente in ubbidienza partitica o in un *quietum servitium* che trasforma l'intellettuale capace di critica autonoma in un funzionario arrendevole. Storicamente, i vertici socio-economici e politici in Italia hanno avuto la mano pesante. Anche questo ha contribuito a ritardare il formarsi di una «società di cittadini» mentre ha prolungato più che nel resto d'Europa l'esistenza di una stagnante «società di sudditi». È mancato, tradizionalmente, un progetto di sviluppo, veramente nazionale. La borghesia italiana è rimasta una borghesia incompiuta e il capitalismo italiano è a tutt'oggi un capitalismo dinastico, assistenziale, pre-razionale. Leopardi ha persino espresso un meditato dubbio sull'esistenza d'una «società» italiana in senso proprio:

Le classi superiori d'Italia sono le più ciniche di tutte le loro pari nelle altre nazioni. Il popolaccio italiano è il più cinico de' popolacci. Quelli che credono superiore a tutte per cinismo la nazione francese, s'ingannano. Niuna vince né uguaglia in ciò l'italiana. Essa unisce la vivacità naturale (maggiore assai di quella dei francesi) all'indifferenza acquisita verso ogni cosa e al poco riguardo verso gli altri cagionato dalla mancanza di società, che non li fa curar gran fatto della stima e dei riguardi altrui.[6]

Credo che ancor oggi la vocazione civile dell'intellettuale italiano sia per gran parte da costruire. Nonostante i suoi limiti, come una lente di ingrandimento che consenta di vedere i particolari nascosti, Pasolini ha dato in questa direzione un contributo importante. Non si è mai liberato d'una concezione individualistica e aristocratica dell'intellettuale. In questo senso, anche quando si è avvicinato agli intellettuali che sono militanti del partito comunista e che quindi accettano, non senza difficoltà, un impegno anche organizzativo, *routinier*, Pasolini è rimasto legato ad una concezione levitica, sacerdotale e paleo-umanistica dell'intellettuale, che dall'esterno porterebbe il verbo rivoluzionario alla classe operaia in attesa di essere illuminata. Resta dunque, Pasolini, un intellettuale tradizionale, un'edizione aggiornata del «lupo della steppa» di Hermann Hesse, con la sua autonomia illusoria, la sua posizione fondamentalmente astorica e aclassista, la confusione fra dato e prescrizione in nome d'una suprema «liricità» che opta per il mito e l'irrazionalità contro la storia e contro la politica. Pasolini è contraddittorio e sembra talvolta compiacersi di questa sua natura «divisa». Questa caratteristica è stata rilevata con grande precisione: egli è nello stesso tempo «il vate e il maudit, lo scrittore "scandaloso"e la vittima ribelle della "diversità", il poeta civile e il poeta-Narciso, l'esteta e l'intellettuale come "personaggio" pubblico, il "testimone" e il "pedagogo", l'interlocutore autonomo del movimento operaio e l'autore di successo» [7]. Eppure, nonostante tutto, c'è in lui un fondo di genuinità che ne fa un provocatore di eccezionale potenza. Vi è una pagina nei *Ragazzi di vita* in cui Pasolini descrive, con impressionante distacco, la sua morte:

[6] Cfr. G. Leopardi, *Tutte le Opere*, a cura di F. Flora, Mondadori, Milano 1953-63, vol. II, p. 589; ma l'intero *Discorso sovra lo stato presente del costume degli italiani* è da ritenersi come un documento straordinario di coscienza civile; per una recente ripresa critica del nesso fra cultura e morale, cfr. A. Nesti, *Cultura italiana e riforma civile religiosa*, in «Religioni e Società», 8, IV, luglio-dicembre 1989, pp. 3-8.
[7] G.C. Ferretti, *Pasolini, l'universo orrendo*, Editori Riuniti, Roma 1976, p. 120.

All'età sua aveva conosciuto già tante centinaia di persone di ogni condizione e di ogni razza, che ormai uno o l'altro era uguale: e quasi quasi avrebbe potuto comportarsi pure lui come quel tipo che abitava vicino alla Rotonda che un giorno, con un amico suo, aveva pestato un froscio, per rubargli un par di mila lire, e quando il compagno suo gli disse: «Aòh, l'avemo ammazzato», senza manco guardarlo, quello rispose: E che me ne frega.

Per quanto sempre intento a raccontare se stesso, ad esasperare il privato fino a farne un problema pubblico, Pasolini era un uomo che non se ne fregava. Per questa ragione la sua esperienza poetica ed umana, anche negli aspetti più controversi, resta, a mio giudizio, importante, pur se non esemplare in senso normativo.

Parte seconda

LE RIFORME SOGNATE

I.

DAI MOVIMENTI ALLA «GOVERNABILITÀ»

1. Funzionalisti di complemento

L'emergere, alla fine degli anni Sessanta, di un inedito protagonismo dei movimenti sociali fluidi – o informali – rappresenta un momento di svolta e di crisi per la politologia e per la sociologia della politica italiane.

Da un lato, infatti, viene meno quel riferimento privilegiato alle istituzioni come fatto giuridico che è tanta parte della tradizione politologica strettamente intesa e di cui l'élitismo conservatore e il costituzionalismo democratico rappresentano due aspetti complementari. Dall'altro, si incrina uno dei presupposti ideologici portanti dell'esperienza dell'Italia repubblicana, quello che riconosce i partiti parlamentari come gli unici depositari della legittimità politica e, implicitamente, della rappresentatività sociale.

La Costituzione italiana si configura, del resto, come la carta fondamentale di un compiuto e articolato sistema di *party government*. E, non a caso, ogni passaggio di fase nella storia politica del paese è segnato e «ratificato» dal richiamo alla legittimità partitico-istituzionale. Si pensi, per riandare a un momento politico nevralgico della storia recente, alla teoria demitiana dell'«arco costituzionale» e alla sua genesi, che è forse da rintracciare nel travaglio che – un decennio prima, agli inizi degli anni Sessanta – accompagna la formazione dei primi governi di centro-sinistra e segue la gravissima crisi del governo Tambroni.

Da un altro punto di osservazione, più interno alla subcultura accademica, possiamo aggiungere che la stagione dei movimenti fa da scenario e da referente a una nuova generazione di studiosi del fatto politico. Intendiamoci: la tradizionale egemonia dei giuristi – e del formalismo giuridico – non è affatto in discussione in un contesto di obiettiva arretratezza e di non consolidata identità delle discipline sociologiche e affini. Il tempo, anzi, si incaricherà di rivelarne la tenacia, la persistenza, la capacità di permeare – anche attraverso processi di mimetismo e di osmosi del tutto imprevedibili – le stesse ragioni analitiche della critica «allo stato di cose esistente» per volgerle a esiti spesso apertamente conservatori. Rimane, però, che il tumultuoso, disordinato processo di crescita economica dell'Italia postbellica, spezzando equilibri sociali secolari e investendo anche il paese profondo di un'ondata modernizzante, ha innescato domande intellettualmente originali, necessariamente dotate di valenza politica, intrinsecamente irriducibili ai filosofemi del tardo idealismo quanto ai tradizionali paradigmi giuridici.

È in questa stagione, ad esempio, che l'antica tematica della «questione meridionale» viene declinata in versione antropologica, largamente influenzata dalla scuola struttural-funzionalistica nordamericana. Ed è negli stessi anni che si affaccia una problematica destinata a condizionare – e, in parte, a distorcere – il dibattito teorico e direttamente politico degli anni Settanta: quella relativa al cosiddetto «caso italiano».

Nello stesso tempo, l'esplodere di soggettività politiche, culturali, sociali compresse negli anni del centrismo – quando l'egemonia, gramscianamente intesa, è detenuta da forze economiche e politiche saldate dal conservatorismo ideologico e orientate a un'aperta restaurazione del tradizionale sistema degli interessi – e maturate a contatto della complessa e contraddittoria vicenda di centro-sinistra è venuto producendo effetti non secondari sullo stesso ceto intellettuale. Il coinvolgimento politico diretto, in una quasi plebiscitaria collocazione sulla sinistra – o sull'estrema sinistra – dello spettro ideologico è insieme causa ed effetto di una lettura criticamente orientata della realtà italiana. L'ibrido scientifico è inevitabile, anche se in alcuni casi francamente raccapricciante. È così che le matrici teoriche di un marxismo – altrove già in crisi da almeno dieci anni – vengono innervate da schemi analitici prettamente funzionalistici. Le pulsioni a legittimarsi tramite il richiamo identificativo al «Movimento» si traducono nelle prime analisi (autoanalisi) dei «movimenti». La commistione/contaminazione dei generi è spesso degna di un romanzo d'appendice. I marxisti non hanno ancora inventato il modo di sottrarsi al «redde rationem» teorico attraverso il ricorso alla declinazione plurale – per cui si parlerà dalla metà degli anni Settanta di vecchi e nuovi marxismi in cerca d'identità. I neofunzionalisti radicali, dal canto loro, continuano a macerarsi nella ricerca di coefficienti di correlazione e di matrici di transizione «autenticamente rivoluzionari», salvando opzioni ideali e prospettive di carriera.

Militantismo politico, radicalismo ideologico e approccio empirico alla ricerca – sacrosanta reazione, peraltro, alla cultura idealistica imperante – compongono un cocktail inedito, talvolta capace di originali sinergie intellettuali, talvolta assolutamente inaccettabile. Le note che seguono sono dedicate ad alcuni passaggi significativi di questa stagione intellettuale – seppure nei limiti di una selezione circoscritta, del tutto scevra da giudizi di valore e strettamente funzionale all'ipotesi di lavoro – con l'intento di sottolineare *a*) la costante prevalenza di un retroterra funzionalistico che ispira tanto l'analisi quanto, in prospettiva, l'opzione politica, e *b*) l'esistenza di una sostanziale linea di continuità fra osservazione dei movimenti emergenti degli anni Sessanta e Settanta e problematiche proprie del decennio successivo (governabilità, decisionismo, mistica della complessità).

2. La sirena della modernizzazione

Ciò che chiamiamo il «68» è in realtà un periodo durato circa un decennio in cui tutte le contraddizioni dello sviluppo storico italiano si sono concentrate dando luogo a una mobilitazione sociale senza precedenti, non solo per la quantità della partecipazione, ma anche per la qualità complessa di tutti i processi così attivati [1].

Quando Carlo Donolo sviluppa questa riflessione nelle prime pagine di uno dei suoi lavori più stimolanti, è passato ormai un decennio dal fatidico '68. Un lasso di tempo sufficiente ad abbracciare fenomeni nuovi e vicende importanti, talora decisive. Siamo negli anni della controversa esperienza della «solidarietà nazionale»; c'è stato lo choc elettorale del 1975-76; il movimento del

---

[1] C. Donolo, *Mutamento o transizione? Politica e società nella crisi italiana*, Il Mulino, Bologna 1977, p. 8.

1977 ha segnato un punto di non ritorno rispetto alla prima fase della contestazione; strategia della tensione e terrorismo fanno gravare una pesante ipoteca sull'evoluzione democratica dello scontro politico. Fenomeni di contromobilitazione di destra accompagnano la deriva partitica dei gruppi prodotti dal '68 e dalla diaspora dell'associazionismo cattolico si sviluppano quasi simultaneamente la «scelta religiosa» dell'Azione cattolica e le aggregazioni integralistiche che metteranno capo all'inedita esperienza di Comunione e liberazione.

Pochi anni prima, occupandosi del movimento degli studenti [2], Donolo ha già tracciato l'orizzonte teorico in cui inscrivere la lettura sociologica della contestazione. In sostanziale coerenza con la prospettiva di un funzionalismo critico, politicamente radicale, ha disegnato i movimenti come fattore essenziale di modernizzazione all'interno del sistema politico in cui si sviluppano. E, rifacendosi più o meno dichiaratamente all'analisi nordamericana del «conflitto interno», ha addirittura preconizzato le possibili strategie di depotenziamento da parte dei poteri istituzionali conservatori, dai meccanismi di cooptazione alla tolleranza repressiva, dall'uso della sanzione selettiva o collettiva sino alla violenza poliziesca.

Il quadro appare adesso più variegato, i riferimenti teorici si sono arricchiti e qualche volta complicati, la prosa si è fatta meno militante. Non rinnegata, però, è la prospettiva che ispira l'analisi, con la ricerca di una sintesi critica che fa centro sulla modernizzazione, sulla valenza innovativa dei soggetti politici informali, sull'assunzione dell'interscambio fra politico e sociale come prassi e fisiologia del «sistema» (anche se la parola si associa ancora a declinazioni apocalittiche e non all'uso apologetico che ne proporrà il funzionalismo in versione cibernetica agli albori degli anni Ottanta). I soggetti del conflitto sociale si sono moltiplicati e diversificati, hanno spostato i confini della politica e prodotto un processo di ritiro della delega che autorizza a parlare di una «crisi organica» nell'accezione gramsciana. Emerge, cioè, un nuovo sistema di bisogni che si innesta su una maturità del capitalismo foriera di crisi, forse anticipatrice di una fase storica di transizione.

[2] Id., *La politica ridefinita: il movimento degli studenti*, in P. Farneti (a cura di), *Il sistema politico italiano*, Il Mulino, Bologna 1973, pp. 381-93.

I passaggi sono segnati, complici le suggestioni di Habermas in versione anni Settanta: il ritiro della delega prelude a una crisi di legittimità che può sfociare in un'irreversibile crisi di razionalità. Saprà il sistema politico farvi fronte? E come? La risposta di Donolo è indiretta, ma illuminante ai fini di questa ricostruzione, perché fa centro su quella che sarà destinata ad assumere il ruolo di istanza-cardine della politologia «della crisi» sul crinale degli anni Ottanta: *la capacità decisionale del sistema*.

Il movimento del 1977 avrebbe posto la questione, ormai ineludibile, di come coniugare lotte sociali e mediazione politica. La divaricazione fra universo dei «bisogni» e universo della «politica» rende tendenzialmente impossibile la stessa riproduzione sociale, ma proprio per questo impone una ricomposizione, quasi una ridislocazione strategica del conflitto. Con una retrospettiva di breve periodo, Donolo individua le elezioni politiche del giugno 1976 – quelle della più accentuata polarizzazione dei consensi sui due partiti maggiori, nel quadro di una massiccia avanzata comunista – come un vero e proprio spartiacque fra due fasi della crisi italiana.

La stagione delle lotte operaie e studentesche, del protagonismo di massa, della democrazia diretta e dell'egualitarismo ha favorito nel medio periodo una ripresa elettorale della sinistra storica, che nel caso italiano non aveva mai del tutto reciso il dialogo con i movimenti informali. Nello stesso tempo, il 1976 sortisce l'effetto – solo apparentemente paradossale – di «congelare» la crisi. L'esplosione del 1977, in questa prospettiva, esprime in modo drammatico e, a suo modo, spettacolare il senso di tale paradosso. È, insomma, la reazione di nuovi soggetti sociali alla politica dell'austerità, percepita come un tentativo di sublimazione collettiva di bisogni di autonomia, di qualità esistenziale, di nuovi diritti che la prima fase dei movimenti aveva portato a maturazione. È in questa ottica che Donolo rende esplicito il proprio ragionamento. Il *mutamento* gli appare come la classica categoria interpretativa del funzionalismo conservatore, politicamente declinata nei termini di una combinazione di socializzazione e controllo, senza che le forze politiche della sinistra pongano all'ordine del giorno la questione della fuoriuscita dai rapporti di produzione capitalistici (*transizione*). La ricerca di un compromesso fra riformismo operaio e disponibilità riformatrice del capitale avviene perciò interamente sul terreno ideologico del «mutamento», sotto il segno di una politica di democratizzazione e razionalizzazione della società.

3. La strategia della «soddisfazione sostitutiva»

Esiste però un ostacolo quasi insormontabile, rappresentato dalla difficoltà di mantenere il consenso del blocco sociale che ha sin qui garantito la sopravvivenza del «regime Dc». Ci si muove, cioè, in una situazione profondamente mutata, in cui si combinano restrizione delle risorse pubbliche – causata da quella che è ormai uso chiamare la «crisi fiscale» – e non sopita conflittualità operaia. È così che prende corpo una singolare strategia di «soddisfazione sostitutiva» delle domande sociali: alla restrizione delle risorse si supplisce moltiplicando gli strumenti di distribuzione e, quindi, esaltando ruolo e funzioni della mediazione politica. Il conflitto sociale dilaga dal centro alla periferia. Per la prima volta la questione della gestione degli enti locali – dopo l'onda rossa delle amministrative del 1975, la politica delle mani libere rivendicata dal Psi e il completarsi dell'articolazione istituzionale dello Stato (regioni, trasferimenti finanziari ai comuni) – acquista un rilievo strategico e diviene terreno di più ambiziose sperimentazioni politiche.

Donolo avverte, insomma, tutta la complessità e la delicatezza del passaggio politico e ne segnala adeguatamente le più vaste implicazioni sociali. Anzi, l'analisi condotta sul filo del suo marxismo «rivisitato» gli consente aperture inedite, che per molti versi richiamano la produzione di un teorico del conflitto come Alain Touraine:

Caratteristica del '68 è proprio di aver attivato grandi movimenti di massa incentrati sulle contraddizioni vissute da gruppi sociali non definiti direttamente dal rapporto di classe. Anzi è stata la concomitanza del conflitto di classe centrale (classe operaia della grande industria – grande capitale) con conflitti sociali di questo altro tipo che costituisce la peculiarità della crisi organica di questi movimenti.[3]

La categoria concettuale di movimento come fattore di modernizzazione del sistema politico si coniuga con il classico tema

[3] Donolo, *Mutamento*, cit., pp. 47-48.

marxiano – di derivazione hegeliana – della «contraddizione».
Un'operazione intellettuale già sperimentata e sempre ricondotta
all'originario alveo funzionalistico. Originale è, invece, il tentativo di separare la nozione di conflitto sociale da quella di conflitto
industriale di classe [4]. Ne deriva il profilo di una società percorsa
da istanze di politicizzazione/ripoliticizzazione di tematiche generali, agenzie di socializzazione, interessi di gruppo (non è ancora
di moda definire *issues* questo insieme di «oggetti del contende-
re» e la sociologia dell'azione francese non ha ancora suggerito
l'idea di posta in gioco, l'*enjeu*). La scuola, la famiglia, le istituzioni totali, i ruoli sessuali e gli apparati ideologici divengono altret-
tante sedi del più generale conflitto, terreno di lotta e di mobilitazione per un movimento operaio che non rinuncia a «farsi Stato».
Donolo, insomma, non aderisce al richiamo alla iperpoliticizzazione del «sociale», propria del radicalismo extraparlamentare del
tempo, ma dimostra di non ignorarne le ragioni. Per qualche
verso, la sua riflessione offre loro sponde analitiche convincenti,
saldandosi a un lavoro condotto ormai da molti anni nell'ambito
di gruppi o riviste d'avanguardia (si pensi per tutti alla parabola
di «Quaderni Piacentini»).

Poste queste premesse, il problema diviene quello di cogliere
la possibilità stessa di istituire una dialettica fra movimento/i e
istituzioni. La politicizzazione del sociale entra in conflitto oppure no con la socializzazione della politica che è propria dei sistemi di welfare e del regime dei partiti? E quale esito è realistico
prospettare alla critica sessantottesca, che si basava sull'intuizio-
ne che tutto fosse riconducibile/riducibile a politica e sulla omologazione di sfera produttiva e istituzionale (rifiuto della «separatezza»)? A questo proposito c'è in Donolo, mi sembra, un meritorio
quanto implicito ridimensionamento dell'uso evasivo del «caso
italiano».

L'Italia gli appare un esempio di mutamento accelerato, ma
privo dei caratteri di eccezionalità che costituiranno la non innocua retorica dell'emergenza prima, e del trionfalismo craxiano

---

[4] Su questa strada, del resto, si spinge molto più avanti Touraine, rimettendo in discussione l'identità conflittuale della classe come soggetto politico. Cfr., per una panoramica degli sviluppi recenti del pensiero dello studioso francese, A. Touraine, *Il ritorno dell'attore sociale*, trad. it. Editori Riuniti, Roma 1988.

poi [5]. La crisi che il '68 ha innescato si salda se mai – confermando la traiettoria funzionalistica dell'analisi – con dinamiche già operanti, spesso sotterraneamente, nella ricomposizione-scomposizione delle classi. A differenza delle teorie dello sviluppo politico, l'esito appare però incerto e non esclude la deriva in un vero e proprio «stato sociale del malessere». All'orizzonte c'è, del resto, una strategia delle riforme pervertita a riformismo d'emergenza e piegata a pure ragioni di legittimazione, un partito operaio chiamato a «ridurre la complessità» depotenziando e rendendo compatibili le domande sociali provenienti dalle aree marginali, una politica del controllo non priva di inclinazioni moralistiche e di qualche tentazione repressiva [6]. Il modello di riferimento che viene assunto – in particolare dal Pci – è, del resto, riassumibile nel binomio «governo forte/buon governo», cioè rafforzamento dell'autorità e moltiplicazione delle sedi della democrazia rappresentativa più corretta amministrazione. Al di là delle molte parole spese negli anni successivi, questa è, in effetti, la più intensa stagione di produzione legislativa dell'intero dopoguerra. Una produzione in gran parte innovativa e prevalentemente rivolta all'espansione di sistemi di delega e di partecipazione (talvolta francamente pletorici e disfunzionali). Ma l'eredità storica non gioca a favore dell'esperienza governativa in via di sperimentazione: i partiti di massa rimangono in Italia estranei alla cultura dello Stato liberale, la declinazione politica contingente del concetto gramsciano di egemonia si traduce inevitabilmente nel rafforzamento di una nuova *classe di gestione*.

4. Il partito-Stato e i movimenti senza istituzione

La Dc, secolarizzandosi, tende a esaltare la propria identità di partito del secondo Stato – gli enti pubblici, il parastato, il ramificato sistema delle partecipazioni pubbliche –, non sembra in gra-

[5] Sulla questione, a mio parere illuminante, di un certo uso politico della patria storiografia, cfr. anche le osservazioni di A. Schiavone, *Per il nuovo Pci*, Laterza, Roma-Bari 1985.
[6] Per una lettura di segno diverso della fase politica di cui ci stiamo occupando, cfr. G. Chiaromonte, *Le scelte della solidarietà democratica. Cronache, ricordi e riflessioni sul triennio 1976-1979*, Editori Riuniti, Roma 1986.

do di rifondarsi in funzione di una strategia innovativa (la «terza fase» di Moro) e comincia a soffrire la mobilitazione neo-integralistica, le resistenze della base profonda del partito al cambiamento, la ricomposizione di un forte gruppo di pressione economica. Il pericolo diviene quello che prenda corpo un articolato e condizionante collateralismo all'americana, esigente, mobile e ricattatorio [7]. Ma la capacità di ammortizzare le tensioni, riducendo al minimo i costi elettorali e producendo l'attivazione sostitutiva degli strati sociali dipendenti dalle politiche del sussidio pubblico, sembra a Donolo sostanzialmente intatta e remota gli appare la possibilità di una crisi verticale. I fatti degli anni successivi – dalla débâcle del 1983 alla parziale ripresa elettorale che si registra a partire dal 1985 – sembrano dargli ragione, contro l'ottimismo «rivoluzionario» di tanta parte della nuova sinistra del tempo.

Partito spartitorio, politicamente subalterno, tentato da velleità tecnocratiche prive di gambe strategiche, il Psi che conosce i primi passi dell'era craxiana è liquidato come un fenomeno di sopravvivenza culturale. I soggetti di una possibile transizione sono dunque assenti o latitanti. La crisi sembra aperta – piuttosto fatalisticamente – a esiti diversi e inquietanti. Fra le righe, si affaccia la critica impietosa a un Parlamento ridotto a teatro dello scambio, a luogo di rappresentazione di compromessi estenuanti eretti a sistema di governo, i cui protagonisti sono la classe di regime centrale (Dc) e la classe di gestione degli interessi sociali sottorappresentati (Pci). Non incrinata rimane, invece, la fiducia di Donolo – che pure avverte il significato contingente del formarsi di movimenti cattolici integralisti, pendant di destra dell'opposizione dei gruppi di estrema sinistra al compromesso storico e segnala le minacce provenienti dal radicalismo eversivo di ispirazione fascista – nella intrinseca capacità di innovazione rappresentata dai «movimenti».

È in questo assunto teorico, esemplare – come si è detto – di una versione critica e originale del sincretismo funzional-marxista, che va collocata la contrapposizione fra crescita dell'autonomia sociale e crescita del dominio degli apparati come epicentro della crisi sociale italiana.

---

[7] Alle politiche 1976, non casualmente, l'uso selettivo del voto di preferenza si segnala come un fenomeno dirompente per gli equilibri interni al partito di Zaccagnini.

Un approfondimento e, in parte, uno sviluppo di questa complessa problematica è nel saggio *Le forme della politica nella crisi sociale* [8], che Donolo pubblica un anno dopo il volume di cui ci si è sinora occupati. La crisi sociale si presenta qui come l'intreccio di momenti di emancipazione e di regressione nel quadro di una crisi delle forme dominanti della politica, che non risparmia la sinistra in tutte le sue espressioni e articolazioni. La crisi politica innescata dal conflitto sociale e complicata dai suoi sviluppi contraddittori non riesce a produrre prospettive che posseggano il fascino e la credibilità dell'alternativa. Di qui la fuga in un'aggiornata versione made in Italy della «microfisica del potere» e l'enfasi posta da sociologi e politologi sui pur rilevanti fenomeni di trasformazione in atto nel sistema comunicativo. Tutti sintomi, a ben vedere, di una rinuncia a intervenire su quello che allo studioso sembra ancora il vero punto nevralgico della crisi, cioè la difficile dialettica che è necessario ricostituire fra bisogni e Stato (o, se si preferisce, fra «socializzazione della politica» e «politicizzazione del sociale»). Tenendo saldi due punti che, mi sembra, fanno da struttura portante all'intero ragionamento: che la democrazia rappresentativa appartiene ormai, come valore, al senso comune delle masse ma che, contemporaneamente, non è venuta meno la resistenza del «sociale» ai tentativi di normalizzazione per via politica e culturale.

È in questo contesto che matura l'approdo provvisorio della riflessione di Donolo sulla stagione dei movimenti e sulla peculiare declinazione sociologica del caso italiano. *La politica si è fatta ambivalente*: tende a coagularsi nei processi decisionali e a diffondersi (sino a dissolversi?) nei meccanismi della mediazione sociale. Di qui il paradigma della crisi, che riflette compiutamente la fase tormentata dell'unità nazionale (o «solidarietà democratica», in omaggio a Chiaromonte). Un paradigma modulato sulla crisi sociale, anzi sull'intreccio e sul conflitto fra società e istituzioni, scandito da svolte repentine e minacciato dal collasso della rappresentanza politica. Ancora una volta, il «movimento» si configura così come una sorta di «antileviatano», in opposizione allo Stato e in alternativa alla riduzione della politica a scienza dell'amministrazione. Ma il richiamo «extraparlamentare» a tutelare

---

[8] In A. Martinelli, G. Pasquino (a cura di), *La politica nell'Italia che cambia*, Feltrinelli, Milano 1978, pp. 329-50.

l'autonomia del sociale, impedendo la deriva della democrazia autoritaria preconizzata dalla rivolta del 1977, non deve trarre in inganno. È proprio da qui, dal punto di non ritorno della crisi sociale, che muoverà, in Donolo e in altri sociologi e politologi cui si farà riferimento, una ricerca sul problema della governabilità destinato a saldarsi rapidamente con tematiche di ben diversa matrice ideologica.

La ricerca di Donolo sulla parabola dei nuovi movimenti si arresta alle soglie degli anni Ottanta, individuando nella dialettica malata fra movimenti e istituzioni rappresentative il vero luogo sociale della crisi italiana. Ma non mancano, nello stesso torno di tempo, altre voci che intervengono a integrare l'indagine, qualche volta complicandola con riferimenti un po' datati alla voluminosa letteratura anglosassone in materia.

Analizzando il voto del 1972, ad esempio, Barnes e Sani [9] colgono tre dimensioni centrali della crisi. La prima è riconducibile al *conflitto di valori* che ha nelle università. nella gestione della giustizia, nella dialettica che percorre il mondo cattolico il proprio epicentro, configurando processi conflittuali di innovazione e di resistenza tradizionalistica [10]. La seconda rimanda all'*azione diretta* esercitata da gruppi sociali di opposizione/contestazione, con effetti reattivi indotti nell'opinione pubblica moderata. Effetti potenziati da gravi episodi di violenza (dagli attentati alla rivolta di Reggio Calabria) destinati ad alimentare una domanda diffusa di «legge e ordine». Questo *circuito violenza-domanda di sicurezza* rappresenta la terza dimensione.

Queste dimensioni della crisi si presentano, allora, come sfide sociali cui il sistema politico non riesce a dare risposta perché attardato da lentezze e macchinosità, frantumato nei soggetti della rappresentanza, incalzato da una crisi di legittimità che ha nel voto reazionario il suo prevedibile indicatore empirico. E non è forse casuale che, quasi contemporaneamente, Luciano Gallino riproponga nel suo *Dizionario di sociologia* [11] una lettura tipolo-

---

[9] S.H. Barnes, G. Sani, *Nuovi movimenti politici e partiti tradizionali*, in M. Caciagli, A. Spreafico, *Un sistema politico alla prova*, Il Mulino, Bologna 1975, pp. 153-78.
[10] L'analisi di Barnes e Sani non si discosta molto, in effetti, da quella proposta da P. Farneti nell'*Introduzione* al suo *Il sistema politico italiano*, cit.
[11] Cfr. la voce «Movimento sociale», in L. Gallino, *Dizionario di Sociologia*, Utet, Torino 1976. Ma lo stesso autore afferma poi, in altro luogo, in maniera, a dir poco, sorprendente, che «lo Stato per primo, ricordiamolo, *esiste soltanto perché è pensato*» (in «La Stampa Tuttolibri», 21 ottobre

gica dei movimenti sociali, disegnando – in omaggio a Smelser – un percorso fisiologico che procede dalla mobilitazione primitiva alla «storia naturale» dei movimenti di azione collettiva. Il revival funzionalistico, insomma, torna ad alimentarsi delle *teorie dello sviluppo politico* e assume il caso italiano come «eccezione» nella misura in cui qui risulterebbe più difficile e complicato imboccare la strada di una pacifica coerente evoluzione in una democrazia del consenso a forti contenuti decisionistici. Sotto tiro è ancora, infatti, il sistema politico, ma – se si vuole – per ragioni diametralmente opposte a quelle che ne facevano il bersaglio della contestazione agli albori del decennio. Non gli si rimprovera, cioè, la separazione dalla sfera del «sociale», denunciata da Donolo, bensì l'*eccessiva permeabilità alle pressioni convulse della società civile*. Qua e là, come vedremo, anche da sponde inaspettate, si va riscoprendo la schmittiana «autonomia del politico» e la sua simmetrica, complementare domanda di decisionalità. E mai come in questo caso si renderà evidente la saldatura in chiave pubblicistica e propagandistica fra dialettica intellettuale e circuito politico.

In questo contesto si sviluppano la tematica del «decisionismo» e la retorica della «governabilità» – l'una di matrice elitistica e schmittiana, l'altra ispirata al neofunzionalismo di Luhmann e alla sua interpretazione della problematica del «sovraccarico» – in un'orgia di approssimazioni scientifiche e di deformazioni teoriche che però non ne compromettono la fortuna.

Nel 1979 la stagione delle effervescenze collettive può ormai dirsi cronologicamente conclusa, soffocata dalla spirale terroristica – che ha toccato l'acme un anno prima con il sequestro e l'assassinio di Aldo Moro – e da una vigorosa controffensiva moderata che ha trovato nel dissesto economico e nelle responsabilità sindacali un credibile cavallo di battaglia. È di questo periodo l'avventuroso tentativo di Francesco Alberoni di aggiornare il tema weberiano della dialettica movimento-istituzioni in un modello di «sviluppo politico» compatibile con il contesto italiano [12]. Lo schema tradizionale da solidarietà (mentalità ideologica) a interesse (categoria della contrattualità) deve fare i conti con l'esigenza di spiegare le dinamiche di aggregazione solidale fra

1989, corsivo mio); tanto varrebbe tornare al Giovanni Gentile di *Genesi e struttura della società*!

[12] Si veda, principalmente, *Movimenti sociali e società italiana*, in «Rassegna italiana di Sociologia», XX, 1979, n. 3, pp. 111-40.

soggetti evidenziati dai movimenti. Si tratta di un'esercitazione teorica densa di implicazioni che si faranno evidenti a breve distanza di tempo, saldandosi con gli umori e le ragioni – non sempre disinteressate – di un'area d'opinione capace d'influenza nell'arena politica e intenzionata a esercitarla con crescente aggressività.

Quando in un punto del sistema sociale si crea un campo di solidarietà alternativo concentrato e potenzialmente esplosivo si produce lo «stato nascente» di un movimento, secondo la modellistica weberiana, troppo spesso acriticamente ripresa e fraintesa, soprattutto allorquando lo «stato nascente» è visto e interpretato come esplosione senza radici e decontestualizzata storicamente, vale a dire senza rendersi conto dell'oscura, lenta preparazione sotterranea, tanto che lo «stato nascente», che sembrerebbe un inizio, è in realtà la fine di un processo e «stato nascente» e «stato morente» coincidono. Questo processo rappresenta una fenomenologia ricorrente in tutte le fasi di mobilitazione ed è caratterizzata da elementi costanti di localizzazione – i soggetti storici, l'orizzonte potenziale, il fronte delle alleanze, l'elaborazione ideologica – che l'età del capitalismo arricchisce delle identità del mercato e di quei campi di socialità che costituiscono i movimenti. Movimenti che, interpretando la solidarietà e impersonando il conflitto, rendono paradossalmente possibile il capitalismo o, meglio, la società capitalistica. Ridotta a puro mercato, infatti, nessuna società è possibile. Significativamente, uno dei principali portati della modernità è infatti lo Stato Nazione, che crea solidarietà territoriali e istituzioni politiche in funzione di contrappeso e di complemento rispetto al mercato.

Il *mercato*, dominato dalla logica inflessibile dell'utile economico, ma sensibile alle ragioni antitotalitarie del capitalismo moderno; i *movimenti sociali*, che creano campi di solidarietà e conflitto, e lo *Stato*, soggetto della regolazione politica e arbitro dei meccanismi di distribuzione e della competizione fra mercato e movimenti, rappresentano i tre poli del sistema politico. Sin qui, nel disegnare la cornice teorica della sua analisi, l'ortodossia weberiana si dimostra assoluta. Più disinvolto e discutibile è lo sforzo di adattare il paradigma classico – già piegato alle categorie funzionalistiche dello «sviluppo politico» – al caso italiano e alle trasformazioni improntate dal tormentato decennio che precede la riflessione di cui ci stiamo occupando.

L'Italia descritta dai neo-weberiani italiani si presenta, intanto, come un esempio di «nazionalizzazione imperfetta», perennemente condizionata dalla presenza della Chiesa. Le sue subculture politiche diffuse si sono perciò tendenzialmente sempre fondate sull'universalismo e sul corporativismo. Questo profilo nazionale non è stato sostanzialmente alterato dall'irruzione dei movimenti, che hanno se mai rivitalizzato alcune componenti tradizionali. Il sistema politico è stato surriscaldato dalla loro azione, i suoi equilibri ne sono usciti destabilizzati, ma *non si è assistito a un processo di autentica modernizzazione*.

A differenza di Donolo, quindi, Alberoni non è disposto a individuare nei movimenti un fattore «comunque» di modernizzazione. I processi di politicizzazione del privato gli interessano solo nella misura in cui contribuiscono a demolire la sovrastruttura leninista che ha pesantemente condizionato le possibilità di successo dell'ipotesi strategica dei nuovi rivoluzionari. Poco o nulla gli interessa riprendere la critica della «separatezza» di istituzioni e società che era centrale nell'approccio di Donolo e di tanta parte della nuova sinistra degli anni Settanta. L'Italia, d'altra parte, non gli sembra terra di fioritura per settarismi permanenti. È mancata l'esperienza protestante e con essa un'idea non totalizzante di setta, ispirata all'accettazione del limite e alla rinuncia alla sopraffazione ideologica. Nasce di qui l'«impossibile egemonia» di fronte alla contrapposizione di due forze ideologicamente dominanti. E di qui deriva, anche, quella difficile istituzionalizzazione del dissenso che ha prodotto tanto il *riassorbimento* – Alberoni pensa con caratteristica superficialità giornalisteggiante alla nuova sinistra progressivamente fagocitata dal Pci – quanto l'*impazzimento* dei fermenti alternativi. Dove per impazzimento si deve intendere la deriva del terrorismo e la sindrome depressiva che questo ha indotto negli umori della politica e della società. Per mantenere il paradigma weberiano – costruito sul trasferimento di categorie religiose all'ordine politico – il terrorismo è, così, il dissenso che si fa scisma. La sua diviene una corsa verso la catastrofe (la vicenda Moro ne rappresenta il paradigma e l'anticipazione) il cui solo effetto politico sembra, sul breve periodo, quello di rendere possibile il patto consociativo fra i due partiti maggiori.

Come si può constatare, è del tutto assente in Alberoni e in generale nei neo-weberiani quella relazione empatica con i movimenti che ispira la ricerca di Donolo. Essi non appaiono loro come il soggetto della modernizzazione, categoria del resto sfuggente e passibile di un uso apologetico di cui (non a torto) il teorico dell'innamoramento diffida. La sua visione della storia nazionale, che vuole essere di lungo periodo, gli suggerisce modelli interpretativi meno ingenui, che alla verifica risultano però nient'altro che la riproposizione di un itinerario lineare (da solidarietà a interesse, da «movimento» a istituzione, ecc.) tipico dell'evoluzionismo funzionalistico e, ancora una volta, della sua semplificata – spesso acritica – lettura di Weber.

Questo approccio, del resto, si combina con facilità con un recupero di peso della più tradizionale storiografia storicistica. Depoliticizzato il ruolo dei movimenti, negata la loro funzione innovativa, ridimensionata a fatto di costume o poco più la loro funzione, per cui la «pulsione comunitaria» si traduce alla fine in riproposizione di un'identità tribale, l'operazione politico-intellettuale può dirsi compiuta. Disegnare i movimenti come il prodotto di un settarismo senza Riforma vuol dire anche, infatti, omologarli nella condanna di una politica senza *ethos*. Una condanna che colpisce e omologa le «due Chiese» e la pur faticosa ricerca di una soluzione strategica alla crisi del sistema politico, le nuove soggettività associative e il terrorismo come epifenomeno «impazzito». Cancellato tutto ciò che prelude a un'irruzione della società nella politica, delegittimandolo attraverso il ricorso a stereotipi storicistici – gli stessi più opportunamente impiegati da Gobetti e da Gramsci, mezzo secolo prima, per ripensare il giovanilismo eversivo fascista –, rimane la riduzione ad antropologia dei comportamenti comunitari e un soffuso sentore di *déjà-vu*.

Ma rimane, soprattutto, l'implicito riconoscimento del *momento istituzionale puro* come terminale obbligato del travaglio del decennio. Un momento istituzionale che, per legittimarsi, deve eludere le sirene movimentistiche, ma anche prescindere da un confronto con le subculture politiche dominanti, a meno che non si tratti di trastullarsi con eretici medievali e spregiudicate genealogie ideologiche buone per tutti gli usi.

Quella che si prospetta alla fine, insomma, è la strada della *reductio ad unum* istituzionale, il cui interprete politico non può essere altri che una versione aggiornata del partito pigliatutto. Liquidate come anticaglie il partito di massa e le aspirazioni a un rinnovato protagonismo della società, soggetto e strumento del cambiamento diviene un'idea di riforma tutta interna alle articolazioni del potere. È significativo, per sintetizzare l'approdo di queste note, che tanto la prospettiva «movimentista» – con le sue tensioni modernizzanti e con il suo impianto analitico centrato sulla dialettica e sul conflitto – quanto il disincanto ritorno allo storicismo in versione funzionalistica, sfocino in prospettive per qualche verso assimilabili. Pur fra tormentate ibridazioni politiche e culturali e fra sensibilità marcatamente diverse, riemerge costantemente nei sociologi della politica il richiamo della foresta dell'analisi funzionalistica. Non è casuale, del resto, che fra i testi più correntemente adottati dai funzionalisti di tutte le scuole nell'analisi delle insorgenze contestative degli anni Settanta sia l'ormai classico lavoro di Almond e Bingham Powell sul *Developmental Approach* [13].

È mia convinzione che questo retroterra analitico abbia alla lunga condizionato la lettura degli sviluppi e dei possibili esiti della «crisi italiana», favorendo un clima culturale sempre più propenso a cercare nelle risposte istituzionali formali il bandolo dell'intricata matassa rappresentata da quella che mi sembra essere *la sola legittima declinazione del caso italiano*. Quella, cioè, che vede maturare contemporaneamente, nell'Italia degli anni Settanta, *il collasso dello Stato liberale classico e la crisi precoce di un sistema di welfare* che ne fa un esempio di assistenzialismo inefficiente, più che di autentico Stato sociale.

Attraverso le lenti di un funzionalismo rivisitato, che muove dalla società e dalle sue «contraddizioni» – nella visione marxisteggiante di Donolo – o dall'antropologia storiografica, spesso corriva e superficiale – nel caso di Alberoni – per ricomporre la sintesi movimento/i e istituzione/i, si perviene a un *trionfo del dato istituzionale* che rischia di occultare ancora una volta la terribile concretezza della società in carne e ossa.

Per qualche verso, si potrebbe persino parlare di un'abdicazione della sociologia. O, quantomeno, di una sua complicità nel ripiegamento a supporto di ipotesi di ingegneria costituzionale che è visibile, ad esempio, nella teorizzazione del «governo debo-

<hr>

[13] Il testo compare nel 1966 con il titolo *Comparative Politics. A Developmental Approach*. Tradotto in italiano nel 1970, rielaborato nel 1978, è recentissima la sua riedizione in lingua italiana. Cfr. G.A. Almond, G. Bingham Powell Jr., *Politica comparata. Sistema, processi e politiche*, Il Mulino, Bologna 1988.

le»¹⁴ e in quella filosofia dei «neo-rassegnati» che ispira l'ironia di Ruffolo¹⁵. In questo senso, e solo in questo, è forse lecito parlare di «riflusso» sin dagli albori degli anni Ottanta. O, forse, di un'insperata rivincita di quel pensiero giuridico-politologico che proprio la pressione delle lotte sociali e i fermenti attivi del sistema politico degli anni Settanta sembravano aver ricondotto al suo rispettabile, ma circoscritto, alveo di competenza.

¹⁴ C. Donolo, F. Fichera, *Il governo debole. Forme e limiti della razionalità politica*, De Donato, Bari 1981. Si tratta di uno dei testi che con più vasta eco pubblicistica hanno trattato la questione della crisi di governabilità e dei suoi possibili sviluppi. A distanza di alcuni anni, il lavoro mantiene intatta la sua validità come rassegna criticamente orientata circa il dibattito che interessa in quegli anni sociologi, politologi e giuristi di varia estrazione e nazionalità (cfr. soprattutto il cap. I, *Dalle teorie sulla «crisi di governabilità» al governo politico come problema*). Quello che non convince è, però, la *pars construens*, con la sua idea di innovazione politica che sembra prefigurare, appunto, un consapevole «ritrarsi» della società al ruolo di osservatore dei processi di adeguamento in corso nella sede privilegiata dell'innovazione, che è il sistema politico.
¹⁵ G. Ruffolo, *La qualità sociale*, Laterza, Roma-Bari 1985.

II.

ASPETTANDO LA «GRANDE RIFORMA»

1. Nel laboratorio dei politologi

In una rassegna critica che cerca di ricostruire i passaggi attraverso i quali la «crisi italiana» degli anni Settanta – nella percezione degli studiosi e nella pratica selezione dei temi d'indagine – evolve da fatto sociale e culturale a problema eminentemente istituzionale, la riflessione di Gianfranco Pasquino occupa certamente un posto di rilievo. E la ragione non sta soltanto nella ricchezza della sua produzione scientifica, ma nell'essere Pasquino allo stesso tempo un ricercatore di frontiera – di formazione politologica, ma sensibile alla più generale problematica sociologia – e, *last but not least*, una personalità politica impegnata in prima persona nell'elaborazione di progetti connessi alla vagheggiata riforma delle istituzioni.

Quella riforma, giova ripeterlo, che già nella produzione dei tardi anni Settanta veniva emergendo dal magma incandescente della stagione dei movimenti come esito «naturale» di un processo politico le cui categorie interpretative si sono prima ripercorse utilizzando i contributi di due studiosi scientificamente attivi in quella fase di transizione culturale.

Tanto il «governo debole» disegnato dall'ipotesi di Donolo e Fichera, quanto lo scetticismo di Alberoni verso le potenzialità politiche di movimenti non ancora consegnati alla beatificazione storiografica, rappresentano una sorta di abdicazione alla funzione più diretta della sociologia. Non può meravigliare, pertanto, che rinviino a soluzioni provvisorie, di basso profilo, e inevitabilmente delegate ai laboratori di politologi e giuristi.

Agli inizi degli anni Ottanta, dunque, uno dei più attivi fra questi laboratori è legato al lavoro di Gianfranco Pasquino, che inizia una impegnata ricerca attorno alla questione emergente del governo o, meglio, della «governabilità». Da più parti, del resto, si avverte un mutato clima culturale e una crescente domanda di decisionalità che sembra investire le istituzioni rappresentative. Non tutto, va riconosciuto, è effetto di un uso spregiudicato dell'agenda politica o di una ben orchestrata campagna di opinione. L'infatuazione sessantottesca per la democrazia diretta, la critica puramente ideologica della delega, la retorica partecipazionistica hanno lasciato sul terreno macerie ingombranti e aspettative naufragate nella contemplazione di un nuovo sistema della rappresentanza che si esprime nella caricatura degli organi collegiali o di semiclandestini consigli circoscrizionali.

Qualcuno comincia a rimuovere le macerie, dunque, muovendo dagli elementi più visibili dell'intricato teorema italiano. Non a caso, il lavoro dal quale prenderemo le mosse assume, già nel titolo, le due polarità principali dell'equazione: la crisi dei partiti e l'emergente bisogno di governabilità del sistema[1].

Nel primo dei saggi raccolti nel volume intitolato, appunto, *Crisi dei partiti e governabilità*, Pasquino ricapitola l'ormai antica contrapposizione tra le tesi di Duverger e Neumann, da un lato, e quelle di Kirchheimer, dall'altro. Convinti i primi della non esaurita funzione nelle società industriali avanzate contemporanee del partito di massa; proiettato il secondo nella dimensione di una nuova forma-partito, il partito pigliatutto, prodotto dall'elettoralizzazione delle forze ideologiche tradizionali.

La posizione di Pasquino appare prudente. Critica non tanto il modello disegnato da Kirchheimer, quanto la sua indebita estensione a contesti – come quello italiano – in cui le subculture politiche hanno esercitato, e in parte ancora esercitano, importanti funzioni di integrazione sociale. Molto più vicino alle tesi di Duverger e di Neumann, egli cerca di coniugare con una rilettura di Rokkan – il teorico delle fratture, i «cleavages» che avrebbero modellato, fra la fine del secolo scorso e gli anni Venti, l'universo politico dei partiti occidentali[2] – individuando nella persistenza delle antiche fratture (Stato/Chiesa, centro/periferia ecc.) la ragio-

---

[1] G. Pasquino, *Crisi dei partiti e governabilità*, Il Mulino, Bologna 1980.
[2] S. Rokkan, *Cittadini, elezioni, partiti*, trad. it. Il Mulino, Bologna 1982 (ed. orig. 1970).

ne fondamentale della resistenza opposta dai partiti europei alla ventata dei movimenti sociali.

Se questa ipotesi fosse fondata, argomenta lo studioso, nuove soggettività politiche potrebbero coagularsi con successo solo se emergessero fratture alternative e meglio rispondenti ai nuovi profili delle società di massa. Cosa che appare possibile, ma prematura. Tanto più in un quadro come quello italiano, cui l'autore dedica un'analisi assai più ravvicinata nei saggi successivi, soffermandosi sui processi di trasformazione e crisi dei partiti, sulla rappresentanza degli interessi e, finalmente, sull'«ingovernabilità».

La crisi dei partiti è indagata da Pasquino in un'ottica rigorosamente politologica e tendenzialmente formalistica. Essa si configura come un tipico effetto di sovraccarico – l'*overloading* descritto da autori anglosassoni, come Easton e Rose – e come incapacità dei partiti ad accogliere le domande (gli input) provenienti dalla società civile, traducendoli in adeguati output istituzionali, (decisioni politiche). Di qui la scarsa produttività del sistema e il sommarsi di tante crisi connesse, ma diversificate – di reclutamento, di identificazione, di rappresentanza – che colpiscono in modo particolare i partiti di massa. In questo senso, la *rete subculturale delle appartenenze* rappresenta insieme un fattore di stabilità e una causa di immobilismo del sistema politico latamente inteso.

E, fra le cause latenti dell'ingovernabilità nel caso italiano, c'è proprio l'incapacità dei movimenti collettivi di farsi protagonisti di un rinnovamento della politica. La crisi coincide con il loro declino, che diviene – paradossalmente – un fattore di ingovernabilità e lascia spazio alla deriva eversiva della violenza. Più in generale, Pasquino – in perfetta ortodossia politologica – si sforza di indagare attorno alla crisi degli equilibri, barcamenandosi fra critica del funzionalismo conservatore (per cui tutto deriva soltanto da eccesso di carico e tutto si risolve riducendo la «complessità del sociale») e stoccate ai neomarxisti, ancorati a interpretazioni economicistiche.

Ma non si tratta di una semplice politica di cabotaggio intellettuale. Dietro la critica delle astrazioni sistematiche e dei modelli cibernetici, come nella presa di distanza dalle tradizionali analisi strutturali della sinistra, affiora una conclusione provvisoria che l'autore cerca di suffragare con il ricorso all'analisi comparativa fra diversi casi nazionali.

Se l'ingovernabilità tocca sistemi politici ed elettorali diversi, se interessa persino realtà dove – a differenza dell'Italia – l'alternanza al governo delle coalizioni o dei partiti è possibile e praticata, il vero problema è quello di ripensare i meccanismi di funzionamento della democrazia. La filosofia della «riforma» come sostitutivo della politica trova nuova linfa e nuove ragioni di legittimità. I suoi orizzonti sono modesti, poco più che correttivi tecnici (incompatibilità fra cariche elettive e attività professionali statali, limiti rigorosi nella durata dei mandati), ma «se le mini-riforme enunciate da ultimo non venissero attuate e non dovessero essere sufficienti, allora diverrà urgente pensare, con il consenso delle grandi forze politiche, a riforme più incisive, di natura costituzionale» [3].

A distanza di pochi mesi, la prospettiva di Pasquino si è fatta più preoccupata, se – intervenendo nell'ottobre del 1981 al convegno promosso dal «Mulino» sulle «società complesse» [4] – avverte l'esigenza di rielaborare e riarticolare il ragionamento muovendo, oltre che dalla categoria di ingovernabilità, da quella di *complessità*, che comincia a conoscere una sua ambigua fortuna accademica.

In altri termini, la necessità di riandare alle radici sociali della crisi dello Stato keynesiano sembra segnalare una sopravvenuta sfiducia nella possibilità che le «mini-riforme» rappresentino una, seppur parziale e provvisoria, via d'uscita dal vicolo cieco politico-istituzionale. Si è costituita, in realtà, una formazione statuale complessa e vulnerabile, oppressa dal sovraccarico quantitativo delle domande, ma anche delegittimata dalla nuova qualità delle domande.

Problema, quindi, di rappresentanza degli interessi e delle domande (che non si esaurisca in pratiche consociative o nella fuga per la tangente del neocorporatismo); di decisionalità; di responsabilità e, perciò, di formazione delle leadership. In sintonia con gli umori circolanti nella politologia del periodo, la stessa «personalizzazione» della leadership è assunta come un dato da non esorcizzare, se funzionale alla riattivazione del metabolismo

---

[3] Pasquino, *op. cit.*, p. 180.
[4] Gli atti del convegno sono riprodotti in G. Pasquino (a cura di), *Le società complesse*, Il Mulino, Bologna 1983. Per quanto riguarda il contributo dello studioso citato, cfr. il saggio *Esplosione e governo della complessità*, pp. 237-73.

del sistema. Ma il bisturi va affondato nel peculiare *party government* che caratterizza un contesto nazionale, come quello italiano, di dilatazione dell'intervento pubblico e di accentramento del potere politico [5].

Decisionalità, intervento procedurale sulla formazione delle leadership, tendenziale ridimensionamento della presenza statale in economia, un pizzico di personalizzazione della politica e – in prospettiva – una riforma elettorale. Gli ingredienti della risposta politologica alla crisi sono ormai allineati e pronti per l'uso.

In un saggio più recente [6] l'analisi di Pasquino si fa più sofisticata e più ambizioso il progetto di ingegneria istituzionale che la riflessione sottende.

L'Italia è rappresentata come un esempio di *partyness of government*, un regime politico-istituzionale in cui tutte le condizioni politologiche che descrivono il *party government* sono soddisfatte al massimo grado. Cosa, questa, che non implica affatto stabilità ed efficienza del sistema politico, soprattutto se si considera – alla luce della ricostruzione storica proposta in precedenza e dell'analisi delle linee di tendenza emergenti – che il caso italiano sembra caratterizzato da un crescente *party governmentess*, vale a dire dall'espandersi della quota di potere sociale detenuta dai partiti. La combinazione di *partyness of government* a basso livello di stabilità ed efficienza e di crescente *party governmentess* può costituire una miscela esplosiva.

Diviene allora urgente misurarsi con coraggiose riforme strutturali del sistema politico, del tipo di quelle delineate da Pasquino in un suo lavoro a marcata proiezione operativa [7]. Ancora una volta, la risposta è affidata alla chirurgia costituzionale (alla quale si richiedono adesso interventi più radicali, in qualche caso addirittura demolitori), ai meccanismi di una nuova procedura elettorale e, implicitamente, a quella mediazione partitica che

---

[5] Secondo la definizione di Katz, intendiamo per *party government* un regime politico in cui le decisioni fondamentali vengono assunte dai partiti o da personale interno ai partiti; che prevede di norma il prevalere delle decisioni concordate fra le forze di governo; che attribuisce ai partiti il diritto-dovere di designare i candidati alle massime cariche dello Stato. Cfr. R. Katz, *Party Government. A Rationalistic Conception*, New York 1983.

[6] *Partiti, società civile e istituzioni*, in U. Ascoli, R. Catanzaro (a cura di), *La società italiana degli anni Ottanta*, Laterza, Roma-Bari 1987, pp. 69-85. Una versione precedente del saggio è in G. Pasquino (a cura di), *Il sistema politico italiano*, Laterza, Roma-Bari 1985, pp. 1-30.

[7] G. Pasquino, *Restituire lo scettro al principe*, Laterza, Roma-Bari 1985.

143

essa sola – una volta relegata a pura manifestazione della «complessità» le autonome espressioni della società – dovrebbe sottrarci ai pericoli di una deriva autoritaria, di tipo plebiscitario o populistico.

2. Decidere per chi?

Il profilo sociologico che si è sin qui venuto delineando sembra seguire uno schema lineare, i cui elementi di variabilità provengono, in ultima istanza, dagli umori – qualche volta addirittura dai consapevoli impulsi – del campo politico.

Si è visto come il «movimentismo» ideologico degli anni Settanta producesse singolari ibridazioni di funzionalismo (nella forma delle teorie dello sviluppo politico) e marxismo e come – in approcci meno empatici alle nuove espressioni dell'azione collettiva – l'intero quadro venisse ricondotto a filosofia dell'eterno ritorno dell'eguale, coniugando questa volta funzionalismo sociologico e vecchio storicismo nostrano.

Quello che anima il panorama dei primi anni Ottanta è lo sforzo di offrire sponde per così dire «empiriche» a tematiche non prive di connotazioni apocalittiche, di ambizioni epocali o di forsennate rincorse all'eccezionalità del sempre riciclabile «caso italiano». Ci si è soffermati sull'itinerario di Pasquino perché sintomatico di un approccio che assume e privilegia consapevolmente il versante istituzionale e procedurale, mettendo al centro la questione della «governabilità», che già si affacciava, come approdo provvisorio a declinazione «debole», nella riflessione di Donolo e altri.

Ma la «governabilità» è anch'essa parola labile, densa di implicazioni a scarso tasso di coerenza, passibile di usi talvolta agonistici. Di qui il rifluire del dibattito sul terreno di un concretismo che non rifugge da proposte minute, tutte interne all'agenda politica delle forze parlamentari, progressivamente adattate alle ragioni quotidiane del «governo» – nell'accezione lata, praticistica del termine – e sempre meno interessate, se non in funzione di legittimazione esteriore, agli stessi temi «alti» suggeriti dalla problematica teorica.

Sullo sfondo, naturalmente, vi è la concretissima vicenda politica nazionale, le tensioni indotte dal ciclo delle presidenze del consiglio «laiche», le complesse dinamiche di assestamento di un sistema partitico-parlamentare sottoposto da almeno un decennio a formidabili stress, in un'intricata relazione di causa-effetto con patologie vecchie e nuove. Vengono in evidenza, cioè, l'inamovibilità dei gruppi dirigenti, la vocazione all'uso privatistico del potere, il declino delle idee-forze che avevano guidato la ricostruzione democratica, surrogate da una politica dell'emergenza priva di tensione e di una legittimazione popolare che non si fondi sui valori minimi (antifascismo, rifiuto della spirale terrorismo-repressione, difesa dei principi costituzionali). Un panorama deprimente e inquietante allo stesso tempo – si pensi al contemporaneo e connesso proliferare di autentiche metastasi del potere invisibile spesso annidato nel cuore delle istituzioni centrali dello Stato – nel quale l'innovazione tende a identificarsi con pulsioni carismatiche travestite da richiamo all'autorevolezza della leadership (o del leader) e alla speculare elaborazione di modelli più consoni di ingegneria costituzionale.

È quanto segnalano, del resto, i già richiamati Donolo e Fichera nella parte più convincente del *Governo debole*, quella in cui, esaminando le varie teorie della «crisi di governabilità», si soffermano a descrivere ciò che definiscono la *seconda versione della variante razionalizzatrice*:

quella che invece punta a consolidare e razionalizzare il «potere dell'esecutivo» ed ottenere un governo più efficace e più stabile nel tempo, attraverso riforme costituzionali ed istituzionali centrate sull'attribuzione di maggiori poteri al capo di governo, sull'unificazione dei ministeri, su forme di consolidamento della maggioranza di governo attraverso apparentamenti elettorali, il voto di sfiducia costruttivo, maggioranze di legislatura, fino a nuove leggi elettorali o ancora a forme di presidenzialismo. Per questo tipo di interventi si parla di ingegneria costituzionale e istituzionale.[8]

3. Le acrobazie formalistiche
di una cultura politica improvvisata

Con buona pace dei teorici della sequenza funzionalistica lineare – che vedrebbero finalmente emergere circuiti di interesse e

---

[8] C. Donolo, F. Fichera, *Il governo debole. Forme e limiti della razionalità politica*, De Donato, Bari 1981, p. 13.

ambiti di legittimazione di questa alquanto squallida involuzione dei «movimenti» in istituzioni tese a rifondare i puri strumenti tecnici del potere – le coordinate teoriche del dibattito appaiono eterogenee e confuse.

Si rispolvera il decisionsimo di Schmitt, contrabbandando per pragmatismo amministrativo a presa rapida la classica, illustre dottrina reazionaria della sovranità. Ci si tuffa nella teoria dei giochi, che dovrebbe insegnare le scorciatoie del neutralismo procedurale per l'arte di governo (finalmente anche in Italia!). Ci si abbandona a scorpacciate definitorie e a inedite modellistiche astratte costruite sulle cangianti combinazioni di categorie come scambio politico, identità, sistema degli incentivi.

Il tutto – potenza della cultura di massa! – è dato in pasto a una pubblicistica all'ingrosso che non disdegna il pastone dei quotidiani di provincia per cimentarsi in acrobazie di alta politologia formale. Il senso comune del cittadino elettore assorbe così gli input di una cultura politica improvvisata, con le sue terminologie approssimative e i suoi malcelati artifici propagandistici. Come meravigliarsi se è in questi primi anni Ottanta che l'astensionismo tocca quote statisticamente mai sfiorate, esprimendo insieme concretissime ragioni di disagio «strutturale» e sensazioni diffuse di disorientamento culturale vissute nella sfera della soggettività di massa?

Chi almeno appare consapevole dell'esigenza di far procedere a ogni immersione nella pratica una salutare riflessione sulla teoria – rimettendo in fila le domande e facendo terra bruciata di una serie di equivoci – è Gian Enrico Rusconi. Il suo lavoro di ricostruzione dei paradigmi della sociologia politica italiana – stravolti da un decennio che ha conosciuto insieme il massimo di diffusione editoriale della politologia anglosassone e tedesca e il massimo di acritica e talvolta sincretistica applicazione della teoria al contesto italiano – è del 1984 [9].

La premessa teorica del ragionamento di Rusconi appartiene alle categorie della scuola politica realista. Politica come governo dell'ostilità, insomma, e razionalità della politica identificata nella capacità di trasformare l'ostilità in gioco politico. La democrazia

[9] G.E, Rusconi, *Scambio, minaccia, decisione. Elementi di sociologia politica*, Il Mulino, Bologna 1984; a proposito dell'astensionismo si veda F. Ferrarotti (a cura di), *La protesta silenziosa. Evoluzione e significato dell'astensionismo elettorale*, SIARES, Roma 1990.

diviene, in questa prospettiva, il terreno istituzionale idoneo a contenere al minimo il «danno comune» che è implicito nel conflitto politico. Le teorie contemporanee della scelta razionale e dei giochi possono coniugarsi con il sistema politologico realistico disegnato da Hobbes. Ma – e qui sta la variante sociologica più originale – ogni modello ispirato all'agire razionale va integrato e ridefinito in base a quella nozione di identità che corrisponde alla produzione soggettiva di senso.

Come si vede, un programma di rilettura di alcuni capisaldi della sociologia politica corrente non privo di ambizioni e di insidie. E che, tanto per cominciare, richiede di fare i conti con le nozioni più accreditate che la dilagante vulgata pubblicistica ha messo in circolo senza riuscire a controllarne esiti e implicazioni. Il primo nodo nevralgico è individuato nella nozione di *scambio politico*. La formula è stata divulgata nella letteratura sociologica italiana principalmente da Alessandro Pizzorno; con essa, si designa una situazione in cui economia e politica negoziano beni di natura diversa (per esempio, gruppi sociali organizzati che garantiscono allo Stato consenso politico in cambio di tutela economica e sociale). Nelle società industriali avanzate, scambio politico è a poco a poco divenuto sinonimo di intesa *corporativista*, nella forma prevalente di concertazione triangolare fra sindacato, padronato e Stato o in quella, meno frequente, di negoziazione diretta fra gruppi di interesse organizzati e Stato. In questo senso, lo scambio politico presuppone un sistema partitico che – operando attraverso una delle sue molteplici varianti storico-istituzionali – produca «riduzione di complessità».

È in un quadro simile che la nozione schumpeteriana di *mercato politico* – vecchia di quarant'anni e ancora limitata all'analogia esemplificativa fra sistema economico e sistema politico, non senza intenzioni polemiche verso il liberalismo classico – è stata pervertita dalla politologia nord-americana sino a ridursi alla banale equazione di votante e consumatore. Per questa via, evidentemente, sono state cancellate tutte le forme negoziali di tipo non elettorale. Una mutilazione grave delle capacità esplicative della teoria cui tenta di porre parziale rimedio l'elaborazione di Lindblom [10]. Lo stesso Pizzorno, d'altronde – come ci ricorda

[10] Cfr. C.E. Lindblom, *Politica e mercato*, trad. it. Etas Libri, Milano 1979 (ed. orig. 1977). Lindblom introduce la nozione di «beni d'autorità» e

147

Rusconi – opera una distinzione abbastanza precisa fra scambio politico e contrattazione sindacale. Più in generale, lo scambio politico, in quanto intreccio di logica di mercato e di logica di autorità, non è equiparabile né riducibile al mercato economico. L'autorità trova dunque legittimazione dal comando, ma anche dalle capacità che essa deve possedere di realizzare transazioni, mediazioni, compromessi. I «beni d'autorità» hanno forma di comando – esprimendosi attraverso la legislazione e l'amministrazione – ma divengono efficaci, cioè produttori di consenso, solo se contrattati.

Nel sistema politico italiano dei primi anni Ottanta questi richiami suonano come controtendenza rispetto all'inclinazione diffusa a tradurre in pratiche di spedita amministrazione i ben più complessi problemi del consenso sociale. Ma, implicitamente, la questione chiama in causa alcune frettolose estensioni al caso italiano della ricerca condotta da Habermas in tema di legittimazione 11 – ricerca di cui Rusconi segnala alcuni approdi discutibili, palesemente prossimi al conservatorismo sistemico – o da Offe e Wiesenthal sulle due logiche dell'azione collettiva, così platealmente ricalcata sulla specifica situazione tedesca 12. Considerazioni analoghe riguardano il modello della scelta razionale, in cui tutto il comportamento politico è ricondotto – soprattutto da Olson – a calcolo dell'utile e a distribuzione degli incentivi «selettivi» 13.

La riduzione della problematica dello scambio politico a tecnica della gestione utilitaristica del mercato politico può allora essere contrastata *a*) storicizzando e contestualizzando la categoria d'interesse e *b*) ricorrendo alla dimensione dell'*identità*, che si presenta come refrattaria per definizione ad essere omologata in

distingue quattro tipi di mercato, facendo riferimento alle possibili combinazioni tipologiche consentite dal rapporto democrazia-mercato. Per una ripresa di tali tematiche nel contesto italiano, cfr. L. Pellicani, *Mercato politico e leadership democratica*, in L. Cavalli (a cura di), *Leadership e democrazia*, Cedam, Padova 1987, pp. 43-54; si veda anche, per una concezione rigorosamente neo-paretiana, L. d'Amato, *The Economics of Power*, Interchange Classics, New York-London-Zürich 1979.

11 Cfr. per un approccio a questa problematica J. Habermas, *Dogmatismo, ragione, decisione. Teoria e prassi nella civiltà scientificizzata*, in Id., *Prassi politica e teoria critica della società*, trad. it. Il Mulino, Bologna 1973.

12 C. Offe, H. Wiesenthal, *Two Logics of Collective Action: Theoretical Notes on Social Class and Organizational Form*, in «Political Power and Social Theory», 1, 1980.

13 M. Olson, *La logica dell'azione collettiva*, trad. it. Feltrinelli, Milano 1983 (ed. orig. 1965).

quella di utilità. Questo significa dilatare il concetto di rappresentanza. Le istituzioni, in particolare lo Stato, non possono pertanto limitarsi a contrattare beni e risorse «negoziabili» come semplici agenti economici. Il loro ruolo esecutivo deve estendersi ben al di là del calcolo ragionieristico degli interessi in gioco e assumere la nuova qualità delle domande sociali. Si pensi al riconoscimento di identità rivendicato dalle minoranze etniche, linguistiche, culturali o a ragioni, come quelle ambientali, che entrano in rotta di collisione con logiche di profitto o politiche occupazionali tradizionali. Ma questa dilatazione della rappresentatività delle istituzioni non trascende la questione dell'autorità. Pone, piuttosto, un'esigenza nuova che è quella – fuori di ogni demagogia – di raccordarla in maniera effettiva alla non del tutto trascurabile variabile della volontà popolare.

Rusconi, dunque, si dichiara per una declinazione modificata e allargata della nozione di scambio politico. Sul terreno della concretezza storica, ciò presuppone rappresentanze sociali e forze politiche in competizione, detentrici di quote asimmetriche di potere; relazioni industriali poco formalizzate (contro certe teorie *corporatiste*); una dominante cultura del conflitto. In questo senso, a suo parere, quello italiano può essere considerato un tipico caso di scambio politico *forte*.

Il problema torna, allora, a essere quello di restituire piena legittimità al soggetto naturale di un regime di scambio politico compatibile con la democrazia: cioè a un sistema dei partiti, che – paradosso della democrazia – dovrebbero costituire i garanti di un uso non parziale dell'autorità. Autorità finalizzata alla conciliazione del bene particolare (oggetto di tutela di interessi settoriali) e del bene comune (l'ambiente, i valori politici ecc.) attraverso l'esercizio di moderne virtù del governo, come l'equità distributiva [14]. E autorità capace di istituire procedure di rafforzamento

[14] Per inciso, è alla luce di questa sistemazione dei termini analitici del problema che l'autore commenta il famoso – o famigerato – accordo del 14 febbraio 1984 sulla scala mobile. In quella vicenda, effettivamente, ricorrono tutti gli attori e le figurazioni di una possibile rappresentazione drammaturgica delle teorie esaminate: un governo che decide di impegnare le proprie risorse di autorità, interrompendo le tradizionali pratiche di negoziazione; un sindacato (soggetto sociale) che si divide, subendo traumaticamente l'impatto della scelta governativa; uno scontro che produce effetti reattivi e rapida politicizzazione, ponendo in discussione principalmente il credito riconosciuto al soggetto governo.

che solo assai impropriamente possono riferirsi al concetto schmittiano di «decisionismo». Intanto perché nel pensiero del filosofo e giurista tedesco la *decisione* si pone come categoria dell'ordine giuridico e attributo della sovranità – «sovrano è colui che decide sullo stato d'eccezione» –, che poca o nessuna attinenza presenta con le esigenze di funzionalità strumentale dell'ordine amministrativo. Poi, perché nulla è rinvenibile nella produzione di Schmitt che rimandi in qualche modo alla nozione di scambio politico, posta a base di tutte le varianti non apertamente autoritarie del «decisionismo» all'italiana.

La visione statolatrica di Schmitt accredita, caso mai, una liquidazione in termini di principio del concetto stesso di scambio politico, visto come puro fatto degenerativo e inammissibile cedimento a logiche economicistiche e contrattualistiche (si ricordi, in proposito, l'accanita costante contestazione del normativismo di Kelsen da parte della filosofia politica di Schmitt).

4. Tre problemi cruciali

Puntuali, dunque, i distinguo posti da Rusconi, anche se la sua manovrra di accostamento al problema cruciale – quale autorità? quali procedure di rafforzamento dell'autorità compatibili con il consenso e la legittimità democratica sostanziale? – rischia spesso di portarci fuori rotta per un sovraccarico di riferimenti scientifici.

Venendo al sodo, i tre gangli nevralgici della decisione, come categoria dell'agire politico, riguardano le relazioni che essa istituisce – in un quadro di costituzionalità democratica – con la *rappresentanza*, con la *mediazione*, con l'*emergenza*.

Nel primo caso, Rusconi ci propone una distinzione concettuale fra rappresentanza in senso proprio (gruppi d'interesse, sindacati, categorie professionali, ecc.) e rappresentanza in senso tecnico e politico (Parlamento e partiti) che riproduce una dicotomia abbastanza antiquata del pensiero politologico formale. Lo scopo è dimostrare qualcosa che appare quasi tautologico a chi si occupi della realtà italiana: la pratica impossibilità di conciliare i due livelli e l'assenza di una corrispondenza diretta fra i momenti considerati. Vero è, però, che la faticosa dialettica fra sedi istituzionali – per esempio, fra governo e Parlamento – e, aggiungerei, fra queste e gli impulsi espressi dalla società più o meno «organizzata», produce diagnosi e terapie riconducibili a due tipologie principali. La prima fa leva sulla funzionalità del sistema della rappresentanza e tende a tradurre la questione in termini di competenze esecutive e di potenziamento delle strutture di delega. Di qui l'enfasi, già osservata in alcuni studiosi, sui progetti di riforma istituzionale del sistema politico (nuova legge elettorale, rafforzamento dell'esecutivo, accelerazione dei circuiti di 'implementazione', ecc.). La seconda insiste sulle caratteristiche del sistema politico italiano come sistema bloccato dall'impossibile alternanza al governo. Discende da questa lettura una sottolineatura – del tutto condivisibile – del ruolo dei partiti come epicentro della degenerazione, che però elude il dato sostanziale del consenso e della costruzione di maggioranze, e sottovaluta, forse, l'esigenza di agire anche sul versante dell'intervento legislativo.

Il richiamo alla categoria di rappresentanza, al di fuori delle rigidità classificatorie, tipiche degli approcci politologici formali, giunge comunque opportuno se è – come dovrebbe essere – richiamo a una rappresentatività sociale più larga della rappresentanza politica. A quella che, in buona sostanza, possiamo definire la «capacità di ascolto» di un sistema politico e la sua permeabilità – non passiva né subalterna – alle domande provenienti dal basso.

Venendo al rapporto decisione-mediazione, ha ragione Rusconi a liquidare un'opposizione assolutamente insostenibile sul piano teorico, ricordando come il vero problema consista, caso mai, nell'individuare la soglia oltre la quale la mediazione produce paralisi. Non dovrebbe sfuggirgli, però, che la questione si presenta assai più sostanziosa di un'astratta disputa accademica. Il concetto di «mediazione», seppure nella forma abusiva ed abusata di molte interpretazioni politologiche e nella declinazione arbitraria del politichese quotidiano, introduce infatti un'idea di coinvolgimento sociale che risulta comprensibilmente inaccettabile agli eredi putativi di Carl Schmitt [15].

E, analogamente, il nesso decisione-emergenza – che d'altra parte rimanda ancora a Schmitt e a una problematica esemplare, come quella della crisi di Weimar – andrebbe con minore cautela applicato a una tipica esigenza di legittimazione subalterna. Quella

---

[15] Per una equilibrata esposizione del pensiero di Carl Schmitt, cfr. G. Schwab, *La sfida dell'eccezione*, trad. it. Laterza, Roma-Bari 1986.

che, in un contesto come il sistema politico italiano, ritiene di omologare ragioni di emergenza (di volta in volta, il terrorismo, la crisi economica, catastrofi naturali o, chissà, la sfida dei poteri criminali e quant'altro) e appello a leadership personali a latente vocazione carismatica.

Il passaggio è scabroso. Da una parte, infatti, è indebito confondere leadership e carisma o negare in via pregiudiziale diritto di cittadinanza a una teoria democratica della leadership. Dall'altra, non è agevole distinguere all'interno di un panorama politico e istituzionale vischioso, composito, inarrivabile nelle arti della diversione, l'esistenza di una strategia consciamente e compiutamente perseguita che faccia centro su ipotesi carismatiche, nel senso di aggregazioni trasversali consentite dall'appello a un leader al di sopra delle parti. Possiamo, caso mai, percepire impulsi che convergono in una domanda di rafforzamento delle leadership personali. E possiamo constatare, in effetti, una tendenza alla personalizzazione per via «mediatica» della leadership che è comune alla maggior parte delle società di massa contemporanee.

Bisogna, dunque, attenersi ai fatti e rifuggire da sindromi paranoiche o da accostamenti superficiali. Rimane, però, che uno dei più prestigiosi *brain trust* della politologia giuridica italiana – il cosiddetto Gruppo di Milano, idealmente rappresentato da Gianfranco Miglio, cultore di Schmitt già in tempi non sospetti – batte ormai con insistenza su un concetto semplice e insidioso. Sull'esigenza, cioè, di metter mano a una nuova articolazione dei poteri, fondata su un doppio livello di legittimazione; quello a *governare* e quello a *rappresentare* [16].

E la proposta di elezione diretta del capo dell'esecutivo come appello all'investitura popolare e, implicitamente, come rimozione di un vizio congenito dei sistemi rappresentativi – la vulnerabilità dell'esecutivo alle pressioni particolaristiche – ha tutti i tratti di una delega fiduciaria.

Non è qui certamente il caso – malgrado la genealogia intellettuale dei suoi propugnatori – di evocare l'assonanza fra delega fiduciaria e mandato commissariale che, in Schmitt, prelude alla dittatura commissariale. Ma non si può negare che nell'ipotesi di

---

[16] Per una rassegna esauriente delle posizioni qui analizzate si veda Gruppo di Milano, *Verso una nuova costituzione*, Giuffré, Milano 1983, 2 voll.

revisione costituzionale del Gruppo di Milano la relazione fra esecutivo forte (perché al riparo da pressioni di parte), delega fiduciaria e personalizzazione della leadership sia qualcosa di più di un'innocente esercitazione accademica.

Rusconi aggredisce il progetto «milanese» sotto il profilo giuridico e politologico, segnalando il pericolo che esso si risolva in una limitazione della democrazia e in un'accresciuta distanza fra governanti e governati. Molto giustamente, inoltre, vi coglie un aspetto di apologia dello Stato di diritto conservatore, chiamato a inventare, o a riadattare, strumenti di tutela rispetto alle pressioni impostegli dal ruolo che è costretto a surrogare, quello dello Stato sociale. Non deve sfuggire, però, come a modo suo questo Stato di diritto conservatore – che si configura come l'esito paradossale del dopo-welfare – richieda uno stato d'emergenza permanente e ne affidi la gestione a una leadership che è, appunto, fortemente personalizzata.

Il ragionamento può apparire banale o, viceversa, provocatorio, a seconda del tasso di politicità che si voglia conferire a questa analisi. Mi sembra sia invece del tutto coerente se – per una volta – ci sforziamo di assumere come prioritaria l'ottica sociologica. Alla quale risulta lampante come la vera emergenza, per la politologia conservatrice, non sia rappresentata dal profilarsi di un qualche stato d'eccezione, bensì dalla quotidiana, prosaica sopravvivenza di un ordine della società e di un sistema di bisogni che si rifiuta, ostinatamente, di rendersi compatibile alle ragioni formalizzanti dei laboratori del diritto. È questa emergenza permanente che si tratta di «ridurre», se non di annullare.

Come sempre, la scorciatoia è offerta dal formulario istituzionalistico, dal tentativo di far funzionare la macchina a basso regime di consenso, anziché a un più alto livello qualitativo di comunicazione fra le polarità del sistema (politica e società, per schematizzare). Il ponderoso, argomentato lavoro di Rusconi – che è servito qui come referente tematico per considerazioni più generali – demolisce più d'uno dei capisaldi delle teorie neoconservatrici. Anzi, è spesso utile per rivelarci la sostanza regressiva di tante apparenti fughe in avanti. Ci invita alla prudenza e ci esorta alla diffidenza, spaziando con sicurezza dalle complesse tematiche teoriche alle problematiche di attualità. Servirebbe, però, un ulteriore passaggio, che lo studioso sembra restio a compiere: quello che impone una fuoriuscita non nominalistica dal guscio della politologia. O forse, la rinuncia a inseguire una declinazione «più democratica» di modelli teorici troppo consumati nella ricerca delle tecniche di esercizio del potere per riuscire ad accogliere le ragioni di chi non ha potere.

III.

LEADERSHIP E CARISMA

1. In cerca del Capo

Abbiamo osservato, commentando la ricerca di Rusconi, come la riflessione sul vasto e un po' disordinato dibattito apertosi sin dalla fine degli anni Settanta nella politologia italiana intersecasse con grande e significativa frequenza la questione della leadership e dell'autorità.

Un generale clima culturale – in parte effetto di importazione non sempre sorvegliata di tematiche d'oltreoceano (dalla crisi fiscale al sovraccarico alla ripresa delle teorie del mercato politico, e chi più ne ha più ne metta) – e meno nobili impulsi provenienti dal sistema partitico finivano per convergere in tale direzione.

E abbiamo visto come, progressivamente, la questione dell'*efficacia della leadership*, in quanto fatto prevalentemente strumentale e tecnico-operativo, tendesse a sostituirsi a quella dell'*autorevolezza dell'autorità*, che pure alcune ricerche avevano individuato – sin dalla metà degli anni Settanta – come il più autentico e importante passaggio critico percepito dall'opinione pubblica nel suo rapporto con il «potere» [1].

Nei primi anni Ottanta, dunque, prende corpo una ripresa consistente di analisi teoriche rivolte alla questione della leadership, del carisma, dell'autorità e delle sue prerogative di funzionalità. In prima fila in questo lavoro, che gode di un'imponente letteratura giuridica e politologica di sostegno (si pensi, per rima-

---

[1] Mi si consenta di rinviare, per un esempio di questo genere di indagini, a F. Ferrarotti *et al.*, *Studi e ricerche sul potere*, 3 voll., Ianua, Roma 1980.

nere all'Italia, alla tradizione élistica e ai suoi epigoni), è Angelo Panebianco.

Studioso di conclamata matrice politologica, nel 1982 dà alle stampe una ponderosa, dettagliata summa teorica sui modelli di partito nei sistemi politici contemporanei [2]. Il lavoro si segnala assai più per i suoi caratteri di scrupolosa organizzazione di materiali teorici e per la costante inclinazione modellistica – del resto coerente con il titolo stesso dell'opera – che non per contributi particolarmente originali.

La parte conclusiva di *Modelli di partito*, peraltro, lascia intravedere due momenti più «personali» e politicamente più significativi. Il primo riguarda il modo in cui l'autore riprende il tema – che abbiamo visto presente a più riprese nella produzione di Pasquino – della persistenza delle fratture (i *cleavages* di Rokkan che strutturerebbero i sistemi politici occidentali) come base delle aggregazioni politiche. A questo proposito, Panebianco ci presenta uno spazio politico avviato a trasformarsi in arena multidimensionale. Un luogo, per intenderci, in cui acquistano peso *issues* di rappresentanza non necessariamente destinate a sfociare in nuovi partiti. È in una simile arena che declinano le connessioni strutturali e le subculture di massa che le stabilizzavano e le rendevano funzionali al sistema sociale. All'orizzonte, si profila l'omologazione della rappresentanza politica nella sua forma «post-moderna», quella del partito professionale ed elettorale.

Il secondo momento riguarda le prospettive di una situazione come quella descritta, con i suoi caratteri di transitorietà e di incertezza. La «turbolenza» dell'arena politica – per rifarsi al gergo aeronautico-politologico dell'autore – produce uno stato permanente di instabilità e imprevedibilità, che a sua volta spiega il deficit di identità collettiva del partito «professional-elettorale».

A differenza di Pasquino, dunque, Panebianco crede al rilievo che andrebbero acquisendo le nuove fratture in seno alla società (l'esempio d'obbligo è l'ecologismo e la nuova centralità politica del problema ambientale), ma non alla loro capacità di strutturare alternative partitiche di tipo tradizionale. Molto meno di Donolo, invece, il politologo dei partiti tende a individuare nei meccanismi di razionalizzazione gestionale la chiave per l'innovazione.

Le sue conclusioni sono rappresentate da tre possibili scena-

[2] A. Panebianco, *Modelli di partito*, Il Mulino, Bologna 1982.

ri. I partiti, cioè, potrebbero progressivamente *depotenziarsi sino a dissolversi* come organizzazioni ad alto tasso di strutturazione. Questa «deriva americana» non esclude in linea teorica la preservazione di macchine e di apparati finalizzati agli interessi di imprenditori politici di professione [3]. Viceversa, potremmo assistere a un *ritorno al conflitto* per attori e paradigmi ideologici contrapposti. L'ipotesi – argomenta Panebianco – non è poi cosi astratta, se si considerano alcune vicende a cavallo fra gli anni Settanta e Ottanta (lo scontro fra laburisti e conservatori in Gran Bretagna, la ripresa di una solidarietà interpartitica di classe in Svezia). Ultimo scenario, *l'innovazione «rivoluzionaria» incarnata da movimenti di ispirazione carismatica*. Un caso che Panebianco, come vedremo, appare ben lungi dall'esorcizzare:

> Questa ipotesi è congruente con la teoria weberiana per la quale l'innovazione non ha origine nelle organizzazioni istituzionalizzate, ma presuppone invece l'irrompere di forze «autenticamente rivoluzionarie»: i movimenti carismatici [...]. L'irruzione sulla scena politica di attori che tentino di dare vita a nuove e stabili identità collettive, contribuendo in tal modo a ridisegnare il volto delle società occidentali più fragili e più segnate dal malessere sociale, potrebbe essere la novità politica dei prossimi anni.[4]

Prudentemente, Panebianco non si avventura in previsioni relative alle probabilità di realizzazione dell'uno o dell'altro scenario. Ma il suo lavoro modellistico è utile come sfondo di una riflessione tutt'altro che priva di implicazioni per la vicenda politica italiana e alla quale il richiamo alla problematica weberiana della leadership carismatica dovrebbe fornire una sorta di legittimazione concettuale.

Il discorso, infatti, è ripreso e sviluppato in termini assai meno formalistici con un articolo del 1983, dal titolo eloquente *Tendenze carismatiche nelle società contemporanee* [5].

---

[3] Fra gli autori inclini a privilegiare questa eventualità vengono citati Burnham e Pizzorno. Cfr. W.D. Burnham, *American Politics in the 1970s: Beyond Party?*, in L. Maisel, P.M. Sacks (a cura di), *The Future of Political Parties*, Sage, London 1975 e A. Pizzorno, *I soggetti del pluralismo*, Il Mulino, Bologna 1980.

[4] Panebianco, *op. cit.*, pp. 501-502.

[5] Nel «Mulino» 288, n. 4, 1983, pp. 507-37.

2. Il comando carismatico

Il punto d'attacco del ragionamento di Panebianco è nella contestazione del luogo comune per il quale la *leadership carismatica* viene assimilata a una delle sue possibili varianti, quella autoritaria, e identificata tout court con essa. È questa indebita e strumentale identificazione che farebbe evaporare una delle idee-forza del pensiero politico di Weber: la percezione dell'antagonismo radicale fra burocrazia e democrazia.

Con qualche disinvoltura, Panebianco si spinge a sostenere che i processi di burocratizzazione rappresentano per i regimi democratici un pericolo assai maggiore delle evoluzioni carismatico-plebiscitarie di tali sistemi. In realtà, il suo messaggio è ancora più radicale. Per lui, non esiste affatto una pensabile minaccia carismatica alla democrazia; il carisma gli appare sicuramente più affine alla democrazia di quanto non lo siano i principi di legittimazione del potere fondati sul censo o sulla burocrazia.

Anzi, il carisma sarebbe di per sé rivoluzionario, dato che produce comunque innovazione politica e bilancia le tendenze burocratiche. Del tutto fuori luogo sarebbe quindi il *caveat* avanzato da politici e studiosi di parte democratica nei confronti delle ormai visibili inclinazioni plebiscitarie di molti regimi di diritto occidentali. Ai fini del nostro ragionamento, si noti – per inciso – come questa sorprendente rivalutazione in chiave progressista di tematiche classiche del pensiero di destra rappresenti un curioso pendant del «decisionismo» di (approssimativa) ascendenza schmittiana. E si noti anche come, ancora una volta, il richiamo all'innovazione per l'innovazione come fonte di legittimazione politica rappresenti il Leitmotiv di ogni approccio funzionalistico, magari coniugato con una rilettura strumentale di Weber. Dai «movimenti» di Donolo al «carisma» di Panebianco, il filo rosso del funzionalismo politologico raccorda e connette un'istanza generica di modernizzazione, un bisogno di «innovazione» che il più delle volte non corrisponde a un riconciliabile e coerente progetto politico.

Questa domanda di *modernizzazione in assenza di progettualità* costituisce il nocciolo dell'elaborazione di Panebianco sul carisma e la leadership, obbedendo a ragioni teoriche di matrice evoluzionistica. Sfrondata dalle complesse architetture modellistiche della sua analisi, la domanda si riduce a una: come produrre innovazioni in un sistema politico? In questa prospettiva, il ricorso al carisma appare non solo comprensibile, ma quasi obbligato, come veicolo di accelerazione del mutamento e come scorciatoia procedurale. Del tanto citato e invocato pensiero weberiano viene però cassata in questa maniera tutta la tormentata ricerca sulla razionalizzazione, che costituisce il polo dialettico – e non certo un puro e pacifico complemento retorico – della tendenziale burocratizzazione delle società di massa.

Razionalizzazione e burocratizzazione sono per Weber processi speculari, ma anche conflittuali; presentano aspetti di estrema complessità e sono aperti a esiti storici diversificati; si sottraggono a qualunque implicazione valutativa che derivi da un uso troppo disinvolto delle categorie euristiche. Ma il discorso merita di essere proseguito con ordine.

3. La tipologia dei partiti

Per Panebianco, i partiti si distinguono in *democratici* e *non democratici*. Il criterio fondamentale di distinzione è – significativamente ed esclusivamente – quello procedurale, fondato sui meccanismi interni di selezione delle élite dirigenti e di formazione della volontà politica. Senza andare molto per il sottile, e a dispetto di decenni di ricerche in tema di sociologia delle organizzazioni dai risultati articolati e spesso contraddittori, la contrapposizione fra procedure che praticano il principio maggioritario e quelle fondate sull'autorità del capo o sul centralismo democratico «puro» appare sufficiente al sofisticato politologo per chiudere la questione e concentrare la propria attenzione solo sul primo tipo (i partiti democratici).

Questi, dunque, ammettono a loro volta tre fondamentali principi organizzativi: burocratico-professionale, clientelare-professionale e carismatico-plebiscitario.

Il partito *burocratico* presenta una struttura gerarchica piramidale, con spiccati caratteri di specializzazione funzionale e vertice ristretto. L'oligarchia al comando si vale di un esteso apparato burocratico professionale, sottoposto a un duplice controllo – gerarchico ed elettorale – che combina legittimazione dal basso e lealtà al vertice in una tipica dinamica di burocrazia rappresentativa. La carriera interna avviene per cooptazione, con ratifica (qua-

159

si sempre formale) degli organismi elettivi. La competizione interna è per lo più sotterranea e condotta fra «tendenze» poco strutturate organizzativamente. Il sistema degli incentivi è di genere misto: esalta i fattori simbolici, di appartenenza e di identità, per quanto concerne gli aderenti volontari; non disdegna dal praticare oculate politiche di incentivi materiali (selettivi) per garantire alla leadership la lealtà dell'apparato.

Il partito *neo-patrimoniale* si caratterizza per una struttura «stellare» di reti clientelari gestite da quadri professionali specializzati nella pratica dello scambio politico. Tramite la penetrazione nelle amministrazioni e nelle istituzioni, lo scambio di risorse pubbliche (privatizzate a uso di leader nazionali e locali, di correnti o gruppi di gestione) contro consenso elettorale diviene il terreno di coltura di un ceto professionistico o semi-professionistico occulto, strategico negli equilibri della cosiddetta «leadership poliarchica». La competizione fra fazioni – forma peculiare del partito pluralistico – garantisce una relativa permeabilità alle domande sociali, che vengono però «smistate» anziché filtrate dall'apparato. Frequente anche a livelli gerarchici elevati è l'ingresso laterale, in veste di esperti o esponenti di «area», di personalità che per ruolo professionale si trovano in una collocazione contigua al sistema dei partiti (manager pubblici, personalità della cultura, funzionari dell'amministrazione centrale o periferica dello Stato). In partiti di questo genere, l'elaborazione teorica è generalmente limitata e, comunque, funzionale a esigenze di polemica immediata. Nella costruzione dei profili di carriera prevalgono l'uso mercantilistico delle risorse e l'abilità nel manipolare il sistema di voto indiretto tramite l'accordo fra fazioni.

Il partito *carismatico-plebiscitario* non conosce, invece, alcun diaframma fra vertice e base. Il livello intermedio, rappresentato nelle altre tipologie descritte dall'apparato, è quasi assente. L'autorità del leader è di natura monocratica e viene periodicamente rinforzata attraverso l'investitura congressuale diretta. La competizione avviene per tendenze, poco organizzate ma esplicite, a differenza delle tendenze «occulte» operanti in seno al partito burocratico. Gli incentivi sono di carattere collettivo, cioè esclusivamente simbolici; la leadership è, perciò, sottoposta a una continua «prova» che nulla ha a che spartire con pratiche di spartizione delle spoglie o favori clientelari. Ne deriverebbe un confronto politico interno capace di massima trasparenza e fondato sull'esercizio disinteressato dell'opinione, contro l'osservanza dogmatica imposta dal principio dell'appartenenza nel partito burocratico e il prevalere delle ragioni dello scambio nel partito clientelare neo-patrimoniale.

La rassegna tipologica, come si può osservare, sembra ricalcare in modo addirittura pedestre e con intenzioni abbastanza trasparenti il profilo dei partiti italiani agli inizi del decennio in corso. Ma, mentre nell'identikit del partito burocratico e di quello neo-patrimoniale non è difficile scorgere i partiti di massa e intravedere, dietro la ricorrente e insopprimibile pulsione classificatoria, le ragioni di una loro delegittimazione, qualche dubbio deriva dalla descrizione del terzo esemplare, quello per cui batte il cuore del politologo.

Il partito carismatico-plebiscitario, infatti, assomiglia in questo caso assai più a un tipo ideale – inteso nell'accezione normativa del termine – che non a una verificabile identità empirica. L'enfasi che viene attribuita a questa singolare «terza via» nella ricerca di una nuova rappresentanza politica mal si attaglia, infatti, alle ridotte dimensioni dello stesso Partito radicale, alla conclamata vocazione a-ideologica del pannellismo, alla sua ricerca di una forma partito «non partitocratica» (e quindi estranea, almeno nelle dichiarazioni, a quella ricerca del potere che è weberianamente costitutiva di ogni forma partito). Più convincente è, allora, una lettura contingente, che serve da supporto e da legittimazione alla pratica dell'investitura plebiscitaria del leader.

Si ricordi, in questo senso, il congresso socialista di Verona e la discussione apertasi nella Dc sull'elezione congressuale del segretario, ma anche tutta una serie di interpretazioni apparentemente e innocuamente agiografiche – e in realtà sottilmente strumentali – della presidenza Pertini. Nella sostanza, Panebianco intende spezzare una lancia a favore di un'auspicata iniezione di carisma nella dialettica fra partiti e poteri e con tutta tranquillità proclama che la diffidenza per il carisma nasce solo da una sorta di sindrome da insicurezza e da ragioni di tutela dei privilegi dei leader d'apparato.

4. Il confronto con gli Usa e la V Repubblica francese e lo spettro della democrazia plebiscitaria

Meno baldanzosa si fa l'analisi di Panebianco quando – ancora una volta in ossequio alle norme rigorose del formalismo politolo-

161

gico, che prescrivono evidentemente una conclusiva esposizione di scenari – deve fare i conti con precedenti storici più o meno prossimi. Il presidenzialismo USA e la V Repubblica francese si prestano bene come esempi di «democrazie plebiscitarie», ma si tratta di esempi fra loro confliggenti, come riconosce lo stesso autore. In un caso – quello nord-americano – il carisma presidenziale poggia su una granzia solidissima, rappresentata dalla forza del Parlamento.

Nell'altro – quello francese – non c'è dubbio sul fatto che il gollismo sia stato innanzitutto il prodotto di un Parlamento debole, che nemmeno dopo essersi affidato al carisma del Capo ha saputo impedire le paventate involuzioni di tipo tecno-buocratico, più forti di qualsiasi leadership perché più intimamente connesse alla storia e alla identità statuale del paese.

Questa comparazione mi sembra importante e rivelatrice. Panebianco ha l'onestà di proporcela, ma non il coraggio di ricavarne le possibili implicazioni. Ed è francamente troppo facile cavarsela con l'abile sottolineatura della possibilità di modelli diversi di democrazie plebiscitarie o con l'individuazione di un'improbabile minimo comun denominatore che consisterebbe nell'assenza, in Francia come negli USA, di autentici partiti di massa o di integrazione sociale.

Questo dato, infatti, è assai discutibile per quanto riguarda la Francia pre-gollista e, comunque, non elude – soprattutto per gli USA – la domanda sulle radici strutturali di tale assenza. È un po' come spiegare, insomma, la causa con l'effetto, per dimostrare a forza una tesi precostituita. La quale si basa sull'assioma politologico per cui le possibilità di successo di un'alternativa carismatico-plebiscitaria sarebbero in relazione inversa con la forza organizzata dei partiti di insediamento sociale operanti nello specifico contesto nazionale.

Dove prevalgono organizzazioni partitiche deboli si accresce la mobilità elettorale e si dilatano i varchi aperti all'azione dei movimenti, veicoli fondamentali di carisma. Nello stesso tempo, però, acquistano rilievo le connessioni con il sottosistema istituzionale e amministrativo e, soprattutto, si infittiscono le reti interconnesse di partiti e settori separati delle istituzioni. Anche qui, selezionando fra i molti impulsi problematici e qualche ovvietà, è abbastanza riconoscibile il modello su cui è plasmata l'analisi, che è l'Italia degli anni Settanta suggestionata dalla democrazia assembleare e insidiata dalla P2. Una realtà complessa, difficilmente riducibile a facili tipologie e a modulistiche sbrigative, che Panebianco vede esposta – tornano gli immancabili scenari – a due possibili alternativi destini.

Il primo è quello che appare come una caricatura dei sistemi di welfare nord-europei. Un assetto *neo-corporativo*, cioè, garantito dal consenso delle organizzazioni sociali e da una pratica di negoziazione centralizzata permanente. Un modello fortemente burocratizzato, ma in qualche modo «compensato» da un'estensione della rappresentanza formale di base – decentramento, strumenti di cogestione – utile a distribuire, ammortizzandoli, i costi sociali del welfare in crisi. Panebianco ha buon gioco, una volta liquidate e circoscritte con tanta sicurezza le pur illustri e coraggiose esperienze internazionali dello Stato sociale, nel giudicare improponibile un simile esito per il caso italiano. Un caso afflitto, però, da processi di mutevole, ma incessante frantumazione degli interessi sociali, più che da minacce di burocratizzazione. Sindromi da «grande fratello» che possono anche far sorridere chi contempli i livelli di «razionalizzazione organizzativa» dei nostri servizi pubblici...

Il secondo scenario è rappresentato dall'«evoluzione» in una *democrazia plebiscitaria*. Un regime politico che dovrebbe essere espresso da canali di rappresentanza territoriali – sembra di capire, quindi, da un sistema elettorale di tipo uninominale – e dotato di accentuati caratteri federalistici (esecutivo nominato dal popolo, Parlamento in funzione di «controllo»). Il tutto condito dall'impiego sistematico dei referendum – altro cavallo di battaglia della cultura carismatica – e da forme di autogoverno, che prefigurano una rivitalizzazione dei «corpi intermedi» cari a Tocqueville e un ruolo primario del volontariato e dell'associazionismo. La formula neo-localismo più leadership rappresentativa costituisce la ricetta magica che il pannellismo politologico ha conclusivamente da offrire come «realistico» scenario per l'innovazione politica.

Al corrosivo scetticismo – certamente non del tutto immotivato – opposto nei confronti di ogni progetto politico che tenti in qualche modo di raccordare la tormentata esperienza italiana a quella delle democrazie del welfare si contrappone, insomma, un'evasione nell'utopismo meno controllato. Il bisogno di innovazione, esaltato dal richiamo carismatico, si salda a tentazioni che

– piaccia o non piaccia – appartengono all'armamentario tradizionale della destra élitistica e della conservazione politica. In questo senso, il riferimento al Weber impegnato a cogliere la direzione non lineare della modernizzazione – di qui, fra l'altro, la sua irriducibilità agli schemi dello «sviluppo politico» – e con esso il senso dialettico del conflitto/confronto fra carisma, democrazia, razionalizzazione e burocrazia, è interessante e accademicamente brillante. Ma è del tutto insufficiente per restituire una verginità a modelli che, storicamente, si sono sempre identificati con processi di personalizzazione-sacralizzazione del potere e, simmetricamente, di contrazione delle capacità di espressione e di autogoverno della società.

Né si venga a riproporre la dicotomia moralistica fra una società civile tutta sana e incontaminata e una società politica degenerata e retriva, con il consueto corollario di apologia di un sociale «indistinto» che si esprimerebbe per magica virtù attraverso l'acclamazione del leader (o del caudillo?) di turno e il portentoso proliferare di un associazionismo volontario immune per diritto divino da qualsiasi compromissione burocratica. Non sarebbe la prima volta che, vagheggiando i Gladstone, si producono i Peron. È merito delle scienze storiche dell'uomo, invece, aver individuato almeno le potenziali zone a rischio di contagio autoritario. Fra queste, fuori di ogni ragionevole dubbio, è la delegittimazione per via ideologica degli istituti rappresentativi. Alla quale si accompagnano, come da copione, la venerazione per la cesaristica virtù dei capi e una indebita semplificazione delle aggrovigliate relazioni che avviluppano istituzioni e società, tensione verso il nuovo e resistenze tradizionalistiche.

La democrazia, soprattutto in un contesto come quello italiano, ha bisogno di tornare a pensare in grande. E la sociologia della politica ha necessità di doti insieme scientifiche ed etiche, come la fantasia e il coraggio. Ben vengano, allora, anche le provocazioni e le variazioni sul tema, se non si limitano a suggerirci di cercare le risposte alla crisi del presente volgendo la testa all'indietro.

Le provocazioni di Panebianco sul tema della leadership e sul futuro del sistema dei partiti rappresentano – per così dire – il risvolto più colorito ed·aggressivo di una ripresa in grande stile della riflessione socio-politologica in materia. La questione è importante e densa di implicazioni. Non a caso, a cominciare dalla

Francia degli ultimi anni Cinquanta per proseguire con gli Usa delle presidenze Carter e Reagan e finire – almeno provvisoriamente – con l'Urss gorbacioviana, i temi della leadership politica, della routinizzazione/personalizzazione del carisma, della connessione fra innovazione istituzionale e mutamento sociale si affacciano con prepotenza nel dibattito scientifico e a livello della stessa opinione pubblica di massa in coincidenza di passaggi critici di particolare rilievo.

Il «caso italiano», in questa prospettiva planetaria, può forse apparire una modesta variante di problematiche più generali. Certo è che anche in Italia gli anni Ottanta segnano un'attenzione per il dibattito sulla leadership e sulla ridefinizione dei poteri per molti versi inedita, malgrado l'antica tradizione giuridico-politologica della scuola élitistica. Un'attenzione che autorizza a considerare la questione un indicatore parziale, ma significativo, del disagio diffuso che percorre la democrazia repubblicana, della strisciante crisi di legittimità che l'attraversa negli anni che seguono l'esperienza dei «movimenti» e conoscono il dramma del terrorismo, il crescere della mobilità elettorale, l'azione di centrali di potere occulte, l'emergere di più marcate leadership personali nel sistema dei partiti.

Fra gli studiosi che rappresentano il momento di raccordo fra tradizione accademica e impegno politico – e che testimoniano di una ricerca più sorvegliata e scientificamente accreditata rispetto alle improvvisate conversioni dal generico movimentismo al culto del carisma di altri autori – figura Luciano Cavalli.

La sua produzione di un decennio si concentra e si riassume in un lavoro di scavo e di ripensamento attorno ad alcuni nodi problematici del tema del potere politico – con particolare riferimento alla ricerca weberiana – e ad alcune esperienze storiche giudicate significative.

Alla prima riflessione sul carisma in Weber – edita nel 1981 [6] – fa seguito un anno dopo un lavoro centrato sulla più evocativa ed inquietante delle esemplificazioni in tema di tirannide carismatica, quella legata al nome di Adolf Hitler [7]. La trilogia si chiude nel 1987 con uno studio su quella particolare forma di democra-

---

[6] L. Cavalli, *Il capo carismatico*, Il Mulino, Bologna 1981.
[7] Id., *Carisma e tirannide nel secolo XX. Il caso Hitler*, Il Mulino, Bologna 1982.

zia plebiscitaria rappresentata dal presidenzialismo Usa [8]. Illuminante, per quanto riguarda il percorso intellettuale seguito da Cavalli è anche il breve, ma denso contributo al confronto a più voci, *Leadership e democrazia*, che raccoglie gli atti del convegno di S. Miniato del dicembre 1986 [9].

Con il volume dedicato al capo carismatico possiamo già individuare alcuni punti fermi dell'approccio al problema che rimarranno inalterati negli sviluppi successivi e che faranno da referente all'intera analisi. Il primo è la distinzione/contrapposizione fra democrazia *con un leader* e democrazia *acefala*, che sembra coincidere con due differenti livelli di legittimità – e, quindi, di «forza» – del potere politico. Il secondo consiste in una lettura filologicamente impegnata, ma non priva di tendenziosità, della *tematica weberiana del carisma*. In Cavalli come in Panebianco – seppure a più elevato grado di rigore analitico e in un'ottica più sensibile alle dinamiche sociologiche – ritorna, insomma, l'uso politico del weberismo e, con esso, l'aspirazione di offrire una sponda democraticamente inattaccabile alla rischiosa ricerca di una risposta carismatica alla crisi delle democrazie occidentali.

Il tema della «crisi», del resto, è essenziale alla comprensione della nozione weberiana di carisma. Esso, infatti, oltre a produrre obbedienza nei sottoposti – rappresentando una risposta autoevidente all'interrogativo originario sul «perché obbediamo» –, è causa, effetto e fattore di superamento delle crisi. Il riferimento è, ovviamente, all'ambito politico e a quella funzione intrinsecamente innovativa del carisma che ne costituisce la potenzialità eversiva e creativa di un nuovo ordine. Sin qui, il richiamo a Weber mi sembra pertinente e corretto, soprattutto nella misura in cui ci sollecita ad assumere la rilevanza dell'irrazionale nelle società moderne «secolarizzate» e, insieme, il ruolo di quelle élite intellettuali da sempre preposte alla gestione politica dell'irrazionale stesso.

Meno chiaro, in questa fase preliminare del ragionamento di Cavalli, è il significato da attribuire a un carisma che, in quanto essenza e prerogativa del detentore di potere, possiede la capacità

    [8] Id., *Il presidente americano. Ruolo e selezione del leader Usa nell'era degli imperi mondiali*, Il Mulino, Bologna 1987.
    [9] Id., *Potere oligarchico e potere personale nella democrazia moderna*, in L. Cavalli (a cura di), *Leadership e democrazia*, Cedam, Padova 1987, pp. 3-41.

di mobilitare l'irrazionale collettivo. L'evocazione «del sacro e del terribile», in altri termini, possiede – seppure in determinate circostanze – una sua validità democratica? Ed è sufficiente a immunizzarci dal pericolo dell'involuzione autoritaria e regressiva – sempre in agguato per gli apprendisti stregoni – la convinzione del sociologo che possa, anzi che debba, esistere una declinazione del tutto laica del carisma? L'etica del *Beruf*, come interiorizzazione della responsabilità civile verso il prossimo, è cioè un dato così consustanziale alla figura del capo politico nell'era della razionalizzazione da consentirci di usare l'irrazionale di massa come un comodo strumento per accelerare il mutamento e favorire l'innovazione in sistemi sclerotizzati e svirilizzati dalla prosaica routine delle democrazie «acefale»?

L'ottimismo di Cavalli sembra, in proposito, assoluto, sino a fargli perdere di vista – o, almeno, a indurlo a sottovalutare – un effetto ricorrente dell'evocazione carismatica. Mi riferisco alla mobilitazione di minoranze intellettuali marginalizzate dalle dinamiche produttive o anche da meccanismi sociali discriminatori, convinte di non aver nulla da perdere in un *redde rationem* con le istituzioni e altrettanto convinte (soggettivamente) di poter esprimere leadership «oggettivamente» superiori per capacità, doti intellettuali e morali, e – appunto – «carisma» alle élite dominanti. È il fenomeno del corto circuito leader-gruppo di riferimento che, lungi dal produrre potenziali di direzione politica utili all'intera comunità, diviene un fattore di destabilizzazione o l'involontario pretesto per contromobilitazioni reazionarie. Gli esempi non mancano, anche nella storia recente dell'ultrasinistra italiana ed europea, e certo non incoraggiano a percorrere con troppa disinvoltura il sentiero della rilegittimazione carismatica come chance indolore e «risorsa» generosamente spendibile nella dialettica istituzione-società.

Il discorso di Cavalli è tutto interno, come si vede, a un filone di pensiero interessato a rimettere in circolo gli elementi giustificativi di un possibile messaggio carismatico, seppure temperato dal richiamo ai valori fondanti della democrazia rappresentativa classica. In questa prospettiva, il saggio sul caso Hitler rappresenta sostanzialmente un approfondimento del tema e, in parte, una divagazione erudita.

Il potere personale hitleriano è assegnato alla categoria della *tirannide carismatica*, quasi l'inveramento della profezia weberiana che vedeva la leadership politica polarizzarsi progressivamente attorno ai due modelli tipologici della democrazia plebiscitaria e della «dittatura dei caporali». Attraverso un'escursione – peraltro brillante sotto il profilo della ricostruzione storico-biografica del caso – per le varie «fasi» di costruzione e strutturazione del carisma (predestinazione, vocazione, chiamata e conferma), Cavalli riesce insomma a utilizzare anche Hitler e l'hitlerismo per riproporci l'urgenza di ripensare la democrazia plebiscitaria come la sola alternativa praticabile ai rischi della degenerazione «satanica» del carisma.

Il filo conduttore del ragionamento si rende ancor più visibile nel saggio pubblicato nel 1987 e contenuto nella raccolta *Leadership e democrazia*. Passando per una rapida ricognizione di autori come Ostrogorski, Michels, Bryce e Schmitt, Cavalli ritorna al prediletto Weber per precisare i caratteri e i contorni del suo capo carismatico. Un leader che rappresenta l'incarnazione fisica della democrazia plebiscitaria nei suoi elementi costitutivi e nelle sue condizioni attuative: la fiducia delle masse e il primato del Capo sul Parlamento.

Prudentemente, l'autore ci ricorda come Weber interpretasse il significato positivo di questi caratteri innovativi della leadership nel senso di una sana e legittima reazione antioligarchica. Poco o nulla ci dice, però, sul fatto che tale passaggio accomunasse l'analisi dell'élitismo democratico a quella delle più forcaiole teorie del legittimismo. Così come, ad esempio, sugli approdi fascisti di Michels viene steso il velo di una opportuna «storicizzazione» che – a questo punto – non si capisce perché non debba valere, *a contrariis*, per certi momenti della riflessione weberiana che risultano francamente inscindibili dal panorama weimariano degli ultimi anni della sua produzione scientifica.

In definitiva, la legittimità della democrazia plebiscitaria coinciderebbe con il fatto che non viene intaccata la sostanza democratica dell'assetto istituzionale. Un approccio un po' sbrigativo e forse insufficiente a convincerci della sua radicale contrapposizione alla forma dittatoriale di governo. Una distinzione, inoltre, che si fonda per intero su un dato giuridico-istituzionale e che contrasta singolarmente con la precisa individuazione delle prerogative che farebbero di un leader un autentico leader plebiscitario.

Questi deve trarre sostegno e investitura dalla diretta espressione del consenso popolare; deve disporre di totale autonomia operativa nella scelta dei propri collaboratori (p. es. i ministri); deve disporre del controllo assoluto del partito e del gruppo parlamentare di appartenenza. Solo così può detenere gli strumenti necessari a spezzare la morsa dell'oligarchia e affermare le superiori ragioni della democrazia con un leader, rispetto alla sua versione acefala, di cui la Francia della III Repubblica e l'Italia contemporanea sarebbero le più vivaci rappresentazioni.

In una panoramica storiografica, invece, il caso degli USA costituisce l'esempio di una riuscita evoluzione in una democrazia plebiscitaria. I suoi antefatti sono rintracciati da Cavalli – che al presidenzialismo nord-americano ha dedicato il suo lavoro più recente – nel fenomeno Roosevelt e nella sua genesi durante la Grande Crisi a cavallo fra gli anni Venti e Trenta.

Nata dall'emergenza, la democrazia plebiscitaria made in USA sarebbe probabilmente rifluita nel secondo dopoguerra in una forma meno accentrata e personalizzata – conformemente alla vocazione puritana all'equilibrio e alla sua diffidenza per il potere – se la minaccia sovietica non le avesse offerto la chance di presentarsi come risposta obbligata a una sorta di emergenza permanente.

Le biografie dei nove presidenti dell'era «plebiscitaria» che compongono il capitolo VII del *Presidente americano* confermerebbero – anche se, per la verità, con non eccessive pretese metodologiche – l'identikit di quella peculiare democrazia, facendone anzi il paradigma delle possibili democrazie plebiscitarie dei nostri giorni.

Sugli elementi tipologici della democrazia *con un leader*, Cavalli si era però già soffermato nel saggio dedicato a potere oligarchico e potere personale. In quel lavoro se ne elencavano dieci: dalla concentrazione dell'autorità esecutiva all'esistenza di un regime bipartitico; dall'elezione diretta del capo dell'esecutivo alla visibilità elettorale delle due proposte in competizione; dal controllo del partito da parte del leader alla sua assoluta libertà nella scelta dei ministri; dalla possibilità di dare attuazione pratica ai programmi di governo al sostegno permanente dei cittadini; dalla personalizzazione delle responsabilità di governo al fatto che la conferma o meno del mandato al leader passi obbligatoriamente per il voto popolare.

Semplificando al massimo, però, possiamo individuare come tratto centrale delle tendenze carismatiche contemporanee l'orientamento a privilegiare ruolo e prestigio dell'esecutivo a scapito del legislativo. Il leader plebiscitario descritto/vagheggiato da Ca-

169

valli diviene, così, l'espressione di un'iperpoliticizzazione dell'autorità e, paradossalmente, di una sua formalizzazione entro moduli tipologici troppo rigidi di una prospettiva storica – quasi un tipo ideale ricalcato su una stilizzazione del caso statunitense – e, insieme, troppo elastici sotto il profilo giuridico-istituzionale per costituire un sicuro paradigma di diritto. Nozioni come governo, esecutivo, mandato, ecc. sono, ad esempio, tutt'altro che facilmente «verificabili» in termini di consenso empirico fra costituzionalisti.

Ma Cavalli ha in mente un *processo carismatico* che sostiene di derivare da Weber e che, alla fine, dovrebbe fornire una legittimazione sostanziale al potere del leader attraverso una specie di fusione emotiva di questi con le masse:

Da un lato il leader può diventare colui al quale le masse si affidano con profonda fiducia. Dall'altro egli può incarnare, agli occhi delle masse, idee e valori oggetto di grande investimento emotivo da parte delle masse stesse, e che verosimilmente rinviano ad una comune visione del mondo, o addirittura ad una religione (che può essere «secolare»). La normale compresenza di questi due atteggiamenti nelle masse può generare un terzo elemento di novità, anche se generalmente in forma attenuata nella società democratica «razionalizzata» (e dunque «secolarizzata») del nostro tempo: cioè la «venerazione» del leader, che può anche diventare «culto della personalità».[10]

Cavalli, dunque ha ben presente le potenziali traiettorie di una democrazia plebiscitaria con un leader (carismatico, come nel caso americano, o non carismatico, come il premier britannico). E con lucidità ci intrattiene anche sulle condizioni critiche che sembrano favorire il passaggio da una democrazia acefala a una democrazia ben fornita di leader. Le più favorevoli sono le fasi di destrutturazione delle appartenenze ideologiche, che consentono alla crisi latente di evolvere in aspettativa di un leader forte e che aiutano a delegittimare le oligarchie dei partiti dominanti. Ma un ruolo non secondario gioca anche il sistema dei media, dominato dalla televisione, che permette un rapporto leader-masse capace di saltare del tutto l'intermediazione degli

---

[10] Ivi, p. 30; in un recente scambio epistolare L. Cavalli mi ha chiarito l'intento profondo della sua ricerca, della quale ha negato qualsiasi esplicito collegamento con l'attualità politica italiana – collegamento che a me sembra invece plausibile.

apparati. La metamorfosi sociale dei partiti di potere, con l'ascesa di giovani ambiziosi disposti a legarsi in una relazione fiduciaria al leader, eseguendo in sua vece operazioni anche impopolari di liquidazione dei notabili tradizionali e dei vecchi capi idealisti, rappresenta un altro fattore di accelerazione dell'evoluzione politica descritta.

Ma, in uno slancio planetario, Cavalli aggiunge una ragione e una condizione peculiari del momento storico e delle relazioni fra centro e periferia dell'impero. Dotarsi di leader autorevoli e assecondare una concentrazione dei poteri sarebbe, cioè, assolutamente necessario e urgente per le democrazie europee. Per le medie potenze territoriali satellizzate dagli USA, l'assenza di esecutivi stabili e autorevoli rappresenterebbe infatti una causa involontaria di ulteriore subalternità e di enfatizzazione del ruolo guida della potenza imperiale.

Come si vede, il disegno di Cavalli è nitido e consapevole. Lo compongono una lettura tendenziosa – anche se non necessariamente arbitraria – della tematica weberiana del carisma; una considerazione radicalmente pessimistica sullo stato della democrazia (in particolare di quella italiana contemporanea); una simmetrica fiducia nelle potenzialità rigeneratrici dell'autorità carismatica. Una fiducia che non indulge alla retorica dell'innovazione per l'innovazione – in questo distinguendosi da entusiasmi e infatuazioni propri di approcci destoricizzati e astratti – ma che poco o nulla concede alle ragioni classiche di quella particolare forma di vigilanza democratica che risiede nella memoria storica, ma anche nella consapevolezza di quanto poco si sia sin qui operato per bonificare nelle nostre società il terreno di coltura di avventure politiche autoritarie. È in questo senso che certi richiami all'investitura plebiscitaria del leader, alla relazione quasi «fusionale» con le masse, all'esigenza di semplificare per via carismatica le delicate procedure di formazione del consenso e di selezione dei gruppi dirigenti, possono suscitare qualche brivido di inquietudine.

Ai fini di questa ricognizione, è però importante rilevare come – anche in autori avvertiti come Cavalli – si manifesti quello «spirito del tempo» che sembra non poter prescindere da una ricerca spasmodica, sottilmente nevrotica, di più certezze, di più forti strutture di comando, di più affidabili dinamiche dell'obbedienza. Ancora una volta, si istituisce la classica relazione morfo-

171

logica fra norma ed obbligazione. Dove questa sorge come esigenza dell'ordine sociale – quale che sia l'ortodossia weberiana cui si intenda aderire – si fa inesorabilmente avanti una domanda di norme più efficaci, più semplici e più cogenti. La leadership politica rappresenta forse il punto di coagulo critico di questa domanda di norma giuridica e di obbligazione sociale. Che una parte crescente del ceto intellettuale politicizzato assuma questo versante come il terreno privilegiato di un nuovo possibile intreccio fra riflessione scientifica e prassi politica non mi sembra tanto un segno di responsabilità e concretezza, quanto un'ennesima conferma di quanto risulti rassicurante e confortante ridurre a metafora una società che si rinuncia a capire.

EPILOGO

LA SPERANZA EUROPA

I.

I NUOVI COMPITI
DELLA RICERCA SOCIALE

1. Per una sociologia sostanziale

Credo che il panorama che si è sin qui venuto delineando sia sufficiente a individuare le principali linee di tendenza che emergono nella produzione di politologi e sociologi della politica italiani a partire dai primi anni Ottanta come risposta alla crisi che i movimenti degli anni Settanta avevano evidenziato, espresso e – per alcuni aspetti – contribuito ad accelerare.

In queste pagine, come si sarà notato, ci si è in verità soffermati in modo particolare su quella risposta – articolata e differenziata per autori e scuole di pensiero, complessa nelle sue varianti strategiche, ma di nuda evidenza sostanziale – che privilegia il versante istituzionale e soluzioni di tipo normativo formale («deboli» o meno). Una risposta, quindi, che istituisce un singolare – e in parte esplicito – contrappeso rispetto alla filosofia del «movimento» e agli umori imperanti nel decennio precedente. Volendo indulgere a una notazione a margine, potremmo addirittura individuare in questo ritorno al paradigma istituzionalistico due tipologie intellettuali e politiche.

Da una parte, i «pentiti», afflitti dal complesso di colpa di aver troppo osato e pronti a espiare, compiendo sacrifici sull'altare di una «governabilità» tutta procedurale. Dall'altra, i «vendicatori», che intuiscono forse una crisi di stanchezza – o di sfiducia? – nel campo rivale e ne approfittano per riprodurre con perentorietà i motivi classici della politologia conservatrice. Primo ed essenziale dei quali è, appunto, la centralità/priorità del dato istituzionale e una delega alla leadership per quanto attiene la comunicazione politica fondamentale fra governanti e governati.

Voglio dire che, per quanto possa apparire paradossale, è

dell'approccio formalistico in versione sistemica, post-sistemica o carismatica cercare una legittimazione alle proprie insopprimibili pulsioni autoritarie nel presunto consenso sociale che attraverso l'investitura plebiscitaria del Capo, surrogherebbe i circuiti logori ma collaudati della democrazia. Torna puntuale, a questo proposito, il richiamo a quel «bisogno del padre» già segnalato in alcune mie riflessioni sul terrorismo e la sua parabola. Un'evocazione che si configura, infatti, come costante culturale dell'intellettuale italiano in crisi e come implicita rinuncia ad assolvere il mandato etico sostanziale di una *ricerca sull'autorità come funzione razionale collettiva* [1].

Il primato che viene progressivamente conferito alle istituzioni come oggetto d'indagine e come strumento di fuoriuscita dalla crisi del sistema politico conosce alcuni nuclei di considerazione. Con buona approssimazione, possiamo associarli nella categoria dell'autorità formale, investendo di volta in volta – a seconda degli input provenienti dal dibattito internazionale (anglosassone e tedesco innanzi tutto) e delle convenienze interne al sistema dei partiti – la questione del governo, del sistema elettorale, del leader e dei suoi poteri. Occupandoci di Donolo, ad esempio, abbiamo visto come questo autore – elaborando insieme a Fichera il modello del «governo debole» – ci proponga una vasta e ordinata tipologia di risposte alla questione della *governabilità* [2]. E abbiamo osservato come, pur in presenza di spinte ispirate a strategie neo-liberali – e conservatrici in genere – la variante dominante della pubblicistica politologica italiana fosse ascrivibile allo schema dell'*ingegneria istituzionale e costituzionale* e a una filosofia «razionalizzatrice» [3].

Non ci si è qui approfonditamente interessati, invece, di autori come Farneti e Bobbio, cui si deve uno sforzo teorico indirizzato a dare dignità concettuale e maggiore flessibilità euristica al modello istituzionalistico. In particolare, al primo si deve la *tripartizione fra società politica* (sistema dei partiti), *società civile* (mo-

---

[1] Cfr. F. Ferrarotti, *Alle radici della violenza*, Rizzoli, Milano 1979; Id., *Come muore una classe dirigente*, Ianua, Roma 1980; Id., *L'ipnosi della violenza*, Rizzoli, Milano 1980.

[2] C. Donolo, F. Fichera, *Il governo debole*, De Donato, Bari 1981.

[3] Per un approccio generale alla problematica, cfr. G. Amato, *Una repubblica da riformare*, Il Mulino, Bologna 1980 e F.W. Scharpf, *Il ruolo dello Stato nel sistema economico occidentale: tra crisi e nuovi orientamenti*, in Donolo, Fichera, *op. cit.*, pp. 129-59.

vimenti, espressioni informali della comunità) *e istituzioni* e la relativa periodizzazione che – individuando il ciclico prevalere dell'egemonia di una «forma» sulle altre – consentirebbe una scansione politica del «caso italiano» [4]. Quanto al secondo – maestro di una generazione di giuristi della politica –, la sua produzione appare costantemente orientata a una filosofia della *separazione fra sfera socio-culturale e sfera burocratico-istituzionale* che rappresenta uno dei motivi ricorrenti in quasi tutti gli studiosi impegnati sul versante del «primato istituzionale» e della ricerca orientata alla traduzione normativa e legislativa degli output sociali [5].

Non è qui possibile, del resto, inoltrarci in una disamina sistematica dei contributi di autori che hanno contribuito a sviluppare una declinazione forte del tema istituzionale. Va però almeno ricordato come la visione di sfere separate operanti con logiche e dinamiche autonome nel generico «sistema sociale» (anche qui, funzionalisticamente concepito) – caratteristica della produzione di Bobbio, Farneti e altri – presenti evidenti punti di contatto, al di fuori di ogni indagine genetica o eziologica su modelli che non rinnegano la matrice giurisdicistica, con la proposta di riforma costituzionale avanzata dal Gruppo di Milano e pubblicizzata attraverso la produzione di Gianfranco Miglio. Una proposta, quella dei «milanesi» – fra i quali non mancano ammiratori di Schmitt e apologeti del «governo d'autorità» – che agli occhi del sociologo appare tutta costruita attorno a una sola idea-guida. La quale è, ancora, *la riduzione del «sociale complesso» attraverso la ferma compartimentazione delle aree di competenza*: qui l'ambito della norma, lì un governo reso autorevole in forza di legge, sullo sfondo una società le cui domande vanno selezionate e mediate attraverso strumenti che impediscano loro di «debordare», producendo l'aborrito sovraccarico e la terrificante minaccia di «ingovernabilità».

[4] P. Farneti, *Introduzione* a Id. (a cura di), *Il sistema politico italiano*, Il Mulino, Bologna 1973 e Id., *Il sistema dei partiti in Italia, 1946-1979*, Il Mulino, Bologna 1983.
[5] N. Bobbio, *Il contratto sociale*, Guida, Napoli 1984 e Id., *Stato, governo, società. Per una teoria generale della politica*, Einaudi, Torino 1985. Per una riflessione direttamente inerente il confronto teorico con il decisionismo di Schmitt e la questione dei poteri invisibili, cfr. l'Introduzione a E. Fraenkel, *Il doppio Stato*, trad. it. Einaudi, Torino 1983.

2. Il paradigma politologico
e il ripristino dell'ordine sociale

Il paradigma politologico, insomma, si salda nel pensiero dei suoi esponenti più lucidi a una ricerca sull'innovazione giuridico-costituzionale che ne rappresenta un passaggio essenziale. Non tanto, si badi, per i suoi esiti operativi – basti ricordare il topolino partorito dalla montagna della commissione Bozzi e le recenti diatribe su misure non certo rivoluzionarie, come alcuni ritocchi al regolamento delle Camere – quanto per le intenzioni culturali latenti che esso evoca.

Intenzioni di ripristino normativo dell'ordine sociale, cioè, che sono pienamente legittime, ma che appartengono per intero alla cultura conservatrice. Esse, infatti, possono aspirare a uno status e a un'identità diversi solo se e in quanto mirano a un ordine consensuale e a una dilatazione sostanziale della cittadinanza politica. Se, nel caso in questione, ad esempio, operano anche per superare il sistema dell'alternanza bloccata e se non riducono la questione della partecipazione a puro intralcio legislativo. In questo senso, è però deprimente constatare il miserevole abbandono della tematica della Grande Riforma proprio da parte delle forze politiche che ne avevano fatto una bandiera del necessario rinnovamento istituzionale e occasione di modernizzazione e laicizzazione progressista. Solo calcoli di bottega? Machiavellismo di piccolo cabotaggio e specchietto per le allodole? Certamente, ma anche sfiducia nella capacità di raccordare effettivamente scienza e politica, individuazione del perfettibile e governo degli uomini.

Come meravigliarsi, allora, se gran parte del dibattito in corso si riduce a constatare l'inevitabile dilazionarsi nel tempo di una prospettiva di rinnovamento che interessi, senza contrapporli, domande collettive e potere democratico? Intanto, ed è ciò che appare più inquietante, emerge fra le pieghe della riflessione teorica l'attesa di condizioni del cambiamento che – in definitiva – consisterebbero in ventate carismatiche capaci di utilizzare (a fini democratici?!) nientemeno che «l'irrazionale di massa».

Questo pessimismo di fondo sulle potenzialità della democrazia implica, appunto, una concezione del tutto procedurale della democrazia stessa. Un approccio che richiama Schumpeter e le prime analisi sul declino della legittimazione politica; che, forse, ha davvero a che fare con una certa dilatazione non governata delle funzioni dello Stato sociale; che si intreccia con la professionalizzazione della politica, nonché con la crescita (e qualche volta, con l'imbarbarimento) della competizione fra élite; alla quale non è estraneo l'irrompere di un sistema capillare dei media che ha favorito la spettacolarizzazione della politica e, insieme, l'occultamento di corposi processi di concentrazione di ruoli e funzioni di potere. Ma che non giustificano la resa a discrezione delle potenzialità critiche della sociologia né il tentativo di spacciare tecnologie di governo per governabilità sostanziale.

3. Dal sociale puro al sociale politicamente rilevante

Compito della ricerca sociale e della sua possibile traduzione sul terreno delle istituzioni è, dunque, quello di ripensare anzitutto gli strumenti di una sociologia sostanziale e politicamente impegnata, al di fuori delle mode e degli interessi di scuderia.

Questa esigenza, del resto, è – seppure non sempre nitidamente – avvertita da alcuni studiosi italiani che sono stati qui trascurati per centrare il fuoco dell'osservazione sugli approcci più coinvolti in una lettura politologica formale del problema italiano contemporaneo.

Penso, per fare un nome, ad Alberto Melucci, che si è via via distanziato da una certa evasione nel «puro sociale» – tipico contraltare all'apologia dell'autonomia del politico – presente nella produzione recente di Alain Touraine. L'adozione di un paradigma dell'identità come categoria epistemologica fondante si è, infatti, venuta utilmente coniugando nelle sue ricerche con una lettura più concreta – seppure di chiara marca socio-psicologica – del «potenziale di individuazione» dei soggetti, sino a dissolversi in essa [6].

Non mi pare, invece, che sia approdata a prospettive facilmente spendibili sul piano dell'azione politica globale la riflessione sul *privato sociale* elaborata – prevalentemente da studiosi di

[6] Cfr. A. Melucci (a cura di), *Altri codici. Aree di movimento nella metropoli*, Il Mulino, Bologna 1984; Id., *Dai movimenti-personaggi ai sistemi d'azione*, in «Quaderni della Fondazione Feltrinelli», n. 31, 1985; Id., *Movimenti sociali negli anni 80: alla ricerca di un soggetto perduto?*, in «Stato e Mercato», n. 14, 1985.

area cattolica – come sviluppo critico delle teorie sistemiche di derivazione luhmanniana [7]. Si tratta di approcci che, pur animati da intuizioni stimolanti circa il delinearsi di nuove e inedite forme di statualità nei sistemi politici del welfare travagliato dalla crisi fiscale e da un crescente deficit di razionalità, mi sembrano muoversi in un'ottica politicamente contraddittoria e scientificamente critica.

In essi, singolarmente, un sostanziale moderatismo ideologico – che trapela dall'estasiata contemplazione per le nuove funzioni della famiglia, per il volontariato come espressione del vecchio «spirito di servizio» religiosamente motivato ecc. – si coniuga con un sospetto estremismo sociologico. La società, agli occhi di questi autori, sembra potersi rigenerare solo fuori e contro il sistema politico. Poco importa, da questo punto di vista, che la controffensiva del «sociale» – cui è affidato, in definitiva, il compito di salvare un mondo senza anima – si fondi sulla mobilitazione di valori e istituti tradizionali. I *mondi vitali* si giustificano proprio come transazione e come crisi nei confronti dello Stato-apparato. L'ottimismo della volontà, depurato del radicalismo gramsciano, dovrebbe bastare a garantire esiti di pacificazione consensuale con tutte le spinte emergenti dal tessuto devastato della società secolarizzata, evitando derive irrazionalistiche e suggestioni integralistiche. Di qui, per esempio negli ultimi lavori di Ardigò, un ripensamento critico del modello sistemico e un tentativo di convertire Luhmann alle ragioni dell'intenzionalità, fornendogli un supplemento di anima, con tutte le pericolose oscillazioni sul confine dello spiritualismo e le scarse probabilità di successo che un'operazione del genere comporta [8].

---

[7] Punto di riferimento di questo approccio rimane, nel contesto italiano, la produzione di Achille Ardigò, soprattutto nell'itinerario compreso fra *Crisi di governabilità e mondi vitali* (Cappelli, Bologna 1980) e *Per una sociologia oltre il post-moderno* (Laterza, Roma-Bari 1988). Ma si vedano anche P. Donati, *Pubblico e privato: fine di un'alternativa?*, Cappelli, Bologna 1978 e Id., *Risposte alla crisi dello stato sociale. Le nuove politiche sociali in prospettiva sociologica*, Angeli, Milano 1984; un cenno critico all'impostazione sistematica di A. Ardigò ho sviluppato nell'Appendice alla terza edizione del mio *Manuale di sociologia*, Laterza, Roma-Bari 1989.
[8] I teorici del «privato sociale» si sono interessati in modo peculiare delle tematiche del cosiddetto neo-corporativismo. In particolare, Ardigò – commentando alcuni lavori di Schmitter – si sforza di definirlo nei termini di una nozione meramente relazionale, estranea alle formulazioni binarie dei paradigmi politici classici (progressista/conservatore, destra/sinistra, pubblico/privato ecc.), di tipo circolare e comunicativo, non riducibile a «scambio

In estrema sintesi, tutte le teorie che insistono su una rappresentazione della società come pura relazione e come metafora di un universo «senza vertice e senza centro» finiscono per muoversi su una strada speculare, ma in fondo complementare, alla aggressiva riduzione politologica della «complessità» a fatto istituzionale puro.

Insieme, le une e le altre manifestano un deficit della teoria che è, anche, abdicazione agli imperativi politici – nel significato alto ed eticamente motivato del termine – di una rinnovata sociologia sostanziale.

È forse tempo, allora, di mettere mano a quella propedeutica demolizione degli *idola* che è essenziale a un lavoro di costruzione/ricostruzione della teoria.

Il discorso è necessariamente frammentario, poco più che un canovaccio per più articolate riflessioni future. Ma essenziale mi sembra, intanto, liberarsi dai ricatti della retorica e del luogo comune.

Abbiamo visto come la categoria di modernizzazione – spesso disinvoltamente tradotta in quella di innovazione istituzionale formale – rappresentasse la chiave di lettura privilegiata nell'analisi dei movimenti e la ragione legittimante delle elaborazioni istituzionalistiche del decennio successivo. E abbiamo osservato come la valenza ideologica del termine configurasse una ricaduta negli stereotipi del funzionalismo più banale e attardato, quello dello «sviluppo politico». Per questa via, si avvallava l'immagine di un sistema percorso da dinamiche impetuose e travolgenti di mutamento sociale, bisognoso soltanto di riattivare il metabolismo istituzionale con qualche iniezione di carisma.

Peccato che questo ottimismo si scontri con le risultanze di ricerche anche recentissime che dimostrano la persistente discrasia fra elevata *mobilità assoluta* – nel senso dei passaggi nella condizione individuale di classe indotti dalle trasformazioni economiche – e *mobilità relativa*, riferita al concreto sistema delle diseguaglianze [9]. Nel contesto italiano, come in quello di altri

politico». A suo parere, nell'Italia degli anni Settanta non si può perciò parlare di sviluppi neo-corporativi, bensì di accresciuto scambio politico e di allargamento dei circuiti di decisionalità (per esempio ai sindacati e ai partiti di opposizione) in funzione di adattamento alla crisi economica. Sarebbe urgente, invece, mettere mano a un modello alternativo (basato sul privato sociale?). Cfr. A. Ardigò, *Sviluppo e crisi del neocorporativismo democratico*, in A. Tarozzi (a cura di), *Stato d'emergenza*, Angeli, Milano 1983, pp. 35-56.
[9] AA.VV., *La mobilità sociale in Italia*, in «Polis», 1, 1988, pp. 5-150.

paesi industriali avanzati, ciò significa che siamo ancora ben lontani da una struttura che consenta l'esercizio delle «pari opportunità». I privilegi sociali persistono e tendono addirittura a rinforzarsi attraverso inediti quanto insidiosi meccanismi di socializzazione combinatoria (scuola più media). La società italiana è sicuramente diversa dal passato. Non per questo più giusta e più aperta. E peccato che anche da parte di ricercatori finalmente attenti al dato strutturale ineliminabile, che deve fare da sfondo all'elaborazione teorica, giungano perentori inviti alla cautela. Penso all'elaborata, ma non artificiosa, tipologia delle classi e dei luoghi sociali del conflitto nell'Italia contemporanea che ci ha proposto Massimo Paci [10]. Un modello che nasce dall'osservazione empirica della realtà e che, rifacendosi alle categorie sociologiche classiche di produzione e di cittadinanza, giunge a una critica severa tanto delle letture economicistiche di una «crisi» che investe valori, identità e sistemi di coerenza, quanto delle fughe per la tangente idealistica (spesso coniugate con il moralismo di circostanza che porta a vagheggiare ambigui «mondi vitali» o consolazioni estetizzanti stile rapporto CENSIS).

4. Oltre gli schemi e l'«ideologia italiana»

Sarà allora opportuno guardarsi da angusti frettolosi schemi che – per voler spiegare troppo e tutto insieme – impediscono di cogliere la vera complessità e la contraddittorietà di un caso come quello italiano.

Questa pericolosa inclinazione tipologica si accompagnava, come abbiamo visto, a una vistosa propensione per tutti quei modelli di comportamento politico che sembrano rompere la gabbia delle mediazioni sociali e facilitare l'esercizio diretto di un'autorità personalizzata (e tendenzialmente carismatica). Ci siamo soffermati sulla questione del leader e della leadership, ma ad essa si può aggiungere la retorica populistica che ha trasformato l'esercizio dei referendum in manovra subalterna al gioco governativo o in pratiche plebiscitarie che hanno sortito l'effetto di una delegittimazione strisciante di alcuni istituti cardine di una demo-

---

[10] Cfr. M. Paci, *Il sistema delle disuguaglianze di classe*, in U. Ascoli, R. Catanzaro (a cura di), *La società italiana degli anni Ottanta*, Laterza, Roma-Bari 1987, pp. 50-66.

crazia rappresentativa (i sindacati sconfessati di fatto dall'appello al popolo sulla scala mobile o la magistratura coinvolta in una rischiosa esperienza di «ridefinizione dei confini» con il sistema partitico ecc.)

Queste pratiche, che sono qualcosa di più di un'anticipazione delle auspicate «riforme», ignorano irresponsabilmente questioni davvero nevralgiche, come quella del controllo pubblico sui poteri invisibili e, in generale, su quella concentrazione reale del potere – economico, politico, degli strumenti di influenza sociale – che rappresenta l'altra faccia della conclamata «complessità» e della obiettiva frantumazione della rappresentanza politica.

Assenti rispetto al disvelarsi di una realtà ancora segnata dalle diseguaglianze sociali primarie, indifferenti rispetto alla difesa delle regole del gioco essenziali all'esercizio della democrazia (qualcosa di più serio e impegnativo dell'opportunità di abrogare il voto segreto in Parlamento), pervase da fremiti populistico-carismatici cui riesce problematico restituire verginità progressista attraverso il richiamo a testimonianze sociologiche anteriori alla stagione dei totalitarismi di massa: questo è il profilo sintetico delle teorie costitutive, quella che, parodiando Marx, potremmo chiamare la contemporanea «ideologia italiana».

Fuori dalle scorciatoie procedurali – le tecnologie del governo – e dalle pulsioni irrazionalistiche, avvertita dell'esistenza di ragioni di preoccupazione per i destini della società che non sono riducibili a esercizi di politologia formale, una rinnovata sociologia sostanziale deve oggi coniugarsi con un pensiero democratico forte. Non deve, cioè, rinunciare a rintracciare la società reale dietro le rappresentazioni stilizzate, ma neppure ignorare le ragioni di una Grande Riforma istituzionale, che sia grande davvero, perché ispirata alla preservazione e all'espansione della democrazia e non alla sua contrazione in funzione della bassa cucina – essa sì, partitocratica – dei potentati in conflitto.

È questa, mi sembra, la sola chiave di lettura che si applichi a una relazione attiva fra soggettività ridefinite dal mutamento, società come luogo del conflitto e della mediazione, istituzioni e potere, se è vero – come ha efficacemente sostenuto Giuseppe Cotturri – che «il luogo ove si contende per la ri-forma del soggetto è quello stesso della riforma istituzionale» [11].

[11] G. Cotturri, La società della politica istituzionale, in AA.VV., Militanza senza appartenenza, Editori Riuniti, Roma 1986, p. 8.

II

LA QUALITÀ DEI SERVIZI

1. Università: autonomia da chi?

Nella situazione pratica dei rapporti politici, l'«ideologia italiana» è riuscita solo a inverare, programmi ideali a parte, un piccolo «capolavoro». Negli Stati Uniti si è riusciti a separare la religione dallo Stato; in Italia si è fatto qualcosa di più: si è separato lo Stato dai cittadini.

Non può dunque meravigliare, a parte la corruzione endemica, ossia la pratica delle cosiddette «tangenti» che gli esattori dei partiti esigono anche solo per rilasciare una licenza o un documento dovuto, il ritardo italiano con riguardo ai servizi fondamentali d'un paese mediamente civile, da quelli dell'istruzione pubblica, di ogni ordine e grado, ai servizi sociali ·che definiscono il livello di modernità e di efficienza di una società odierna tecnicamente progredita.

Iniziando il nostro rapido esame con l'università, occorre subito notare che l'università italiana è generalmente in coma per tutta l'estate. La «International Herald Tribune» del 28 agosto 1989 prevedeva la fine della lunga siesta agostana dei paesi mediterranei con l'avvento del fatidico 1992. Illusioni. Il costume evolve con un suo ritmo bradisismico che sembra del tutto indifferente alle scadenze legislative.

Al confronto con l'università italiana, le università negli Stati Uniti sono fabbriche a ciclo continuo. Lavorano d'estate come d'inverno. Fanno pensare ai vecchi altiforni dell'industria pesante o alle nuove industrie elettroniche del terziario avanzato di oggi. Forse l'Italia dovrà mettersi al passo un giorno o l'altro, dovrà scaglionare le vacanze, rinunciare alla grande parentesi – e paralisi – estiva. Anche l'università dovrà seguire il ritmo della società globale, sposarne, piaccia o meno, la logica onniavvolgente. Ma fino a che punto? Anni fa fu proprio un sociologo americano, David Riesman, a spiegarci, in *Constraint and Variety in American Education* [1], come le università non vivano nel limbo e necessariamente finiscano per modellarsi e adattarsi alle domande della società.

Queste domande, e non altro, dovevano essere, secondo l'illustre sociologo americano, il criterio direttivo della evoluzione strutturale e delle caratteristiche organizzative del sistema universitario. La cosa fu compresa e piuttosto pedissequamente seguita in Italia. Da Gino Martinoli, ottimo «organizzatore industriale» formatosi alla scuola di Adriano Olivetti, a Giuseppe De Rita, fondatore del Censis, non sono certo mancati in Italia gli *education economists*, più o meno tecnocraticamente sbilanciati, che hanno reso popolare la concezione dell'università come azienda. Oggi si nota, non solo in Italia, ma in primo luogo in America, un certo ripensamento. Intanto, se fosse veramente considerata come azienda, l'università italiana dovrebbe già aver chiuso da un pezzo i battenti, dichiarando un clamoroso fallimento per sottoutilizzazione degli impianti, obsoleti del resto, e per l'alta mortalità dei suoi «clienti», vale a dire degli studenti, che si iscrivono in massa, ma poi si laureano in gruppi sparuti.

È noto infatti che da oltre dieci anni, ormai, dei circa 250 mila giovani che ogni anno si iscrivono all'università, appena 77 mila riescono a laurearsi. Dunque, meno di uno su tre. Rispetto ai 164 mila colleghi francesi, ai 127 mila tedeschi e ai 124 mila inglesi, lo scarto è impressionante. Ma diventa ancor più allarmante se dai dati quantitativi si passa alla valutazione qualitativa del famoso «pezzo di carta», la laurea, che è tuttora il solo titolo cui possa ambire la massa degli iscritti nelle università italiane.

Fin dal progetto di riforma dell'on. Luigi Gui, nella seconda metà del 1966, l'esigenza è stata riconosciuta. Ma il problema, anche in vista dell'integrazione europea del 1992, quando la questione dell'equipollenza dei titoli universitari fra i vari paesi europei si porrà in termini d'urgenza, si fa drammatico. Le società odierne appaiono profondamente trasformate rispetto a quelle del passato, anche del passato prossimo. Alla differenziazione e alla maggiore complessità di queste società deve necessariamente cor-

---

[1] University of Nebraska Press, Lincoln NE 1956.

rispondere una adeguata specificazione dei titoli universitari. Solo l'Italia, nel panorama odierno, continua ad avere la laurea come titolo universitario esclusivo, a parte i dottorati di ricerca, istituiti di recente. Si è enfaticamente insistito sugli sbocchi professionali e sul ravvicinamento dell'università alla vita e ai problemi del territorio, ma intanto continua ad essere vero che l'università italiana è l'espressione d'una società statica, artigiana e contadina, che non c'è più.

Alla evoluzione e alla differenziazione della tecnologia produttiva e distributiva deve accompagnarsi la specificazione della preparazione e dei titoli universitari, secondo almeno tre livelli: *a*) il dottorato, soprattutto teso alla riproduzione della docenza e della ricerca ad alto livello: *b*) la laurea di oggi; *c*) il diploma, come titolo applicativo e dotato di adeguati contenuti teorici e sperimentali, secondo esperienze già ampiamente collaudate in Francia, in Inghilterra e in Germania.

È vero inoltre che in Italia si investe ancora troppo poco nella formazione. Malgrado i progressi recentemente realizzati, l'Italia spende per la formazione solo l'1,45 per cento del prodotto lordo, la metà di quello che spende la Germania, e il 60 per cento della Francia e dell'Inghilterra.

Però, anche a proposito della formazione, le sorprese non mancano. La formazione è generalmente invocata da coloro che si preoccupano di rispondere positivamente al quesito «a che serve l'università?». Tanto vale domandarsi a che serva un bambino. Come fonte e organo di trasmissione delle conoscenze sul piano critico, l'università è un valore in sé. Volerla legare troppo strettamente alle esigenze immediate dell'economia e della società può voler dire, con le migliori intenzioni, soffocarla. La corsa all'iperspecializzazione può autoannullarsi.

È un fatto che appunto nelle società tecnicamente più progredite si nota oggi un ritorno alle impostazioni globali e generali, al bisogno di cogliere i nessi delle interdipendenze funzionali. In altre parole, si torna a riconoscere che non si può fare a meno, soprattutto ai livelli più alti e a quelli intermedi, della capacità di sobria valutazione globale delle situazioni produttive e sociali.

Il libro di Allan Bloom, *La chiusura della mente americana* [2], è in proposito una spia importante. Il libro non appare tutto

[2] Trad. it. Frassinelli, Torino 1988 (ed. orig. 1987).

condivisibile; dà giudizi talvolta avventati, come quando, a proposito della geniale antropologa Margaret Mead, dice che si trattava in fondo di una persona sessualmente depravata. Ma il senso generale è chiaro: non bisogna eccedere nello specializzare; si rischia una frammentazione e una segmentazione del sapere che può risultare deleteria e distruggere alla base la possibilità di giudizi critici personali.

Naturalmente le università non piovono dalle nuvole e sono influenzate dal loro contesto specifico. Se ne possono delineare almeno quattro modelli:

a) l'università humboldtiana, o umanistico-universaleggiante, deputata alla formazione intesa come *Bildung* della persona, del «grande individuo»;

b) l'università specialistica ad alto livello, del tipo *Hochschule* in Germania o *Ecole nationale d'Administration* in Francia;

c) l'università come terreno di socializzazione primaria extra-familiare in senso moderno, soprattutto per giovani provenienti da famiglie provinciali arcaiche;

d) l'università intesa come poco più del campo di «dibattito democratico» e di agonismo politico.

È appena il caso di osservare che questi modelli non vanno scambiati con la realtà effettiva, ma sono semplici costrutti mentali per aiutare la ricerca empirica sui vari modi in cui è di fatto vissuta l'esperienza universitaria. Ciò che resta comune a tutte le università degne di questo nome è l'autonomia degli insegnamenti e quindi la non subordinazione al mercato, vale a dire ai bisogni pratici immediati dell'economia e della società globale. Anzi, può essere fondamentale per l'università fare proprio il contrario di ciò che la società richiede da essa. È in questa caratteristica che si profila la sua peculiare capacità di anticipare gli sviluppi sociali, di dare ad essi un appuntamento prima ancora che siano sotto gli occhi di tutti.

Una seconda caratteristica – interna – dell'università è il principio selettivo. L'università deve essere aperta a tutti, ma, una volta garantita la democraticità dell'accesso, il filtro selettivo deve funzionare in maniera forte e continuativa per non ridurre l'università al lamentevole rifugio di demagoghi ignoranti e di miserabili spostati.

Da questo punto di vista gli errori accumulati in Italia sono straordinari. Si è creduto di ottenere la democratizzazione dell'università semplicemente aprendone le porte. Ma l'università di massa, senza servizi, scientifici e sociali, riesce alla fine più elitaria e più chiusa di quella tradizionale: gli studenti che godano di speciali appoggi e acconce «aderenze», per lo più familiari, sono in grado di raggiungere il professore, valersi delle biblioteche e dei laboratori, riuscire a trovar posto in aula arrivando alle sette del mattino. Non è certo questo il caso del fuorisede o dello studente-lavoratore. Per lui l'ora dell'alta cultura e della formazione in senso moderno, critico, non è ancora suonata né è dato di sapere, dalle notizie attualmente disponibili, se e quando suonerà.

A ciò s'aggiunga, con riguardo ai docenti, l'emergere di un nuovo tipo sociale, che vorrei chiamare il «gangster accademico», se, almeno in Italia, non fosse più spiccio e più chiaro far riferimento alle motivazioni e ai comportamenti dei gruppi di stampo mafioso tradizionale. Questo corpo docente managerial-mafioso confonde deliberatamente valutazioni scientifiche e cooptazioni clientelari, svuota i concorsi a cattedra mediante raffinate intese ufficiose, ma ferree, fra gruppi esterni alle commissioni giudicatrici, privatizza, monopolizzandole, risorse pubbliche (strutture di servizio e fondi di ricerca) mutuando le tecniche «lottizzatrici» dai partiti politici.

2. Una politica sociale al servizio del cittadino

Il rapporto fra istituzioni e cittadini oggi in Italia appare inesistente o perlomeno gravemente deteriorato. Le istituzioni sono sulla difensiva. Vedono nel cittadino, non la fonte della sovranità, ma, al più, un intoppo di cui liberarsi al più presto o un importuno che si può impunemente ignorare.

La cultura politica che regge e giustifica le politiche sociali in Italia è inadeguata, limitativa, disperatamente obsoleta. Si è nutrita per anni, per decenni, di confusioni concettuali e di mezze verità che impediscono la visione chiara delle situazioni umane problematiche da fronteggiare e che intralciano il cammino. Non è il caso, credo, di insistere su quello che altrove ho chiamato il «mito organizzativistico», vale a dire la tendenza a ridurre i problemi del potere politico e degli interessi materiali antagonistici a problemi tecnici di aggiustamento interstiziale e di ingegneria istituzionale, eliminando così la questione del consenso o del compromesso circa i valori finali collettivi e le mete ideali. Dal punto di vista strettamente etico, è una politica sociale che si fonda ancora sull'idea di assistenza come iniziativa caritativa, e in quanto tale opzionale; espressione di una generosità occasionale – e, beninteso, sempre a patto che la legge finanziaria dell'anno in corso lo permetta –, che nella sua stessa discrezionalità mostra il suo volto essenzialmente paternalistico, se non subdolamente manipolativo. Siamo fermi all'assistenzialismo di Bismarck mentre dottamente discorriamo dei «diritti di cittadinanza» [3].

Sembra dunque indispensabile ripensare le basi della politica sociale. Le ideologie globali dell'Ottocento sono al tramonto e hanno mostrato tutta la loro incapacità di collegarsi con i bisogni circoscritti, empiricamente determinabili, degli individui e dei gruppi storicamente determinati. Per queste ragioni è necessario rielaborare la cultura del sociale, anche per non cadere dal globalismo ideologico nelle trappole astrattamente mortali delle astoriche costruzioni della teoria dei sistemi. È difficile a questo proposito calcolare, oggi, quanto danno abbia arrecato all'analisi dei problemi strutturali e operativi dell'odierno Stato sociale in via di formazione l'impostazione sistemica generalmente associata al nome di Niklas Luhmann. In essa l'individuo con la sua viva, irripetibile e irriducibile concretezza, l'individuo datato e vissuto, è stato sacrificato alle dure esigenze della logica impersonale del sistema. L'individuo è stato ridotto a nient'altro che «l'ambiente del sistema». Ha perduto la sua specificità; non può più costituirsi come soggetto unico, irriducibile ad altro, imprevedibile, fine legittimante e mai strumento dell'azione politica e sociale. I recenti tentativi, ad opera di studiosi solerti e agguerriti, di recare a siffatto impersonale sistema – di cui si potrà al più ammirare la cogente, audace e simmetrica onni-includente architettura – una coscienza sociale all'altezza delle esigenze di oggi sono purtroppo destinati a un amaro fallimento. La globalità recuperata attraverso la teoria dei sistemi sulle macerie dell'ideologia non tarderà a rivelarsi come una globalità vuota, se non come l'espressione d'un gelido ordine burocratico che gira su se stesso secondo la regola dell'eterno ritorno dell'identico.

[3] Si vedano in proposito P. Barcellona, *Il ritorno del legame sociale*, Bollati Boringhieri, Torino 1990; S. Veca, *Cittadinanza*, Feltrinelli, Milano 1990.

3. Dallo Stato di diritto allo Stato dei diritti

Sembra invece utile tentare il recupero della prospettiva storica e cercare di comprendere la sequenza in base alla quale siamo passati dallo Stato liberaldemocratico, le cui insufficienze sono state storicamente fra le cause del sorgere dei fascismi europei, allo Stato pluriclasse socialmente orientato, e infine, come termine ideale, allo Stato dei diritti. Il compito, come risulta evidente anche da una prima, rozza enunciazione, è immane. Non consente, d'altro canto, scorciatoie né può esprimersi con le pittoresche formule ad effetto in cui sembrano specializzarsi oggi molti presunti politologi e sociologi, la cui corriva superficialità è pari solo alla loro notevole irresponsabilità intellettuale.

La differenziazione fra i vari tipi di Stato è piuttosto recente e alle orecchie fini dei giuristi di buona scuola non può non suonare scandalosa. Fino a tempi relativamente recenti lo Stato era la sede del *summum imperium*, secondo un ordine gerarchico fisso, hobbesiano, che non consentiva deroghe o eccezioni, frutto di un *pactum subiectionis*, volto a liberare il cittadino dal terrore (*metus*) della morte violenta, non mitigato in alcun modo da un democratico *pactum unionis*. Trattando della sovranità statale, Carl Schmitt parlava, non metaforicamente, di una «politische Theologie». E del resto lo stesso Max Weber, dal punto di vista sociologico, definisce lo Stato come l'organizzazione che ha il monopolio della violenza legittima in un determinato territorio. Solo verso la fine degli anni Settanta la struttura monolitica dello Stato comincia a sgretolarsi e a dar luogo a una tipologia relativamente fluida.

La descrizione dello Stato liberaldemocratico monoclasse si presenta tutto sommato piuttosto agevole, consegnato com'è, questo modello, all'esperienza storica conclusa o in via di conclusione. Si tratta di uno Stato a base sociale ristretta, in cui gli elettori, pur con il suffragio universale legislativamente promulgato, non superavano, per quanto riguarda l'Italia, il mezzo milione a fronte di ventisei milioni di abitanti. Elettori che erano tenuti del resto sott'occhio dai prefetti giolittiani, cui non facevano difetto né le norme di polizia né la fantasia per controllare la «popolazione sottostante» o «subalterna». Basta ricordare le note denunce che vanno da quelle – brucianti – di Gaetano Salvemini nel

Ministro della malavita, alle amare, puntigliose descrizioni di contadini che andavano alle elezioni con le tasche delle giacche cucite ad evitare l'invalidazione per porto di coltello, che ci sono state lasciate da Ignazio Silone [4].

È appena necessario menzionare qui il carattere ferocemente elitario del processo di unificazione della penisola e le manipolazioni della politica delle annessioni plebiscitarie tanto da far pensare alla costruzione dell'Italia unita più come a un episodio di storia franco-savoiarda, se non ad un episodio meramente dinastico, che a un consapevole moto unitario dal basso, tipico del sorgere delle grandi consapevolezze nazionali, da quella americana a quella inglese e francese.

Non è questa solo una questione che possa commuovere gli eruditi. Alcune caratteristiche dello Stato monoclasse sono ancora alla base di vistose sopravvivenze odierne. I poveri sono considerati come pericolo sociale, sulla falsariga, spesso inconsapevole, delle trattazioni paleopositivistiche del problema, legate alle meccanicistiche teorizzazioni, fra gli altri, di Scipio Sighele nel suo volume *La folla delinquente*. Potrà parere ingeneroso ricordarlo qui, e adesso, ma fino a tempi recentissimi – fino alla costituzione del ministero per gli Affari sociali – è noto che i poveri e in generale tutta l'assistenza erano con molta naturalezza affidati al ministero dell'Interno, cioè al ministro di polizia. Gli archivi delle prefetture documentano che lo Stato liberaldemocratico, che più tardi i fascisti avrebbero definito lo Stato «guardiano notturno», a significarne il non interventismo, in realtà dei poveri si occupava, ma solo in quanto potevano costituire una minaccia per l'ordine pubblico e per la sicurezza della società. Le questioni dell'analfabetismo e quella dell'igiene sociale si ricollegano, con grande coerenza, a questa impostazione. Con l'istruzione gratuita obbligatoria si sperava di far uscire i cittadini dall'inferno della povertà cronica, strutturale e autoperpetuantesi, ma a poco a poco, con quella gradualità che garantisce i cambiamenti senza scosse, *come individui* e non come movimento sociale compatto, di per sé foriero di tempeste sociali.

È nel primo dopoguerra, a seguito dello scossone che la

---

[4] A proposito di Giovanni Giolitti che, com'è noto, godette di una particolare rivalutazione ad opera anche di Palmiro Togliatti, si vedano invece i commenti all'ottavo volume della *Storia d'Italia* di Giorgio Candeloro da parte di Nicola Tranfaglia, *Perché non possiamo assolvere Giolitti*, «La Repubblica», 15 marzo 1975.

guerra mondiale aveva significato per tutto il mondo della *belle époque* europea, che prendono piede attività di servizio sociale continuative e burocraticamente organizzate, al di là della pura protezione sporadica. Sindacati di classe e partiti socialisti di massa sono ormai presenti e attivi sulla scena storica. Lo Stato diviene pluriclasse. È uno Stato socialmente orientato, che nel caso italiano, con il regime corporativo fascista, dittatoriale e interventista, porta all'istituzione dell'INPS, dell'INAIL, dell'ONMI, dell'INAM, e così via.

Sta però di fatto che l'iniziativa sociale di questo Stato è legata a modi di intervento essenzialmente burocratico-polizieschi, in cui demagogia e paternalismo totalitario si mescolano in proporzioni variabili. I beneficiari dell'assistenza sociale permangono nella condizione subalterna di sudditi, destinatari passivi dei «doni» del regime, cui non arriderà mai la speranza di divenire protagonisti attivi del processo sociale e politico. Con il secondo dopoguerra, gli scenari mutano. Negli Stati Uniti viene a poco a poco declinando l'eredità del New Deal rooseveltiano; Ronald Reagan decreterà la sua fine riconsegnando le questioni sociali, attraverso la *deregulation*, nelle mani, impersonali e crudeli, del mercato, assunto in questo caso come una sorta di supremo giudizio di Dio, secondo i criteri di un darwinismo sociale le cui disastrose conseguenze sui livelli di vita degli americani sono per ora difficili da calcolare. In Europa e specialmente in paesi come l'Italia, sembra invece affermarsi e dominare, in forma ancora incerta e slabbrata, un modello di Stato che per il momento non appare come un tutto congruo, suscettibile di definizione giuridica in senso proprio, e che tuttavia non è inammissibile indicare come un embrionale Stato sociale.

Se fossi costretto a usare una formula definitoria per questo Stato sociale, non certo per additare una realtà empirica già storicamente esistente, bensì un termine ideale il cui raggiungimento costerà fatiche organizzative, coraggiose revisioni concettuali, lacrime e sangue, mi limiterei a dire che lo Stato sociale è lo Stato dei cittadini, ossia lo Stato in cui non si abbiano più a fronteggiare i garantiti e i non garantiti, i cittadini partecipanti al processo democratico *pleno jure* e i cittadini-sudditi, più o meno definitivamente emarginati come permanente sotto-classe.

Potrei, se debitamente pressato, precisare che questo Stato sociale non è lo Stato di diritto. È invece lo *Stato dei diritti*.

Questo tipo di Stato ha perduto le sue caratteristiche essenzialmente coercitive ed elitarie. È uno Stato che appare profondamente radicato nelle basi della società; è uno Stato che non presume di assorbire in sé tutta la società civile; è uno Stato essenzialmente personalista e comunitario. In esso non hanno più diritto di cittadinanza i «diritti vuoti», quelli che facevano dire a Marx: come i cristiani sono eguali in cielo, ma non in terra, così i cittadini sono eguali di fronte alla legge, ma non sul piano degli interessi materiali di vita. Le discussioni sui diritti, giuridicamente formulati e promulgati, e le risorse effettivamente disponibili per tutti i cittadini non sono più proponibili come alibi.

Le odierne tensioni fra *entitlements* (o diritti) e *provisions* (o risorse), di cui discorre ampiamente con il consueto accattivante praticismo di diligente burocrate Ralph Dahrendorf, scaturiscono dalle contraddizioni e dai dilemmi dello Stato democratico pluriclasse socialmente orientato, di cui scrivevo nel 1954, introducendo *L'azione volontaria* di Lord Beveridge in Italia.

Ma lo Stato di cui parlano Beveridge e Dahrendorf non può essere spacciato, se non con inammissibili forzature, per lo Stato sociale [5]. Notavo allora, introducendo in Italia il testo di William Beveridge, che

l'interpretazione spenceriana dello Stato, quella che sottende la posizione liberale tradizionale, è puramente negativa. [...] La formulazione classica di questa posizione la si può trovare in *Man versus the State*. Essa corrisponde abbastanza esattamente agli interessi delle classi medie al loro sorgere nel mondo moderno, in rivolta contro i residui del dispotismo feudale e appassionatamente devote alla libertà di movimento, di azione e di atteggiamento dell'individuo.

Non c'è strabismo, temo, che possa far scambiare questa situazione storica e culturale con quella italiana. La ricetta di Beveridge contro gli eccessi dell'autoritarismo centrale e il mito dello Stato onnipresente e onnisciente è di natura strettamente pragmatica e non ha riscontro nella cultura politica italiana, salvo forse il caso del gran lombardo Carlo Cattaneo, del resto presto isolato e battuto, con il suo giudizioso, sobrio e tenace riformismo, dalla retorica delle patrie carducciane e dei «soli dell'avvenire» privi di avvenire.

[5] Cfr. il mio *La sociologia come partecipazione*, Taylor, Torino 1961, pp. 90-97.

4. La carente mediazione politica fra Stato e Società

In Italia non sono solo le carenze a suo tempo individuate da Piero Gobetti a pesare (mancanza di una rivoluzione politica, come in Francia, e di una riforma religiosa, come in Germania). C'è di più, e di peggio. Bisogna fare uno sforzo e andare a rileggere, sociologicamente, il codice Rocco, che solo da pochi giorni ha subito varianti procedurali di un certo rilievo con riguardo al processo penale. Vi spira una fredda, coerente aria di *autoritarismo centralizzato assoluto*, in cui la spaccatura classista della società viene esaltata come una funzionalità ritenuta nello stesso tempo necessaria e auspicabile. Ad Alfredo Rocco corrisponde, sul piano della scuola e su quello, più ampio, della cultura politica, Giovanni Gentile. Con la sua riforma, Gentile deliberatamente riserva il ginnasio e il liceo alle classi alte, vivaio per i futuri dirigenti in tutti i campi, mentre alle classi popolari vengono indicati i corsi della «scuola di avviamento professionale», secondo un disegno di autoperpetuazione delle élite al potere in cui l'intelligenza si suppone duramente condizionata dalle origini sociali e familiari.

Che ancora oggi la politica sociale, come è stato notato, venga sempre più declassata ad interventi secondari subordinati alle decisioni di politica economica, dimenticando che quest'ultima deve essere uno strumento in ordine al raggiungimento di obiettivi sociali [6], non può sorprendere più di tanto. Siamo di fronte alla conferma del teorema di Pareto circa la persistenza degli aggregati e le sopravvivenze socio-culturali. Insistere sulle nuove forme dell'assistenza sociale e sulla nuova configurazione professionale che dovranno assumere gli assistenti sociali per riuscire a congiungere positivamente «funzioni professionali e funzioni gestionali» potrà essere necessario, ma non è certamente sufficiente [7].

Non è una questione che si esaurisca in una sorta di nuova *job analysis*; non riguarda solo una diversa definizione delle mansioni dell'assistente sociale. È una questione che investe direttamente il potere politico, tocca il problema della allocazione delle risorse disponibili, chiama in causa gli obiettivi sociali legittimanti. Per la classe dirigente italiana di oggi, nella sua accezione più

---

[6] Cfr. M. Ghezzi, *Tra stato, mercato e volontariato quale futuro per i servizi sociali*, in «La Rivista di Servizio sociale», 2, giugno 1989, p. 15.
[7] Cfr. G. Barneschi, *L'assistente sociale con incarichi di responsabilità gestionali nei Comuni/U.S.L.*, in «Rassegna di Servizio sociale», p. 27.

vasta, ossia come classe governante e come classe influenzante, mi sembra chiaro che il sociale è ancora solo un *optional*. Di qui deriva, a mio giudizio, la sostanziale ambiguità della formula, «riforma dell'assistenza e dei servizi sociali». L'obiettivo da perseguire, nelle condizioni odierne, è quello di «una rete di servizi sociali» in grado di rivolgersi tempestivamente ed efficacemente con una serie di prestazioni ai cittadini-utenti. Ciò richiede, però, preliminarmente l'accertamento e la definizione dei «bisogni», individuali e sociali. Non solo. Occorre anche mettere a punto gli strumenti di verifica dell'attuazione delle iniziative assistenziali, della loro validità, efficacia, corrispondenza ai bisogni. Mi limito a citare un solo esempio. Il servizio sanitario nazionale non ha che dieci anni di vita: anni difficili, forse fallimentari, se già si prospetta una riforma che non è un aggiustamento, ma un rivoluzionamento dei principi ispiratori e degli strumenti esecutivi. Su che cosa si basano le nuove proposte? Con quali strumenti sono stati accertati e interpretati i diffusi disagi dei cittadini? Di più: con quale flessibilità si sapranno adattare gli interventi in modo che gli obiettivi non vengano omessi o contraddetti?

Il punto di riferimento, in Italia, è dato dalla Costituzione repubblicana; in particolare dall'articolo 38, ma anche dagli articoli 3, 30, 31. È appena necessario notare che, nonostante una Costituzione scritta e perfezionistica come quella italiana, l'attenzione ai diritti sociali nel corso di oltre quarant'anni è stata rapsodica, piuttosto farraginosa, attenta e attivata più dalle urgenze politiche dell'attualità contingente che dagli imperativi di una coerenza razionale rigorosa. Il cauto costituzionalista ci aveva per tempo messi in guardia contro la frettolosa assimilazione tra diritti di libertà, che potremmo chiamare politici, e diritti sociali, che si collocherebbero nella fase di compimento dei diritti civili e di quelli politici. Il conservatorismo sociale insito nelle basi stesse del ragionamento giuridico splende qui di luce fulgida:

per quanto riguarda i diritti sociali e il diritto al lavoro in particolare – è stato autorevolmente rilevato – la loro realizzazione o meno è conseguenza di fatti che in parte notevole prescindono dall'azione dello Stato. [...] Se con adeguati stanziamenti di bilancio, investimenti che consentano di organizzare meglio la giustizia o la pubblica sicurezza, è possibile immaginare di perseguire l'obiettivo di una maggiore sicurezza dei cittadini, un simile risultato non è altrettanto sicuro quando si tratta di garantire il diritto al lavoro o il diritto alla casa e via dicendo. Questo eccesso di assimilazione tra diritti di libertà e diritti sociali, che si rileva

196

nella dottrina, si ritrova talora anche nella giurisprudenza. E qualcuno in passato, con una buona dose di ingenuità, era davvero convinto che i pretori potessero in alcune circostanze garantire l'acquisizione di posti di lavoro e comunque la loro conservazione.[8]

È chiaro che chi si è battuto in Italia per i diritti sociali e per lo Stato sociale ha avuto una certa quota di illusioni, se non di pura e semplice ingenuità, che una certa vocazione al sarcasmo potrebbe anche presentare come analfabetismo economico o sprovveduta spinta utopistica. Non andrebbe però dimenticata o sottovalutata, dai duri realisti odierni che non perdono occasione per incensare il mercato (che non è più solo italiano – avvertono – ma è anzi europeo, anzi mondiale), la funzione sociale dell'utopia.

Non c'è solo lo Stato. Quando si dice «pubblico», nella pubblicistica politica italiana e, cosa più grave, nella mentalità media dei politici, si pensa unicamente allo Stato. Pubblico non significa solo statale, secondo una impostazione essenzialmente statolatrica, che purtroppo non è stata prerogativa solo della destra politica fascista, ma per anni ha anche permeato e seriamente compromesso le prospettive della sinistra innovatrice. Pubblico significa statale, ma anche, e forse in primo luogo, *sociale*. La società civile è più ampia dello Stato; non può accettare di venirne tutta assorbita senza correre il rischio di negarsi. Lo Stato, ad ogni buon conto, con riguardo ai diritti sociali si è mosso in Italia secondo due modalità di intervento largamente insufficienti: da una parte, trasferimenti monetari e, dall'altra, istituzione di servizi sociali erogatori di prestazioni dirette.

Entrambe le modalità di intervento, non solo in Italia, sono approdate ad esiti per certi aspetti negativi. I trasferimenti monetari non garantiscono livelli minimi di sussistenza, tali almeno da far uscire dalle situazioni di povertà e di indigenza cronica – si vedano in proposito le risultanze della Commissione Gorrieri – né fungono da volano per l'economia con l'aumento dei consumi interni, se non marginalmente e per prodotti di uso comune. I servizi sociali, d'altro canto, non sembrano in grado di trarsi fuori dalla spersonalizzante spirale burocratica, autentica maledizione italiana che frustra nel momento dell'implementazione anche le leggi socialmente più avanzate, con incredibili inefficienze, costi

[8] L. Elia in AA.VV., *Povertà e Stato*, Fond. A. Olivetti, Roma 1987, pp. 110-11.

e sprechi incalcolabili, insoddisfazione ai limiti del tollerabile da parte dei cittadini-utenti. La visione generosa di Claudio Napoleoni che scorgeva il loro trasformarsi in relazione comunicativa umana, pensando al rapporto tra operatore sociale e utente, in una vena forse non immemore dell'apporto di Lord Beveridge, resta a tutt'oggi un prologo in cielo.

Il partito di maggioranza relativa sembra aver preferito in proposito la scelta dei trasferimenti monetari. Si è, anzi, arrivati, con riguardo ad alcuni servizi sociali importanti – per esempio gli asili-nido – a diffondere sospetti e a scoraggiarli privilegiando quote di reddito aggiuntive ai nuclei familiari. Lo stesso discorso va fatto per le pensioni di invalidità, soprattutto nel Mezzogiorno. È certo che un sistema di servizi sociali integrati getterebbe un'ombra di dubbio sulle proposte di «reddito minimo garantito» e sul «reddito di cittadinanza», che vengono non a torto viste come «monetizzazione del disagio sociale». A questo disegno non sono forse del tutto estranee certe proposte come il salario alle casalinghe, sostenuto dalla Federcasalinghe di ispirazione democristiana, l'aumento degli assegni familiari alle famiglie nelle quali la donna lasci il lavoro extradomestico, l'«assegno sociale» dell'on. Gorrieri, e così via.

Nessun dubbio, però, che la questione del salario minimo garantito nasca da un problema reale che meriterebbe un discorso approfondito. La crisi dei vari modelli di Stato sociale, emersi l'indomani della seconda guerra mondiale, data dai primi anni Settanta e piuttosto semplicisticamente è stata legata alla crisi petrolifera, al mutare dell'interscambio con i produttori di materie prime, alle difficoltà degli Stati Uniti di Carter. Si tratta di argomentazioni non del tutto prive di valide pezze d'appoggio, ma non si può trascurare il fatto che in tutta l'area capitalistica altamente industrializzata le due successive ristrutturazioni degli anni Settanta e Ottanta hanno causato una disoccupazione strutturale di massa di lungo periodo e per intere zone. Questa situazione economica in cui l'innovazione tecnologica si traduce in disoccupazione, mentre aumentano sia la produzione che i profitti, è da mettersi in relazione con un dato demografico: l'aumento assai consistente della vita media, sia per gli uomini che per le donne. È appena il caso di osservare che giovani uomini e giovani donne sane, in generale più vicine ai trenta che ai venti, insieme con anziani, uomini e donne, fuori dal lavoro, ma ancora efficienti, non hanno tanto necessità di servizi alla persona, quanto invece di una disponibilità di reddito che consenta loro il concreto accesso a possibilità di scelta. In società come le nostre il mercato resta il luogo dello scambio più precisamente corrispondente ai bisogni individuali. Ciò non va inteso come una frettolosa adesione alla tesi del reddito garantito o a quella, indubbiamente più ideologica, del reddito di cittadinanza. Semplicemente si vuol richiamare l'attenzione sul fatto che, nelle condizioni sociali strutturali di oggi, nessun sistema di servizi sociali potrà mai coprire un «minimo vitale» di consumo per ciascun individuo. Dal punto di vista strutturale, la questione di oggi è data dalle trasformazioni delle attività lavorative di fronte alle nuove tecnologie, dalla quantità-qualità dei lavori necessari o possibili, dalle rapide e continue mutazioni della divisione internazionale del lavoro. In definitiva, ogni sistema di servizio e di sicurezza sociale fa necessariamente perno sull'uso sociale dell'accumulazione, o almeno di una parte di essa.

Le tendenze attualmente in atto non sono affatto rassicuranti. In aperta contraddizione con numerose dichiarazioni di principio, si tende a svincolare gli uni dagli altri i diversi aspetti del servizio sociale (servizi sanitari, sociali, giudiziari, scolastici e formativi). C'è da domandarsi quanta parte di tali operazioni di frammentazione non obbedisca a pressioni settoriali di tipo clientelare o para-mafioso. I riflessi si hanno anche all'interno del servizio sociale e pregiudicano l'aggiornamento e la qualificazione del personale dei servizi socio-assistenziali. Alcune conseguenze sono già evidenti: l'eccessiva frantumazione del mansionario irrigidisce l'utilizzazione delle unità lavorative, fa lievitare i costi, contribuisce a rendere incerta l'erogazione del servizio. Occorrerebbe, certamente, personale qualificato, ma anche flessibile entro un arco piuttosto ampio di mansioni non troppo parcellizzate. In secondo luogo, gli orari dei servizi andrebbero calibrati sulle esigenze effettive degli utenti: oggi, per esempio, gli asili-nido spesso aprono dopo l'inizio della giornata lavorativa; fare una prenotazione in una USL comporta quasi sempre la perdita di ore di lavoro. Sembrano necessari orari diversificati e flessibili e forse un numero maggiore di turni che combinino insieme diritti ed esigenze.

Non mi nascondo che ai patiti delle riforme assolute e globali, qui e subito, – particolarmente numerosi nella retorica Italia del «bel canto» – queste e consimili osservazioni appariranno marginali, se non risibili. Esse toccano però la quotidianità effettiva di uomini e donne in un paese in cui la comunità è stata divorata da famelici e feroci corporativisimi neo-feudali. Si dice che la democrazia italiana sia «incompiuta». Ma la democrazia è sempre incompiuta, per definizione. Bisognerebbe forse parlare di cittadinanza «imperfetta», non ancora pienamente raggiunta, di sudditi che faticosamente cercano di diventare cittadini, schiacciati sotto il tallone di inamovibili capipartito e capicorrente e grandi burocrati che, passando la mattina nelle loro auto blu, hanno l'aria ilare, serenamente cinica, di distratte truppe d'occupazione. È il limite invalicabile, la smentita senza possibilità di appello dei fautori della democrazia esclusivamente come procedura, dai cultori della teoria dei sistemi ossessionati dalla governabilità ai politologi del formalismo giuridico, da Norberto Bobbio e Giovanni Sartori a Giorgio Galli e Niklas Luhmann, che al nitore rigoroso della coerenza formale sacrificano lo slabbrato agitarsi emergente da quella che Max Weber chiamava la razionalità «materiale», troppo scomposta e imprevedibile e insopportabile al loro acutissimo senso estetico.

Per quanto riguarda i servizi pubblici essenziali (trasporti, poste e telecomunicazioni, ospedali) l'Italia è oggi il fanalino di coda della Comunità economica europea. L'appuntamento con l'Europa del 1992-1993 rischia ora di porsi come una scadenza angosciante. L'incapacità di decidere da parte del governo o la protervia di decidere solo in base a convenienze di corrente o di partito, e quindi a breve termine, senza prospettiva e senza visione, significa oggi più che la paralisi. Equivale ad affogare, ad auto-emarginarsi dall'Europa, a divenirne un'appendice irrilevante, il «molle bassoventre», di cui parlava, negli anni di guerra, Winston Churchill.

Un recente editoriale del «Financial Times» (marzo 1990) usa il pettine di ferro nell'analizzare l'odierno panorama italiano con riguardo sia ai poteri pubblici che agli operatori economici privati:

...i governi italiani hanno fino a questo momento intrecciato una serie straordinaria di non-risultati: la ristrutturazione delle imprese pubbliche [...] in settori come quello del materiale ferroviario o della impiantistica industriale è lettera morta; le politiche di sostegno agli investimenti sono rovinose, eccessive, spesso sbagliate; i mercati finanziari, specialmente la Borsa, sono ancora arretrati e insufficientemente regolamentati mentre tutti i tentativi di modernizzare e migliorare i servizi pubblici come le ferrovie e le telecomunicazioni sono perennemente bloccati [...] Alcuni dei principali alfieri del settore privato hanno inferto ulteriori danni all'immagine dell'economia italiana e dei suoi codici di condotta.

La frase «Italian Style», «all'italiana», che fu già sinonimo di grazia, *industrial design*, felice coniugazione di valori estetici ed efficienza produttiva, sta ormai per meschina astuzia che sfugge ai doveri e viola i patti. Potrà mai tornare ad avere il significato che aveva? L'Europa non aspetta. L'Italia di oggi non può permettersi di mancare all'appuntamento.

Nonostante tutte le carenze, l'Italia è un paese industrializzato, relativamente moderno. Riassumiamo i motivi che accompagnano questo libro come un ostinato basso di fondo. Politicamente fragile – l'unificazione politica ha da poco varcato la soglia del secolo – socialmente e antropologicamente l'Italia ha un'identità fortissima, trenta volte secolare, presente sulla scena storica da tempo immemorabile. Anche quando era economicamente autarchica e depressa, l'Italia non era in alcun modo assimilabile ai paesi arretrati. Essa era stata da sempre storicamente presente. L'Italia è dunque moderna, ma la sua modernità è incompiuta. Non per le ragioni di Piero Gobetti; non solo per quelle. Per una ragione più profonda che spiega anche, almeno in parte, lo strano primato italiano di oggi: non è forse essenziale per la modernità porsi come un processo aperto, incompiuto, che si supera continuamente? Non è forse vero che l'autentica modernità non può mai arrestarsi senza negarsi, che *la modernità ha da essere sempre post-moderna*?

Si registra oggi in tutti i paesi un paradossale «bisogno d'Italia». La cosa è ambigua. Non so se gli italiani dovrebbero rallegrarsene o dolersene. L'Italia sarebbe il paese del «principio del piacere» per culture e paesi che si fondano sul «principio della realtà». È vero, forse, come sospettava Thomas Mann (nelle *Considerazioni di un impolitico*) che gli italiani sono pur sempre gli eterni «spaghettanti dello spirito». Però, dopo decenni di preoccupazioni e veti a carico dei carboidrati, i dietologi hanno scoperto che gli spaghetti fanno bene. Sartre a Roma, se dobbiamo credere alla bella biografia di Cohen-Séal, ritrovava i piaceri dell'indolenza, faceva il *flâneur*: passeggiate ai Fori, un gelato la sera a Piazza Navona... Resta un dubbio: un paese non può esaurire la sua funzione storica nel porsi come l'evasione, un supplemento di fantasia per gli altri paesi senza rischiare di vedersi degradato a paese-comodino, se non a paese-scendiletto. Esiste certamente una duplicità tutta italiana così come è vero che l'Italia è un laboratorio sociale di prim'ordine, nello stesso tempo antico e moderno, borbonico ed elettronico. Ma i laboratori non sono necessariamente luoghi ameni, specialmente per chi debba fare da cavia (a parte il fatto che sono personalmente contro la vivisezione).

Luigi Barzini (in *Gli Italiani*) ha a lungo insistito sulla capacità di ingannare degli italiani, quando in gondola in una notte di luna mormorano frasi d'amore senza crederci troppo, ma Barzini doveva leggere Stendhal e capire cos'è l'*amour de tête*. Gli italiani capiscono le cose non solo con la testa, ma con tutto il resto. Né mi sembra equo attribuire loro l'*arrière-pensée* che si esprime nella frase: oggi siamo gli ultimi, ma se volessimo... abbiamo perduto l'impero romano, ma abbiamo inventato la Chiesa cattolica. No. Anche se oggi volessimo, non torneremmo a dominare il mondo. La via è un'altra: mettere al servizio del mondo il gusto dell'immagine, la vocazione estetica, da Leonardo all'*industrial design*, il nostro senso dell'equilibrio e della flessibilità, a costo di venir scambiati per infidi, la nostra capacità di vivere con il problema, di convivere con l'ambiguità. In una situazione planetaria nucleare, in cui non si dà alcuna garanzia contro l'autoannientamento dell'umanità, non è tutto. Ma non è poco. Questa è la nostra «coscienza storica». Non è solo il «senso storico». È la capacità di rivivere il passato dell'umanità, di un paese, anche di un singolo individuo, tenuto conto che ogni individuo non è altro che un universo singolarizzato. Ma l'interconnessione – fra individuo, comunità, stato, Europa – non è dominabile né raggiungibile per semplice decreto-legge. Possiamo solo procedere per tappe successive, graduali. Per gli italiani, con il loro passato storico di grandezza e di miseria, si dà una situazione ambivalente che rende difficile una reale lucidità condivisa. Eppure, l'Italia esiste e progredisce. Di essa si potrebbe dire quanto John Kenneth Galbraith diceva del capitalismo americano. È come il calabrone. Secondo le leggi dell'aerodinamica, il calabrone non potrebbe volare. Ma il calabrone vola. Vola basso, a piccoli sbalzi, da fiore a fiore. Ma vola, e vive. Bisogna tornare a riflettere sull'arrangiarsi vitalistico degli italiani, sui loro espedienti come mezzi di sussistenza, sulla transizione dal provvisorio estemporaneo al progetto civile: un progetto razionale, ma in primo luogo ragionevole, che dia da vivere decentemente a tutti, ma che non uccida la fantasia.

APPENDICE

NOSTALGIA DELL'AUTORITÀ*

1. Crisi dei ruoli e mutamento sociale

Da quanto è dato di leggere, sembra vero che il movimento culminato nel maggio del 1968 non abbia ancora trovato il suo Newton e neppure, a ben guardare, il suo diligente cronista. Differente nelle sue matrici e vario quanto ai modi di presentarsi, alle parole d'ordine, allo «stile», il movimento dispone tuttavia di una sua intima unitarietà, della quale non ama però far sfoggio. Si direbbe anzi che se ne vergogni o che non ne abbia maturata la piena consapevolezza. Antirazzista negli Stati Uniti, libertario e fin quasi anarcoide in Germania e in Francia, antiautoritario in Italia, il movimento appare più come un conglomerato di istanze capricciose e non sufficientemente meditate che come un processo relativamente omogeneo. Il «colore locale» è nettamente prevalso sulla comune ispirazione ideale.

Può ben darsi, d'altro canto, che sia troppo presto per tentare di scrivere la storia del movimento sociale, ma anche culturale e politico, che ha preso il nome da quel mese non necessariamente «radioso». Forse il tempo relativamente breve che ci separa da quei giorni non è sufficiente a garantire la necessaria distanza critica. Sentiamo ancora sul collo il fiato caldo degli eventi. Una generazione scarsa – poco meno di vent'anni – è un periodo significativo nell'arco della vita di una persona, ma non sembra pesare molto nella «biografia», per così dire, delle istituzioni. Ciò appare vero soprattutto oggi, quando da più segni siamo costretti a riconoscere che il vissuto è più ricco del pensato e che

* Data la perdurante attualità dell'analisi, soprattutto con riguardo all'interpretazione del Sessantotto e dei comportamenti giovanili, si è ritenuto opportuno riproporre al lettore integralmente, senza alcuna revisione, questo saggio apparso in AA.VV., *In nome del padre*, Laterza, Roma-Bari 1983, pp. 1-55.

le linde categorie concettuali precostituite e sistematicamente ordinate non sembrano più in grado di dominare un'esperienza quotidiana debordante. Vi è però un'altra possibilità, da non scartare in via preliminare. Può darsi che la riluttanza a guardarsi alle spalle non sia solo psicologica né rifletta solo la consapevolezza di un carente armamentario concettuale. Ridurre tutto il problema dell'analisi e dell'interpretazione del '68 al tic nervoso di una generazione, se non alla misteriosa, agrodolce nostalgia della gioventù perduta, equivarrebbe in fondo a una rinuncia all'analisi, se non ad arrendersi al fare per fare.

È probabile che si diano motivi oggettivi di difficoltà – motivi di vario ordine e che toccano piani qualitativamente differenti. In primo luogo, da un punto di vista generale, com'è imprevedibile e paradossale, nei suoi meandri evolutivi e nei suoi esiti inattesi, il processo sociale! Non è solo in gioco la tensione fra schema formale e aspetti specifici sostanziali. Parlo del processo sociale reale, indagato sulla base di ipotesi teoriche a breve e a medio raggio, dei suoi improvvisi accumuli fagocitanti e delle sue clamorose «distrazioni». E poi, di quali curiosi e amari *qui pro quo* possono cadere vittime i suoi presunti protagonisti! Si pensi alla grande Rivoluzione francese, agli «immortali princìpi» dell'89 e a quel deprimente *desinit in piscem* che è l'incoronazione di Bonaparte quale «imperatore della Repubblica». Ma anche nel maggio del '68 – *si parva licet componere magnis* – si innalzano le barricate contro la polizia e si reclama l'immaginazione al potere per trasformare dalle fondamenta la società. Di fatto, si aiuta la socializzazione di giovani provenienti da famiglie provinciali piuttosto conservatrici e arcaiche. Il progetto rivoluzionario si risolve in un'esperienza psicologico-individuale, se non proprio in un corso accelerato di educazione degli adulti.

Nessun dubbio che grandiose ipotesi macroevolutive possano riuscire plausibili e anche attraenti. Gli esseri umani hanno un cronico bisogno di securizzazione e di verità consolanti. Ma la spiegazione della loro singolare forza fotogenica è presto detta: quelle ipotesi si sottraggono, per la loro stessa grandiosità, alla prova empirica. Non è solo una questione di «falsa coscienza», nel senso marxiano di questa formula abusata. È piuttosto chiamata in causa la natura della progettualità umana insieme con i limiti che la caratterizzano come impresa razionalmente precaria. Non disponiamo, a tutt'oggi, di una soddisfacente teoria integrata del mutamento sociale, dovendoci contentare di descriverne dall'esterno e *post factum* il carattere polimorfico, globalmente interrelato, tale da far pesare un vincolo di reciproco condizionamento che ne coinvolge tutti gli aspetti costitutivi, secondo un grado altamente variabile di incidenza che solo la ricerca empirica sul campo può sperare di misurare o di stimare con un'approssimazione accettabile.

Questa concezione del mutamento sociale svela piuttosto crudamente i limiti delle teorie tradizionalizzate nei manuali di sociologia e di politologia, quelle che fanno perno sul fattore «dominante» (economico, intellettuale, ambientale, e così via) e quelle che si richiamano, senza avvedersi di cadere in un'evidente *petitio principii*, alla pura processualità come termine esplicativo. Mi è già capitato di sottolineare l'unilateralità e la contraddittorietà di questi tentativi. I rari sforzi di collegare sistematicamente la formazione di un tipo particolare di personalità a determinate caratteristiche strutturali del sistema sociale attraverso la consapevolezza sociale media, o sistema dei valori e degli abiti mentali prevalenti, hanno per lo più approdato alla lamentevole confusione fra schemi analitici e contenuti storici specifici.

Ciò che non può sfuggire è l'evidente carattere storico di modelli e metodi anche allorquando tendano a presentarsi come dotati di una validità metastorica e definitiva. Si tratta di una caratteristica fondamentale che va sempre tenuta presente e che non sembra possibile racchiudere esclusivamente all'interno della tradizione storicistica. Essa rimanda piuttosto a una concezione ampia dello storicismo come vita storica, travalicante gli approcci riduttivi che la vorrebbero limitata agli aspetti propriamente politici di vertice o al più intellettuali. Tanto più che la stessa concezione di ciò che sia propriamente intellettuale o politico dipende non da presupposti teorici astratti bensì da definizioni e da percezioni storicamente determinate.

Quello che oggi possiamo affermare è che viviamo in un'epoca di «accelerazione della storia», per valerci della formula di Halévy. Viviamo, in altre parole, in un'epoca in cui la società ha cessato di essere percepita e vissuta come un dato di natura, ma è divenuta un problema e, in una certa misura, si esprime e configura come un «prodotto» della progettualità umana e della sua scansione razionale, intesa come ordinata distribuzione del ritmo e della direzione del movimento.

In questo senso, ci siamo lasciati alle spalle *il mondo dell'accettazione*. La società, l'uomo stesso è divenuto un compito per l'uomo. Per questa ragione, la società odierna è una realtà in movimento, una tensione verso uno scopo. Ma nello stesso momento in cui, contrariamente alla società tradizionale che si può dire durata indenne fino alla seconda guerra mondiale, la società odierna si definisce come una realtà in tensione verso uno scopo da realizzare – uno scopo che è se stessa – gli scopi appaiono liquefatti e siamo entrati nel regno dell'indistinto teorico e del confusionarismo pratico. Le posizioni e i ruoli che con le loro trame definiscono ed esprimono il vissuto sociale si sono fatti incerti. I loro contorni si sono offuscati. La scena sociale è ancora popolata di attori, ma le parti si sono confuse e molti attori hanno dimenticato le battute più importanti.

2. Contro il tempo

Non abbiamo alcuna garanzia che tempo storico e tempo della quotidianità coincidano. Meno ancora possiamo ragionevolmente attenderci che il tempo istituzionale risulti fondamentalmente omogeneo con quello esistenziale. Sta sorgendo, e affermandosi su scala planetaria come regalo velenoso dell'Occidente tecnicamente avanzato, l'epoca della fretta priva di scopo: una fretta che è nello stesso tempo abito interiore e irrilevanza esteriore – corsa angosciata verso il nulla. Riflettere diviene un'attività colpita da obsolescenza, poiché la riflessione comporta non solo il tempo, ma la possibilità-volontà di perderlo. Nella sua effettiva pratica, la riflessione implica la rinuncia al detto comune: «Non posso pensarci adesso; ho fretta; non ho tempo». Vi è nella frase l'idea di un rinvio, indefinito, a quando ci sarà tempo, a quando sarà caduta la fretta, l'urgenza. Ma l'urgenza e la mancanza di tempo sono concetti, e termini e situazioni esistenziali, correlativi.

Più si ha fretta e meno si ha tempo, L'urgenza brucia il tempo in anticipo. Alla fine non si dà più *l'accorrere*, ossia la fretta con un senso, uno scopo, bensì solo e semplicemente il *correre*, senza sapere né per dove né perché: l'urgenza pura, divenuta abitudine interiore e modo di vita, priva di uno scopo che le dia un senso; il nuovo per il nuovo; il diverso come portatore di valore indipendentemente dai suoi contenuti; il fare per fare; la domanda di cambiamento tanto radicale quanto gratuita. Dunque, si dà oggi il correre, ma non (non più) *l'accorrere*, ossia il correre verso un obiettivo – un correre a – motivato. La fretta non è più significativa. È stato però osservato: «Comunque, coll'evocare le circostanze di questo discorso non intendiamo scusarne le insufficienze troppo evidenti con la *fretta che gliene è derivata, poiché è dalla fretta stessa che esso prende il suo senso e insieme la sua forma.* Abbiamo infatti dimostrato, in un sofisma esemplare del tempo intersoggettivo, la funzione della fretta nella precipitazione logica in cui la verità trova la sua condizione insuperabile. Nulla di creato che non appaia nell'urgenza, nulla nell'urgenza che non generi il proprio superamento nella parola. Ma anche nulla che vi divenga contingente quando venga per l'uomo il momento in cui può identificare in una sola ragione il partito che sceglie e il disordine che denuncia per comprenderne nel reale e anticipare con la sua certezza l'azione che li pone a confronto» [1].

Kant pone le categorie dello «spazio» e del «tempo» sullo stesso piano. La logica filosofica della tradizione è geometrica e spaziale. Ma questo significa scimmiottare gli dèi, supporre se stessi fuori dal tempo, fermare faustianamente l'istante, congelarlo, e in questo limbo risultante dall'arresto del tempo disegnare i contorni asettici di un pensiero sempre eguale a se stesso, attivo sotto vuoto spinto, destorificato, in apparenza sovraumanizzato, in realtà deumanizzato.

I giovani del '68, ma anche quelli, meno acculturati e intellettualmente meno smaliziati, del '77, sono contro il tempo. Lo negano. Lo mettono fra parentesi. Così si spiega la radicalità delle loro richieste alla società adulta, la loro rivoluzione istantanea: «Vogliamo tutto, e subito». In definitiva, negano la storia come risultato cumulativo di sforzi collettivi, come iniziativa e progetto. I loro rituali di gruppo sono centrati sull'istante magico, ossia sulla negazione della storia e sulla fine del tempo. L'analista può cogliere in questo atteggiamento il riflesso psicologico-esistenziale della chiusura di prospettive di cui soffrono. Accettare il tempo, gestirlo razionalmente, ossia investirlo come risorsa personale significa porre il problema del rapporto fini-mezzi: problema privo di senso quando non vi sono più fini collettivi e mancano i mezzi.

Storici, filosofi e sociologi distinguono dottamente fra tempo rurale (ciclico) e tempo del mercante, tempo istituzionale e tempo individuale, ma ciò, se vale, vale solo al livello macrocosmico e tendenzialmente metastorico. In realtà, nella *medina*, nel *bazar* o nel *suk*, nei fitti rapporti della *casbah*, il tempo della contrattazione commerciale è fuori del tempo come categoria moderna, ossia come sequenza di unità cronologiche discrete esattamente calcolabili e quindi prevedibili. Il mercanteggiamento avviene all'interno d'un rapporto extratemporale come tecnica di persuasione-suggestione che ignora il tempo razionale. Parimenti, è da notare che il senso del tempo in una famiglia contadina di recente urbanizzazione e operaizzazione è profondamente diverso da quello di una famiglia con tradizione operaia plurigenerazionale. Ciò è vero non solo nel Sud d'Italia, ma anche, per esempio, nella Brianza.

La crisi dei ruoli è la crisi della temporalità razionalmente

[1] Cfr. J. Lacan, *La cosa freudiana*, Einaudi, Torino 1972, pp. 87-8 (*corsivo mio*).

temperata. I ruoli sono rifiutati. I padri scambiano l'apertura delle idee con il vuoto mentale. Le madri soffrono la contraddizione del doppio ruolo – donna di casa o donna di carriera. Nell'incertezza si attengono a ciò che offre il caso. I figli, d'altro canto, non accettano più il ruolo di figli e non sembrano in grado di perdonarsi l'incapacità originaria di scegliersi i genitori. Prevale e si afferma, tagliando trasversalmente ceti e classi, l'agire gratuito al limite dell'assurdità – l'agire che nega in radice il senso umano come temporalizzazione progettata. Di qui il *senso di irrealtà* che sembra caratterizzare le società moderne. Si potrebbe interpretare plausibilmente la rivolta giovanile del '68 come l'espressione, stizzosa e patetica insieme, del disappunto di chi invano bussa alla porta di una casa ormai vuota. La lotta contro l'autorità era in realtà la lotta contro un simulacro. Alain Touraine scriveva del '68 che altro non era che un *début*, un inizio. Non si rendeva conto, nella sua grande generosità di ottimista normativo, che era l'inizio della fine. Era la fine esplicita, proclamata, della società dei ruoli fissi, ben definiti, interiormente accettati, che consentivano al mondo borghese ottocentesco tranquillità e *douceur de vivre*.

3. Il potere introvabile

L'errore del '68, ma forse si tratta di un errore indebitamente enfatizzato dai suoi commentatori e interpreti, era consistito nell'aver creduto di avere davanti a sé un ostacolo formidabile contro cui lottare, una società fortemente coesa e chiaramente, duramente gerarchizzata, un potere diabolicamente astuto e senza scrupoli. Non si era accorto che combatteva contro un nemico fittizio. La sua furia cresceva in proporzione diretta con il disappunto di sfondare troppo spesso porte aperte. Il gigante era in realtà un mulino a vento. Il potere non era terribile. Era introvabile.
  Il '68, contrariamente ai programmi espliciti, non intendeva abolire i ruoli sociali tradizionali. Li voleva solo riformulare. Vi è una funzione conservatrice del '68 che è ancora tutta da esplorare. Che non se ne parli non dovrebbe a rigore stupire, dato che si tratta di un'interpretazione che va contro il conformismo dominante. La collera del '68 è correlativa, non antitetica, al pianto dei bambini perduti nel bosco: si fa sera, non conoscono o non ricordano più la strada di casa, chiamano i loro genitori, ma li chiamano invano perché non sanno che i loro genitori sono morti nel frattempo. «Il '68 – è stato osservato con grande finezza – non ha fatto crollare nessun governo, ma ha messo in pericolo la governa-

210

bilità di tutti i paesi occidentali, cioè ha accentuato la derealizzazione della politica e del potere, ponendoli dinanzi ad una crisi che essi non possono risolvere con i loro mezzi. Questa crisi, che viene generalmente presentata come separazione tra società e Stato, declino della fiducia del pubblico nei governanti, dissoluzione del consenso o deperimento del sistema partitico, è l'effetto di un sovvertimento profondo dei rapporti tra reale e immaginario, diretto a dissolvere la presa della politica sulla realtà sociale» [2].

La posizione del '68 può così venire interpretata come una posizione contraria e simmetrica rispetto a quella dello strutturalfunzionalismo radicale – per esempio, nella forma che esso ha assunto in Niklas Luhmann –, due impostazioni che necessariamente portano alla rivalutazione delle istituzioni quali funzioni essenziali di qualsiasi società e che appaiono pertanto storicamente bloccate nei moduli di un modello omeostatico che le rende tutte – e in tutte le loro caratteristiche – indispensabili e intrascendibili nello stesso tempo. Sono infatti le loro «prestazioni» funzionali a tenere in piedi la società, a reggerla come un'insostituibile impalcatura così che, mentre viene negata e, anzi, esorcizzata la funzione sociale dell'utopia in quanto anticipatrice di inediti sviluppi futuri, per principio considerati avventurosi e nefasti, si giustifica in maniera pressoché automatica tutto ciò che esiste in quanto la datità esistente coincide e annulla ogni potenzialità e «il mondo è quello che è».

È appena necessario osservare che questa eternizzazione dell'esistente comporta che la staticità istituzionale si risolva in immobilità metastorica – in senso proprio fascista e nazista, nel senso che rimanda il fondamento del valore alla comunità primordiale, alla nazione, alla razza o al sangue, ossia nel senso che riconosce un primato fuori discussione a realtà essenzialmente astoriche, che sono quello che sono, negatrici quindi della storia e del suo sviluppo. È questa mutilazione, la censura che essa fa valere rispetto agli sviluppi potenziali sia delle istituzioni che del loro senso e delle loro caratteristiche operative, che sta al fondo dell'irrealtà delle società industriali odierne, della loro razionalità irragionevole e della loro cosiddetta ingovernabilità. Se l'analisi non giunge a toccare questo livello, c'è da temere che essa resti su un piano precritico, come ha perspicuamente osservato Alberto Izzo a proposito dell'impostazione teorica di Achille Ardigò. «Rifacendosi alla fenomenologia e in particolare a Alfred Schutz – scrive Izzo, – Ardigò contrappone al mondo delle istituzioni che non trovano consenso il mondo vitale dell'intersoggettività nel

---

[2] Cfr. M. Perniola, *La società dei simulacri*, Cappelli, Bologna 1980, p. 9.

suo continuo farsi. Egli auspica una "transazione" tra il soggettivo e l'oggettivo, tra la produzione di senso dei mondi vitali quotidiani, da un lato, e l'organizzazione strutturale del sistema sociale, dall'altro. Si può tuttavia obiettare che il "vivido presente" che si crea nel rapporto "a faccia a faccia", di cui parla Schutz, sorge in qualsiasi contesto istituzionale, è comunque presente anche là dove gli individui appaiono manipolati e "alienati" al massimo. Sembra dunque difficile far leva sulla soggettività così intesa in rimedio alla crisi della governabilità, così che l'intento critico dell'impresa sembra anch'esso vacillare. Il contesto istituzionale, "oggettivo", non appare infatti realmente scosso dal riferimento, come rimedio, a un'intersoggettività necessariamente presente ogni volta che c'è un rapporto diretto, e dunque astorica»[3].

Ho già dimostrato come la questione del declinante consenso, e quindi della «ingovernabilità» delle società industriali odierne, vada al di là delle possibilità di spiegazione e di intervento in termini di pura «ingegneria sociale» e come essa chiami in causa gli atteggiamenti di valore profondi e stia a indicare, in primo luogo, come i ruoli sociali, nella loro forma tradizionale, siano ormai consumati e privi di forza interiore, vuoti di significato rispetto ai comportamenti e alle scelte dell'individuo. Ciò che appare esteriormente come la caduta di modelli e di fonti efficaci di obbligazione è la semplice riprova che non esiste più un ruolo interiorizzato capace di dirigere l'individuo. L'individuo stesso allora, e non soltanto la società – questa suprema conquista della civiltà europea occidentale, suo frutto squisito e nello stesso tempo vizio inconfessabile – entra in crisi e rivela tutta la sua miseria. Il soggetto si rivela allora per quello che è: un'indebita ipostatizzazione cartesiana (*quoniam nominor Ego*). Dunque, nulla di definito, di dato, di congelato per sempre, bensì solo il crocevia di una serie aperta di relazioni multifunzionali: l'individuo come campo di espressione delle esigenze del sistema. Ma allora, dov'è il principio di individuazione? Dove sono i padri?

4. Un paese che cambia connotati

Questi interrogativi hanno un peso particolare nella presente situazione italiana – una situazione paradossale, caratterizzata da un cambiamento morfologico tanto rapido quanto erratico e nello stesso tempo ancora legata a linee di condotta e a modi di autoper-

---

[3] Cfr. A. Izzo, *La sociologia critica in Italia*, in «La critica sociologica», 66, estate 1983, p. 40.

cezione che stanno a significare assenza di cambiamento in profondità. Il cambiamento è innegabile se si adottano per una prima, rozza misura gli indici comunemente in uso nelle scienze economiche e sociali, ma a un esame più approfondito si rendono evidenti i segni di una fondamentale persistenza di valori antichi, disomogenei rispetto alle esigenze di una società industriale teoricamente progredita.

Il ritmo del cambiamento morfologico è eccezionale. Basti considerare che la composizione professionale della popolazione italiana è rimasta sostanzialmente stazionaria fra il 1900 e il 1955: oltre mezzo secolo di stasi. Nel 1951 la struttura economica dell'occupazione è ancora di tipo prevalentemente agricolo. Attorno al settore primario (agricoltura e foreste) ruota più del 42% della popolazione attiva – occupati più disoccupati. L'industria viene al secondo posto con il 32% della popolazione attiva che trova in essa occupazione stabile mentre le altre attività – il terziario, vale a dire i servizi – impiegano il restante 26%.

Trascorre un decennio scarso e il panorama, da questo punto di vista, presenta cambiamenti vistosi. Nel 1961 l'assetto produttivo italiano è radicalmente mutato. L'industria, con oltre il 40% della popolazione attiva, passa al primo posto. Il settore terziario (trasporti e comunicazioni, commercio, credito, assicurazioni, pubblica amministrazione, servizi d'altro tipo) aumenta il suo peso e con il suo 30,5% giunge a superare, sia pure di poco, il settore agricolo, che nel frattempo è invece sceso al 28,9%. Nel 1971 continua il declino dell'agricoltura, un declino che è quasi un crollo, fino a sfiorare il 17%. Da notare che intanto l'aumento del settore industriale, salito al 44,4%, è ormai dovuto alla crescita dell'industria vera e propria e non ad apporti ibridi, dal momento che si registra una diminuzione del tasso di occupati nelle industrie delle costruzioni. L'espansione più forte – e anche questo dato è sintomatico – si ha nel terziario, che raggiunge il 38,3% della popolazione attiva soprattutto per l'aumento dell'occupazione nel commercio e nella pubblica amministrazione. Nel 1976 i dati confermano la tendenza: scende ancora l'occupazione in agricoltura, valutata pari al 15,3%, mentre il complesso del settore terziario vede occupato ben il 41,7% della popolazione attiva. È da notare che nell'industria continua il calo dell'occupazione nelle costruzioni per effetto delle nuove tecnologie introdotte, tanto che si può calcolare che sul totale del 43% di occupati il 33,8% è inserito nel comparto industriale vero e proprio.

Il decollo in senso economico è indubbio, ma il processo di industrializzazione è un processo sociale globale. Ridotto alle sue dimensioni puramente tecniche e finanziarie, non dà luogo a un

213

processo di innovazione in senso proprio, ossia di modernizzazione compiuta, bensì a una modernizzazione spuria. Gli italiani possono ben lavorare alla linea di montaggio oppure alimentare la memoria elettronica dei calcolatori, ma nulla garantisce che quell'atteggiamento interiore che possiamo definire, da Max Weber in poi, come la responsabilità verso il compito – quale che sia, sia presente o meno il sorvegliante, indipendentemente dall'opportunità di fare un favore all'amico o un dispiacere al nemico – sia solidamente radicato nella posizione e nelle percezioni dell'italiano medio. Gli italiani hanno i piedi nel mondo industriale moderno, ma la testa – i valori, gli atteggiamenti psicologici – ancora ferma al «paese mio».

Di qui forse la saporosa, straordinariamente pittoresca qualità della vita in Italia. Ma di qui anche le sue incertezze profonde, un senso diffuso di smarrimento, quel senso di vertigine che può sembrare a tratti dolce delirio poetico o invenzione artistica, estro, ma che induce anche a pensare a uno stato alquanto endemico di blanda schizofrenia. Si aggiunga a ciò il fatto – macroscopico, di dimensioni propriamente bibliche – delle migrazioni interne. Si calcola che almeno 11 milioni di persone, nel giro di un lustro o poco più, abbiano cambiato nello stesso tempo residenza e professione, muovendo dal Sud al Nord e da Est a Ovest: un fatto inaudito nei paesi moderni, avvenuto all'insegna di un darwinismo sociale talvolta feroce, che è alla base del famoso «miracolo economico» degli anni Sessanta.

Cos'è accaduto a questo «miracolo»? Nel giro di un lustro, o poco più, è finito. Come avviene del resto per tutti i miracoli, non poteva durare. Ma, mentre durava, aveva tutte le qualità di una sorta di sbornia collettiva, era la premessa – psicologica e materiale – del '68. Aveva finalmente dato agli italiani il sentimento di divenire «moderni», «industrialmente avanzati», aggiornati, al passo con i paesi più progrediti. Nell'arco di dieci anni, grosso modo dal 1955 alle soglie della protesta dei giovani e della ribellione degli studenti contro il «mondo di ieri» e il potere dei padri, gli italiani hanno partecipato a un sentimento collettivo di vitalità esuberante. Per un attimo sembrò che antiche catene andassero in frantumi. Il paese che Benedetto Croce aveva descritto nella *Storia d'Italia dal 1871 al 1915* con disincantata bonarietà come il paese in cui destra e sinistra erano in fondo la stessa cosa (ciò si poteva ben vedere dalla caduta della destra storica nel 1876 cui aveva fatto seguito una sinistra che ne ripeteva scolasticamente e senza fantasia gli atti e le formule come un allievo poco intelligente) sembrava pronto al grande balzo nella contemporaneità. Le cose finalmente si muovevano.

Ciò era all'origine di qualche preoccupazione ma aveva anche quella qualità inebriante che va generalmente insieme con la promessa di una vita nuova, più ricca. La modernizzazione era nell'aria; la motorizzazione su vasta scala – dalla «vespa» alla «cinquecento» e poi alla «seicento» – dava agli ex-contadini radicati per secoli nei loro villaggi quell'illusione di onnipotenza che è collegata con la velocità e con il dono dell'ubiquità. La gente sentiva che stava per cambiare non soltanto il gioco politico o l'assetto istituzionale della società, ma la sostanza stessa del loro stile di vita.

Di tutto questo i politici italiani si accorsero con un certo ritardo. Mentre in parlamento discutevano accalorandosi sui «patti agrari» e sulla «giusta causa» per i licenziamenti dei braccianti, non si erano resi conto che nel frattempo gran parte dei braccianti agricoli avevano abbandonato la campagna. Abbiamo già accennato che in quegli anni, secondo stime attendibili, circa 11 milioni di persone si erano trasferite dal Sud a Nord e da Est verso Ovest per sistemarsi nel «triangolo industriale» (Milano, Torino, Genova). Queste masse in movimento costituirono il fattore decisivo del «miracolo economico». Questo si legava infatti alla manodopera a buon mercato che rendeva i prodotti italiani molto competitivi in un mercato mondiale ancora affamato di beni di consumo durevoli. Nessuna meraviglia che lo sviluppo abbia attecchito in Italia in quegli anni e che sia riuscito a fare in una sola generazione ciò che altrove aveva richiesto periodi molto più lunghi.

Resta in piedi un interrogativo inquietante: si trattava di un autentico sviluppo, autogenerantesi e autoalimentantesi, o invece di una pura e semplice espansione, basata più sullo sfruttamento del lavoro disponibile che su un livello tecnologico mediamente alto e su un'organizzazione produttiva razionale?

5. Il mito dello sviluppo

Un punto sembra certo: l'espansione dell'economia italiana e la sua trasformazione in un apparato industriale ebbero luogo in concomitanza con una massiccia redistribuzione territoriale della popolazione. Questa redistribuzione non può essere di per sé valutata positivamente poiché non seguì alcuna programmazione razionale. Era guidata essenzialmente dai bisogni immediati della popolazione subalterna colpita dal grave declino del reddito agricolo. Di qui una congestione urbana che in Italia era praticamente sconosciuta e che rese le città italiane, famose per le loro proporzioni armoniose, sempre più simili ai centri metropolitani dell'America Latina. Si pensi a Roma e alle sue baraccopoli. Nel frattempo tutte le infrastrutture e i servizi sociali elementari esplodevano, mostrando la loro totale insufficienza a confronto con l'afflusso degli immigrati più poveri, di quelli che non riuscivano a pagarsi il biglietto fino alla Svizzera o alla Germania. L'Italia ha conosciuto così, insieme con il tramonto degli equilibri che avrebbe accelerato la protesta giovanile, il fenomeno familiare ad altre regioni del mondo dell'urbanizzazione *senza* industrializzazione. L'analisi potrebbe andare più a fondo e porsi un interrogativo più sottile, che solo a un osservatore superficiale potrà apparire contraddittorio, circa la possibilità di avere una industrializzazione *senza* una cultura industriale.

Abbiamo già osservato che la redistribuzione della popolazione non era ovviamente solo territoriale ma anche professionale. Seguiva il modello consueto: una diminuzione costante del numero dei braccianti e degli addetti all'agricoltura a petto di una manodopera industriale in aumento piuttosto rapido e a un insieme di occupazioni terziarie in crescita rapidissima. L'Italia era tradizionalmente un paese di contadini; stava ora diventando un paese non tanto di tecnici e di operai specializzati quanto di impiegati. Il processo del cambiamento era forse stato troppo rapido per consentire un assorbimento razionale e un nuovo equilibrio stabile. Fin dalle primissime fasi non mancò chi ventilò il pericolo che l'Italia potesse trovarsi industrialmente decrepita prima di essere economicamente matura.

Durante gli anni ruggenti della crescita industriale selvaggia, il mito dello sviluppo industriale ha in realtà esasperato le contraddizioni tradizionali. La grande azienda è divenuta un sostituto della «gran madre». L'agricoltura è stata abbandonata in Toscana, Umbria, in quasi tutto il Sud. Le regioni tradizionalmente depresse dell'Italia hanno così perduto i loro elementi dinamici – uomini e donne – di cui avrebbero avuto bisogno per rompere il cerchio vizioso della depressione e della stagnazione. Il progresso economico, tuttavia, non può essere negato. Come già nel caso della Rivoluzione francese dell'89, anche la protesta del '68 scoppiò quando il livello di vita medio appariva nettamente migliorato rispetto al passato prossimo. È stato calcolato che il reddito italiano medio pro capite è aumentato da 650 dollari nel 1950 a 1060 dollari nel 1960 e finalmente a 1685 dollari nel 1970. Di tutti i paesi appartenenti all'Ocse (Organizzazione per la cooperazione e lo sviluppo economico), proprio durante il periodo 1965-1968 l'Italia è emersa come quello che aveva avuto il più alto incremento di reddito globale reale, vale a dire un incremento del 98,3%.

Naturalmente va tenuto conto che l'Italia, avendo perduto la guerra e sofferto bombardamenti aerei a tappeto, ed essendo stata prima ancora limitata nel suo sviluppo dalla politica economica autarchica del fascismo, saliva dal fondo della scala dello sviluppo economico. La produzione industriale di massa di grande serie è stata infatti introdotta in Italia in molti settori dell'economia solo negli anni Cinquanta. È giusto tuttavia rilevare che il miracolo economico non era solo collegato con i bisogni della ricostruzione del dopoguerra. Anche la genialità italiana ha dato il suo apporto. Furono lanciati sul mercato mondiale nuovi prodotti con eccezionale successo. Il «disegno industriale» italiano diede luogo per qualche tempo a una vera e propria moda intellettuale. La macchina per scrivere Olivetti era in vetrina a Fifth Avenue e la si trovava esposta al Museum of Modern Art di New York. Automobili, scooter, frigoriferi, macchine per cucire, prodotti tessili, ma anche macchine utensili di alta precisione: tutta una serie di prodotti progettati e fabbricati in Italia facevano sensazione a causa della straordinaria combinazione di un disegno esteticamente squisito e di un ottimo livello tecnico. Osservatori autorevoli della scena politica e intellettuale, come David Riesman, scrivevano allora seriamente di una sorta di ritorno di Leonardo da Vinci e del dono italiano di mantenere vivo dopo secoli un rapporto amoroso, un autentico *love affair*, con la macchina.

Attualmente il clima culturale dell'opinione mondiale appare notevolmente mutato. Il sogno di una fusione perfetta fra valori estetici e imperativi tecno-economici non si è realizzato. Forse, per realizzare quel sogno in termini pratici, occorre qualche cosa di più che la genialità o un colpo di fortuna. Occorrerebbe un'immaginazione ardita sorretta da una capacità di ragionamento freddo che si esprime in un processo flessibile di pianificazione razionale. Quest'ultima condizione sembra oggi piuttosto carente in Italia. Sempre più spesso la formula *Italian style*, «all'italiana», assume una connotazione derogatoria.

Perché è finito il miracolo economico. Perché si è, anzi, posto come la premessa, cronologica se non logica, della contestazione del '68? La risposta viene generalmente cercata in un attento esame degli anni «buoni» della crescita economica. Punto d'attacco ragionevole, ma non sufficiente. La matrice non è solo economica. È anche, e per certi aspetti in primo luogo, politica e culturale. La vecchia distinzione fra struttura e sovrastruttura non tiene più. I fenomeni detti sovrastrutturali, quelli che riguardano le aspirazioni individuali e collettive, le motivazioni psicologiche e le esigenze intellettuali, possono avere conseguenze strutturali impreviste e profonde. Ad ogni buon conto, anche nel perio-

217

do in cui l'economia italiana stava sfiorando il momento del suo maggior successo, alcune debolezze si erano fatte palesi. La crescita era troppo concentrata in alcune aree specifiche destinate a divenire così congestionate da annullare i vantaggi delle economie di scala e delle «economie esterne». Essere un pendolare fra New York e New Haven può essere un'occupazione tollerabile, se non proprio piacevole. Seduto confortevolmente, uno può leggere un giornale o un libro giallo. Fare il pendolare tra Milano o Torino e uno dei depressi villaggi un tempo contadini del loro *hinterland*, in treni molto lenti e in genere sovraffollati, somiglia molto da vicino a una tortura quotidiana.

Così, mentre la crescita economica era sostanzialmente sostenuta dai salari bassi di una manodopera che un giorno si sarebbe fatta scarsa, si stavano ponendo le basi di tensioni sociali e di vaste ribellioni contro condizioni di vita subumane. Inoltre, mentre il Nord e l'Ovest del paese pompavano tutte le migliori risorse umane disponibili, il Sud veniva abbandonato. Il consumo interno era statico; l'esportazione diveniva in queste condizioni una questione di vita o di morte per l'industria italiana. Ciò poteva anche andar bene fino a quando i prezzi italiani erano competitivi sul mercato mondiale. Non appena la massa della nuova forza lavoro si organizzò sindacalmente e attraverso la pura e semplice scarsità di lavoratori specializzati riuscì a spuntare salari e stipendi a livello europeo, gli imprenditori italiani cominciarono a sentire il pungolo della concorrenza dovendo alzare i loro prezzi senza riuscire nello stesso tempo a elevare la loro produttività media attraverso miglioramenti tecnici e una più efficiente organizzazione produttiva. Salari e stipendi più alti possono essere un potente fattore di generale progresso economico e tecnico, ma solo quando e se un sistema sociale può contare sulla reazione positiva di una *leadership* imprenditoriale funzionale e aggressiva.

Vanno considerati, a parte i fattori economici, quelli politici e culturali. I miglioramenti tecnici non piovono dalle nuvole né dipendono esclusivamente dalle qualità psicologiche dei singoli imprenditori, da quella che talvolta si chiama piuttosto romanticamente la «propensione al rischio». Occorrono investimenti massicci. A loro volta, questi investimenti richiedono una situazione di consenso abbastanza generalizzato e di fiducia nell'orientamento fondamentale del sistema sociale e politico. Nel 1962 l'industria elettrica veniva nazionalizzata. Veniva formato un governo di centro-sinistra con la collaborazione fra cattolici e socialisti. Nel frattempo il costo del lavoro era notevolmente aumentato e la fuga dei capitali dall'Italia era cominciata. L'antica maledizione della classe operaia italiana, la disoccupazione, stava tornando in una varietà estrema di versioni. Non ci si deve arrestare al mercato del lavoro ufficiale. Un mercato del lavoro marginale e quello del lavoro nero, vale a dire consistente nell'impiego illegale di minorenni, si faceva sempre più rilevante. Rifiutando di considerare i dati non ufficiali ma non per questo meno importanti, commentatori economici anche acuti sono chiaramente incapaci di comprendere i problemi reali dell'economia nel quadro generale della società italiana. Il fatto è che il caso dell'economia italiana, del suo miracolo, della fine del miracolo e della contestazione, non può essere discusso, né tanto meno spiegato, in termini puramente economici.

6. La «sindrome dinastica»

Non bisogna perdere di vista il quadro globale. L'Italia è veramente un paese capitalistico? Nei suoi studi sulle religioni universali Max Weber scorgeva il tratto caratterizzante e distintivo del capitalismo nella responsabilità individuale verso il compito da svolgere, fosse o no presente l'occhio del padre o del caposquadra o del maestro o del supervisore: un senso di responsabilità interiorizzato come convinzione profonda, come valore costitutivo della persona singola, al di là di ogni sistema di controllo esterno, di premio o di punizione dal di fuori.

L'Italia dispone certamente di un'economia di mercato in cui gruppi privati sono attivi e anche potenti, ma una parte crescente della sua attività economica è presa in proprio da industrie possedute e dirette dallo Stato. In sostanza, l'Italia indica il caso di un'economia mista. Qual è il significato di questa peculiare «mistura»? È costituita soltanto ed esclusivamente da elementi economici? Non sembra. Si direbbe, anzi, che essa riguardi direttamente aspetti sociali, politici e culturali della vita italiana. Ciò fa dell'Italia un laboratorio sociale ideale. Non si dovrebbe usare questa definizione come una scusa per quei cultori di scienze sociali – antropologi sociali inglesi, sociologi americani e politologi francesi – che guardano all'Italia come a una sorta di colonia sostitutiva in cui condurre ricerche avendo i loro paesi nel frattempo perduto i vecchi imperi coloniali.

È vero, però, che l'Italia è un tipico paese in uno stato di transizione, che mescola valori antichi e comportamenti nuovi e che il solo fatto della sua presenza sulla scena storica mette in crisi con il suo ibridismo idee e categorie precostituite. Secondo Max Weber, Ernst Troeltsch e tutta una tradizione di pensiero, il capitalismo moderno si fonda sul calcolo razionale, sulla responsabilità individuale e sul lavoro formalmente libero, su misurazioni esatte e un preciso senso del tempo, su una pianificazione e una burocrazia impersonale, autentico braccio esecutivo di un astratto «imperio della legge». Ciò si applicherebbe all'Italia solo parzialmente. Il capitalismo italiano è razionale, ma nello stesso tempo altamente tradizionale. Mentre segue e cerca di adattarsi a regole universali, non ha mai del tutto abbandonato la sua salda base familiare originaria. È una realtà sociale ibrida. Naturalmente, il capitalismo italiano cerca profitti attraverso la combinazione ottimale dei fattori produttivi, ma riesce anche a combinare la possibilità di guadagni extra dalla rendita fondiaria e dalla proprietà assenteistica. Così, esso è nello stesso tempo produttivo e parassitario, razionale e tradizionale, motivato dal profitto e incline alla rendita, legato alla libera iniziativa e alla devozione verso la famiglia. È una mistura, è un cocktail di differenti orientamenti e di valori contraddittori. Lo si potrebbe chiamare «capitalismo dinastico», per indicare con questa formula un capolavoro di adattamento di virtù e tratti tradizionali ai requisiti funzionali moderni in un ambiente prevalentemente cattolico.

Le conseguenze pratiche della «sindrome dinastica» non sono piacevoli. In altri contesti storici, industrialmente progrediti, sia in Europa che negli Stati Uniti, lo sviluppo capitalistico ha segnato il declino e finalmente la scomparsa della proprietà assenteistica e dei rapporti primari paramafiosi. Il profitto derivato da un investimento produttivo e la rendita derivata dalla proprietà fondiaria e dalla speculazione edilizia vi si scontrano frontalmente, sono reciprocamente escludentisi. Così nessuna manomorta è in grado di impedire o di rallentare il processo produttivo razionale e ciò che Thorstein Veblen usava chiamare la «disciplina della macchina». Sarebbe naturalmente ingenuo pensare al capitalismo come modo di produzione e processo sociale omogeneo, perfettamente liscio, monolitico. Era stato precisamente Veblen a scoprire e a descrivere con distaccata puntigliosità la costante tensione interna fra i capitani di industria produttivi e i capitani d'affari tendenzialmente parassitari, interessati soltanto a procacciarsi rapidi guadagni indipendentemente dal processo produttivo inteso come impresa razionale e fondamentalmente orientata nell'interesse della comunità. Ma la contraddizione tra profitto, come risultato di un calcolo razionale che produce maggiore ricchezza, e guadagno, derivato dal puro e semplice fatto di possedere anche *in absentia* un certo appezzamento di suolo urbano, è ancora vera nei paesi maggiormente progrediti industrialmente e tecnicamente.

In Italia, sotto il «capitalismo dinastico», questa contraddizione si è invece trasformata in un'alleanza. Le conseguenze di questa alleanza sono negative non solo dal punto di vista dell'interesse pubblico; sono anche negative per i gruppi dirigenti dello sviluppo economico e industriale. Implicano infatti, necessariamente, un concetto di industrializzazione ristretto, ne esaltano gli aspetti di pura manipolazione finanziaria, non ne prendono in considerazione le più ampie implicazioni politiche e i fondamenti culturali. La spinta selvaggia verso la massimizzazione del profitto porta a trascurare, come non immediatamente redditizi, tutti i servizi elementari in termini di case popolari, scuole, ospedali. L'assenza di questi servizi diviene poi un peso intollerabile per le singole industrie. La fine del miracolo economico si fa, a questo punto, meno misteriosa di quanto sia apparsa a prima vista. Lo stato di continuo conflitto all'interno delle aziende italiane, specialmente alle soglie e durante la contestazione del '68, non dovrebbe meravigliare eccessivamente. Sarebbe strano se, date le condizioni oggettive, il conflitto sociale non sorgesse. Tanto più strano in quanto il filtro politico, deputato a mediare le contraddizioni sociali e a dirigerne la soluzione positiva, non media ma rinvia, funziona a rovescio, si arrocca e si avvita su se stesso.

7. Il parricidio inutile

Politicamente parlando, e contrariamente ai soliti luoghi comuni, si può affermare che l'Italia soffre di un eccesso di stabilità. Il ceto politico governante non ha rincalzi, è immobile, vive in una sua remota staticità che esclude una seria rotazione e un rinnovamento che non si riduca a un semplice «rimpasto». I politologi italiani sono in difficoltà. La politica italiana ha fatto loro saltare gli schemi fra le mani. Né il bipartitismo imperfetto (Giorgio Galli) né tanto meno il pluralismo polarizzato (Giovanni Sartori) offrono categorie utili per la comprensione della realtà socio-politica italiana, che resta caratterizzata dalla spaccatura fra una politica sostanzialmente immobile di vertice e una società viva ai livelli bassi, mobilissima e reattiva. Inutile soggiungere che il movimento di questa società finisce per essere acefalo e penosamente erratico. Il sistema appare inceppato. Il parlamento è ufficialmente onnipotente; di fatto, si limita a registrare decisioni prese altrove. Ma mancano, ad ogni buon conto, le decisioni. Le grandi leggi arrivano in ritardo, quando arrivano. Prospera la selva delle leggine *ad hoc*, dei piccoli provvedimenti clientelari. Si impiegano anni per *non* fare una legge. Quando finalmente è fatta, si rivela inapplicabile e sembra approvata apposta per garantire il pieno impiego agli avvocati. Si pensi all'equo canone o alla riforma sanitaria. In queste condizioni il sociale *compra* la sua autonomia pagando le tangenti ai politici che hanno monopolizzato i centri di decisione. I professionisti della politica hanno inventato la corruzione funzionale, la tangente come pedaggio. Il malessere dei partiti è solo un sintomo poiché oggi la politica si presenta in Italia sotto mentite spoglie e vi è più politica fuori della politica che dentro le organizzazioni politiche ufficiali. Ma appunto per questo non si può intrattenere una concezione riduttiva della politica. Va sottolineato il nesso fra il politico e il sociale. Ciò non è praticato dai politici e non è capito dai politologi. Estendendo la loro «giurisdizione» su tutta la società, i politici la stanno soffocando. Cresce il senso di una società claustrofobica, bloccata contro se stessa. Trionfa il *particulare* guicciardiniano. Viene meno e si offusca il senso della nazione, l'immagine dell'interesse pubblico. Ma questa immagine non è mai stata forte in Italia. Come mai? Da dove deriva questa carenza di autocoscienza della nazione italiana come realtà globale? La rivolta contro i padri in Italia non ha dovuto scontrarsi con uno Stato accentrato, forte, consapevole di sé, di tipo napoleonico. La patria, in Italia, resta una frase retorica. Il parricidio non è difficile; rischia di essere inutile

8. Perdita dell'identità e coscienza collettiva

L'Italia costituisce così l'esempio più riuscito di un paese che non è più agricolo ma che non è neppure industriale. È sospeso fra due mondi, fra due sistemi di vita e due complessi di valori. Più che colpito dalla crisi dei valori tradizionali, ormai percepiti come sempre più remoti e inadeguati dalla pratica di vita corrente, sembra caratterizzato da un vuoto di valori. È tramontato il controllo sociale arcaico, tipico della vita del piccolo villaggio, ma stenta nel contempo a farsi strada e a divenire lucidità condivisa il controllo razionale interiorizzato su cui si fonda la moralità media delle società industriali.

Nessuna delle tre culture prevalenti – quella cattolica, la liberale e la marxistica – è stata in grado di mediare la transizione dal mondo contadino alla società industriale tecnicamente progredita. Al di là e al di sotto delle loro differenziazioni formali dal punto di vista concettuale, si scorge un fondo comune, che potremmo definire la personalità antropologica di base, ossia la cultura italiana non più, o non solo, nel senso di un insieme riflesso di definizioni e di concetti, bensì nel senso propriamente antropologico di esperienze e valori condivisi e convissuti. Que-

sta cultura ha storicamente certe debolezze «interne», cioè costitutive. Si potrebbero anche chiamare vizi d'origine se la determinazione non suonasse pomposamente teologica e nello stesso tempo
grossolanamente ereditaria; come dire: il peccato originale in sim-
metria con un residuo irrisolto delle «teorie» lombrosiane.
L'esistenza della Chiesa cattolica in Italia non aiuta a questo
proposito la chiarezza; aggiunge, anzi, un fattore importante di ambiguità. Roma è la capitale della nazione italiana e nello stesso tempo è il quartier generale mondiale della Chiesa cattolica. È una
specifica capitale, con tutte le sue funzioni amministrative, politiche
e cerimoniali, come ogni altra capitale, e nello stesso tempo è ancora, in un senso vago ma reale, *caput mundi*: un punto nello spazio a
cui milioni di persone guardano da tutto il mondo, un segno di
salvezza, la meta di un pellegrinaggio. È inevitabile che vi sia qualche cosa di ambiguo nella vocazione di Roma: nazionale e sovranazionale, mondana e religiosa, secolare e sacra. Ha corso in Italia un
mito della romanità che non è privo di implicazioni politiche e culturali serie. È stato forse un errore stabilire a Roma la capitale della
nazione. È stato certamente un contributo decisivo alla perpetuazio-
ne di una tendenza retorica nazionale che il fascismo doveva portare alle sue conseguenze estreme e assurde: la Roma dei Cesari, dei
Papi e naturalmente di Mussolini. Da tutti i punti di vista questa è
un'eredità pesante, tale da costituire un problema per la coscienza
collettiva degli italiani e per le immagini che la determinano.
L'aspetto curioso del problema è che i gruppi dominanti hanno più
volte cercato nel corso della storia italiana di fare di Roma il centro
unificatore di tutta la penisola senza alcun durevole effetto. In termini di coscienza collettiva, l'unità italiana è lungi dall'essere compiuta. Contrariamente alla Francia e alla Germania, la consapevolezza
collettiva italiana non sembra andare al di là dei confini locali, al
più regionali. Se esiste una coscienza collettiva italiana, questa non
può essere che altamente contraddittoria.
È vero che ogni paese moderno ha almeno un paio di scheletri nell'armadio. La Germania ha le camere a gas e cerca seriamente di compensare il trauma della disfatta militare e della
divisione politica attraverso l'imperialismo economico e la penetrazione aggressiva nei mercati stranieri. In uno stato d'animo
blandamente schizofrenico, la Francia oscilla tra il sogno impossibile di De Gaulle di una *grandeur* imperiale e la scarna efficienza
tecnocratica dei *grands commis* che escono dall'Ecole nationale
d'administration. La situazione degli italiani è forse più complicata. Essi amano pensare che un giorno erano i dominatori del
mondo, ma riesce loro impossibile dimenticare i problemi odierni
che li separano dal tempo della loro grandezza. L'impero fascista

223

in Africa fu seguìto dal disastro nazionale. Il territorio nazionale venne invaso a seguito della fallimentare politica fascista. Ma lo stesso fascismo era stato accettato piuttosto passivamente da un gran numero di italiani. Così Roma è un simbolo di orgoglio e di grandezza per gli italiani, ma nello stesso tempo ricorda la loro umiliazione. La contraddizione non ha una valenza puramente retrospettiva. La stessa Roma che un tempo era la capitale di un impero mondiale è attualmente la capitale di uno Stato poveramente organizzato e nel quale inefficienza e corruzione si danno la mano. Roma è perciò madre e matrigna; qualche cosa di cui essere fieri e insieme un fattore di precarietà politica e di degradazione umana. È la memoria di un passato grandioso, che probabilmente non tornerà mai più. Ma ecco farsi strada un'inconsapevole rivalsa: quando l'impero romano crollò, gli italiani inventarono la Chiesa cattolica. Questa deve essere la ragione profonda in base alla quale gli italiani si sentono naturalmente cattolici e nello stesso tempo si comportano con perfetta tranquillità come cattolici atei.

La stessa ambiguità, tuttavia, è tipica del comportamento pratico della Chiesa cattolica e delle sue linee politiche. L'autonomia dello Stato è verbalmente riconosciuta di tanto in tanto; di fatto, viene costantemente e coerentemente sfidata, talvolta è semplicemente negata. Ogni qualvolta particolari misure legislative riguardino aspetti importanti della vita personale e morale dei cittadini, l'autonomia dello Stato è sospesa: diritto familiare, educazione scolastica, divorzio, aborto. Non vi è problema, non vi è aspetto della vita politica, religiosa e civile italiana in cui il peso della Chiesa non si faccia sentire in modo pressante ed esigente. Nello stesso tempo, nel campo delle iniziative economiche, nonostante l'approvazione formale di piani urbanistici regolatori generali e particolareggiati e di norme valutarie, nel corso degli ultimi decenni la Chiesa si è alleata con gli interessi più controversi della speculazione edilizia e della pirateria finanziaria a Roma, nel resto del paese e anche all'estero, offrendo in questo modo un contributo sostanziale alla prosecuzione di quel sistema che abbiamo indicato con la formula «capitalismo dinastico». Essendo universale e nello stesso tempo italiana, la Chiesa costituisce il più potente singolo fattore che determina uno strabismo di fondo nella struttura di potere italiana. La classe dominante italiana, per usare questa formula approssimativa, non trova la sua appropriata legittimazione soltanto nella sua accettazione dal basso, vale a dire da parte della popolazione sottostante. Vi è un'autorità superiore, priva d'un qualsiasi crisma democratico, ma ciò nonostante autorevole e carismatica, che va presa in seria considerazione.

Ciò viene ad aggravare alcune distorsioni storiche tipicamente italiane, che riguardano direttamente la formazione delle classi dirigenti. È noto che l'unificazione politica formale dell'Italia è relativamente recente, ha appena un secolo di vita, mentre la società italiana, come società differenziata e specifica, è molto antica. Di più: il processo di unificazione – il famoso Risorgimento – non è scaturito da un movimento di base. Può essere invece fondatamente considerato il fortunato episodio di una casa regnante – di una dinastia franco-savoiarda – che con l'Italia come tale aveva rapporti piuttosto occasionali. La condotta di Vittorio Emanuele III e di suo figlio Umberto nei momenti più tragici della seconda guerra mondiale è al riguardo piuttosto sintomatica: la preoccupazione dell'ultimo illustre monarca d'Italia nel settembre del 1943 era di trovare uova fresche sulla via di Pescara.

Si noti, poi, che l'Italia, contrariamente ad altri paesi, era l'unica nazione in cui gran parte dell'aristocrazia era nominata tale in base ai servizi resi non alla popolazione sottostante, ma al regnante, al padrone straniero. Si diventava aristocratici nella misura in cui si angariava la popolazione subalterna, invece di proteggerla, come per esempio in Inghilterra, in proporzione diretta con l'abilità mostrata nello spremerla, spesso fiscalmente, a favore del regnante straniero. Il principe Torlonià, l'ex-cambiavalute de Tourlogne al seguito delle truppe napoleoniche, è a questo riguardo una figura storicamente emblematica. Fino alla Liberazione del 25 aprile 1945, che peraltro non ha coinvolto tutta l'Italia e che, ad ogni buon conto, ha potuto aver luogo solo in concomitanza con l'avanzata delle truppe alleate, in Italia si è tradizionalmente profilata una frattura fondamentale fra governanti e governati, fra chi sta sopra e chi sta sotto, fra chi è superiore e chi è inferiore, la quale ha dato origine a una reazione difensiva da parte della popolazione, splendida nella sua naturalezza, e che si riassume in un atteggiamento di ragionata, sistematica diffidenza verso tutto ciò che è statale, burocratico, romano, ufficiale.

9. Cultura e potere

Non è un caso che in questa situazione fortemente asimmetrica l'uomo di cultura italiano si sia trovato segnato da un comportamento di fuga, alla costante ricerca di un alibi. È un fatto che la libertà intellettuale come fenomeno collettivo non ha un posto importante nella storia italiana. Lasciando da parte alcuni roghi famosi (Savonarola, Giordano Bruno), la tendenza è piuttosto nel senso di accettare le cose come stanno, limitando l'opposizione alla mormorazione privata. Gli intellettuali italiani sono stati molto consapevoli di dovere in primo luogo procurarsi da vivere. In secondo luogo, si sono sempre preoccupati del benessere della loro famiglia immediata e dei loro amici. Hanno d'altro canto sempre avvertito una certa difficoltà a collegarsi con i più ampi problemi della comunità politica. I problemi etici sono stati così tradotti e ridotti ad atteggiamenti estetici. Il comportamento di deferente ossequio è qui un fenomeno comune, così come lo è la retorica fascista. Di fatto, si potrebbe parlare di un «fascismo perenne» in Italia, avendo in mente quella «sindrome dinastica» che consiste nell'accettare e nel riverire l'autorità tradizionale come se fosse un criterio supremo, metastorico, di verità e di giustizia.

È forse qui, in questa matrice, che affonda le sue radici il segreto del potere cattolico in Italia – un potere divenuto costume, riflesso condizionato, coscienza media e struttura antropologica. Sono caratteristiche durevoli, non occasionali, di quella che Stendhal amava chiamare l'*âme italienne*, un'anima contraddittoria, in cui l'energia sembrava prevalere sul ragionamento e che in realtà, alquanto sommariamente, premiava il vitalismo, cioè la capacità di sopravvivere, rispetto a tutte le altre virtù, reputate per principio secondarie. Si tratta di atteggiamenti che riemergono così puntualmente, dal processo a Galileo alla «ripresa democratica» dopo la seconda guerra mondiale, che sembrano possedere la conturbante saldezza di quei tratti archetipici che si rifanno vivi e acquistano, anzi, un peso decisivo quando già li si credevano lontani nel tempo, legati a una fase storica precedente, «superati».

Questi tratti sembrano riassumersi nella propensione della cultura italiana a non fare i conti con i problemi specifici della comunità in nome di «esigenze superiori». Non è solo l'evasione arcadica, ossia la tendenza a sorvolare sul quotidiano per non offendere un certo gusto estetico. Né è soltanto il riflesso d'una eredità classica probabilmente fraintesa: il culto ciceroniano della forma, la riconosciuta superiorità della retorica, l'ideale dell'uomo come *vir bonus dicendi peritus* che equivale a un salvacondotto per il dottor Azzeccagarbugli. Questo ingrediente c'è ed è importante. Ma il disinteresse dell'uomo di cultura italiano per le questioni pratico-politiche del presente è così radicato che deve nascóndere qualche cosa di più profondo. Copre probabilmente un segreto. È la maschera calata su un'angoscia che non può essere guardata tanto è insopportabile. La dialettica servo-padrone in Italia non si è sviluppata pienamente fino al suo rovesciamento; non ci sono rendite autonome; è persino difficile giuocare un padrone contro l'altro. Ci si può sfogare solo nella mormorazione o nell'anonimo. Gioacchino Belli è impiegato e si guadagna il pane lavorando negli uffici della censura vaticana.

La cultura italiana è ossessionata dalla consapevolezza della sua impotenza. Non ha alle spalle e non può contare su una borghesia con le carte in regola, «rivoluzionaria», laica e volterriana. Il capitalismo italiano resta essenzialmente un capitalismo dinastico, dipendente, «sussidiato». Mancano le rendite differenziate e forti che derivano dalle solide accumulazioni di capitale privato e che consentono agli uomini di cultura momenti di respiro, di utilitarismo non immediatistico, di pura spesa e di eccentricità, se non di totale autonomia, rispetto alle esigenze della sussistenza sotto la ferula del padre-padrone-patrono. Il processo è ben visibile negli Stati Uniti a partire dalla Guerra civile; in Inghilterra è già in atto dal Settecento con la costruzione dell'impero coloniale e i frutti predatori che comporta; in Francia matura con le campagne napoleoniche ma è già presente e rende possibile la grande Rivoluzione. Si pensi, per qualche esempio suggestivo e rivelatore, alla *Education of Henry Adams*, ai viaggi d'istruzione in Africa, in Europa e nell'Oriente dei rampolli di quelle famiglie (gli Adams, gli Harriman, i Vanderbilt, i Rockefeller, ecc.) che un secolo dopo hanno ancora saldamente nelle mani le redini del potere, e si consideri del resto tutto il turismo d'alto livello dell'Ottocento, dalle «pietre di Venezia» di Ruskin al romanzo d'amore con Firenze, alla scoperta di Fiascherino da parte di Shelley e Byron, per tacere degli errabondaggi poetico-sociologici dell'ex-minatore D.H. Lawrence sposato alla rendita von Richthofen, dei quali *Sea and Sardinia* resta testimonianza insuperabile così come la scoperta del Mezzogiorno aveva avuto, assai prima di Carlo Levi e degli stessi Sonnino, Franchetti, Fortunato, e così via, il pioniere nel Douglas di *Old Calabria*.

10. Contro l'autorità autoritaria

Al confronto la società italiana è una società senza margini: o si serve il potere o si è fuori, alla fame e al buio dov'è pianto e stridor di denti. L'autonomia del giudizio individuale – questa incredibile invenzione europea occidentale dell'«egoità» che oggi usa darsi per scontata – qui ha ancora da nascere. Persino l'eccentricità è sospetta. È un atto d'orgoglio che allarma i tecnici della regola, ne eccita il fervore inquisitorio. Si salvano le superstizioni soprattutto quando siano ben radicate nella tradizione popolare.

«La cosa è più che naturale – commenta il saggio Stendhal nelle *Passeggiate romane* [4] – visto che qui tutti preferiscono studiare teologia, che apre tutte le carriere, anziché la scienza, che spesso porta in prigione». La durezza semplice e cogente del ragionamento scientifico, d'altro canto, viene respinta e rifiutata come rozza, se ne paventa il carattere tragico, si preferisce svicolare per i sentieri tortuosi del compromesso e della «distinzione». Si costruisce un'etica del «sì, però...». Hegel viene opportunamente riformato (o «controriformato»?). Alla dialettica degli opposti viene giudiziosamente affiancata una dialettica dei distinti. Al razionale si sostituisce il ragionevole. Trionfa il buonsenso. Si registrano fraintendimenti memorabili. «Per effetto della distinzione – scrive Carlo Antoni in *Commento a Croce* [5] – la nostra civiltà rivela una fisionomia netta e costante d'una sorprendente unità e coerenza. [...] L'attitudine ad osservare con compiacenza l'abilità di chi, senza troppi scrupoli, sa conseguire il proprio piacere e vantaggio. [...] È sempre la distinzione che consente al Castiglione di formulare le regole del perfetto cortigiano, vigenti su un piano della convenienza, sicché da noi gli appelli anarchici alla nuda sincerità contro le cosiddette convenzioni sociali non hanno mai incontrato consenso alcuno».

Le parole di Antoni sembrano un anticipato *caveat* contro le illusioni del '68. Sta di fatto che la contestazione del '68 non è riuscita a scalfire la struttura di potere dominante in Italia. Il suo attacco contro l'autorità si è impigliato nelle formule ideologiche, non è giunto a scuotere e a trasformare la pratica esistenziale. Prima ancora delle opzioni ideologiche e politiche esplicite vi è un terreno comune, una sorta di «placenta esistenziale», dalla quale neppure il '68, con tutti i suoi clamori, è riuscito a trarre durevolmente gli italiani. Il segreto del potere cattolico in Italia è collegato con la specifica socializzazione primaria per cui tutti gli italiani, indipendentemente dalle loro scelte politiche da adulti, sembra che abbiano internalizzato nei loro primi anni una struttura di sentimenti che è fondamentalmente identica e che trascende differenze ideologiche e posizioni di classe.

Il '68 si è scagliato contro le figure esplicite e formali dei padri, ossia dei detentori di ruoli d'autorità, dai capi politici ai professori universitari ai sindacalisti, senza rendersi conto che si trattava spesso di ruoli ormai svuotati e privi di forza reattiva, ma non è invece riuscito a coinvolgere e a trasformare il comportamento di base così come si esprime nella quotidianità e nel costu-

[4] Laterza, Roma-Bari 1973, p. 92.
[5] Neri Pozza, Vicenza 1956, p. 17.

me profondo. Una volta di più, con la contestazione del '68, l'intellettuale italiano ha dato prova di oscillare essenzialmente fra due poli contrari e simmetrici: sia che si ritiri nella solitudine sdegnosa sia che salga le barricate, in entrambi i casi mostra la stessa noncuranza, lo stesso disprezzo per i bisogni quotidiani delle grandi masse in nome e a favore delle quali pretende di cambiare il mondo.

Di qui la caratteristica incapacità di collegamento e di confronto serio con i problemi del presente e con le questioni che fronteggiano la vita della comunità italiana. Più che fatuità è scollamento, discorso «interno» fino a riuscire incestuoso, ignoranza e distacco da una società che va avanti per conto suo, priva di punti di riferimento che non siano gli stanchi slogan paraideologici di bande di barbari predaci e maneggioni.

Quando per caso questa cultura s'imbatte in un problema reale dello sviluppo nazionale, per esempio nella mafia o nella depressione meridionale, è lesta e bravissima nel costruirci su un ennesimo mito, l'industrializzazione indolore e gratis oppure il mito dell'immortale civiltà contadina; se le accade di occuparsi dei movimenti collettivi di protesta giovanile o di quelle *jacqueries* del giorno d'oggi che sono le insurrezioni dei baraccati, o le occupazioni di case, non analizza ma ne fa pretesti poetici oppure non vede l'ora di stenderne il certificato di morte; quando si richiama al marxismo, cade in ginocchio e crea nuove bibbie, non le riesce di dimenticare il tono uniforme e le formule rituali delle lezioni di catechismo dell'infanzia, disposta peraltro a mettersi d'accordo e a conciliare l'inconciliabile pur di tirare avanti. La storia della cultura italiana è tutta un «compromesso storico».

11. Verso l'autorità autorevole

La protesta dei giovani e il movimento della contestazione del '68 investono il carattere retorico, «falso», della vita italiana. Vogliono tornare alle radici del sociale. Non accettano la delega e denunciano i feticci dell'autorità. Mettono sotto accusa i padri e processano il «Palazzo». La natura pàtetica dell'impresa si rivela in tutta evidenza quando si scopre che il «Palazzo» è vuoto e che i padri hanno da tempo abdicato. Così il bersaglio del '68 resta come un bersaglio di paglia. La protesta si esaurisce in se stessa. Non diventa progetto, anche perché non ha interlocutori validi. L'autorità non è più autoritaria. Ha semplicemente cessato di essere autorevole. Non va rovesciata, visto che sta malamente, di per sé, in piedi. Va restaurata. Di qui si comprende la paradossale funzione conservatrice del '68 cui più sopra abbiamo fuggevolmente accennato.

Ho già osservato che l'esperienza valida del '68, il suo apporto specifico, è la lotta contro i residui putrefatti dell'autoritarismo: contro l'autoritarismo accademico, come momento iniziale dello scontro, ma poi contro le forme dell'autoritarismo, aperte, codificate oppure nascoste, indirette, nella società globale. È un apporto puramente negativo, ma la sua portata appare innegabile. Il '68 ha questo di peculiare, di specificatamente suo: che pretende di legare la legalità formale alle sue ragioni sostanziali. Quindi, non accetta la delega. Mette in crisi i rappresentanti. Pone il problema, temibile per tutti i formalisti, della *rappresentatività della rappresentanza*. Pretende la frantumazione dei poteri acquisiti e ormai gestiti con criteri sostanzialmente parassitari e chiede la democrazia diretta. La 'sovranità popolare gli appare defraudata, usurpata. Deve essere restituita dagli usurpatori – quale che sia il loro nome: sindacati, industrie, chiese, partiti, ecc. – alla sua sede legittima: al "popolo".

L'errore del '68, quello che sta alla base del suo fallimento, è duplice. In primo luogo, il suo concetto del potere è insufficiente dal punto di vista analitico. Il '68 può contare a questo proposito su alcune attenuanti perché si tratta di un'insufficienza che caratterizza tutto il pensiero della sinistra. Il potere vi è considerato come una potenza tenebrosa, che spia costantemente il momento opportuno per vibrare i suoi colpi mortali, teso a prendere sempre nuove iniziative per assicurare indefinitamente il proprio dominio. È una concezione emotivamente cospiratoria, non priva di un'accattivante ingenuità infantile, tipica della sinistra ma fatta propria anche dai classici del pensiero politologico.

Sia che si tratti del potere come appannaggio della «classe dominante», secondo la formula della letteratura marxistica, sia che si abbia invece a che fare con l'«élite del potere» o con la «classe dirigente», secondo le formule di Vilfredo Pareto e di Gaetano Mosca, il potere è sempre visto come una realtà dinamica, centro e promotore di iniziative caratterizzate dalla pura forza o dall'astuzia («volpe» o «leone») o ancora dalla «falsa coscienza», vale a dire dalla copertura ideologica. Sembra sfuggire alla grande maggioranza degli studiosi del fenomeno, come del resto sfugge ai protagonisti del '68, che il potere più oppressivo non è quello che prende iniziative, bensì il potere che rifiuta di esercitarsi precisamente come potere, il potere tesaurizzato avaramente ma non speso, non espresso, goduto come un attributo personale e passivo, che appunto nella sua passività trova la garanzia suprema della serena perennità: durare, non dirigere. Poiché dirigere significa prendere iniziative specifiche; le iniziative sortiscono effetti; gli effetti possono essere positivi o negativi e come tali possono venire valutati.

Prendere decisioni significa dunque per il potere scoprirsi, esporsi al rischio della valutazione, uscire allo scoperto mentre il vero potere è il potere che non fa nulla e che con il mistero e nel silenzio perfeziona la sua totale, imprevedibile, capricciosa discrezionalità [6]. Un'osservazione di Hanna Arendt cade qui a proposito: «Se, in accordo con il pensiero politico tradizionale, si identifica la tirannia con il governo che non è tenuto a rendere conto di sé, il dominio di Nessuno è chiaramente il più tirannico di tutti, dal momento che non c'è nessuno che possa essere chiamato a rispondere per ciò che vien fatto. Questo stato di cose rende impossibile localizzare le responsabilità e identificare il nemico, è tra le più potenti cause dell'attuale stato di agitazione, di caos e di ribellione diffuso in tutto il mondo, e della sua pericolosa tendenza a perdere il controllo e alle esplosioni di pazzia» [7].

Questa insufficienza analitica non sarebbe di per sé molto grave se non inducesse a una confusione concettuale di grande portata. La confusione riguarda la determinazione dei due concetti, in parte correlativi ma radicalmente differenziati, di «potere» e «autorità». Lungi dal convergere fino a mescolarsi, questi due concetti indicano i due poli estremi di una tensione da chiarire. Ho già notato che il concetto di *potere* indica essenzialmente la *facoltà di fare o di non fare* e si ricollega ai concetti di *energia, forza, coercizione, violenza*. In sintesi il concetto di potere indica la *capacità di fare qualcosa o di non farla non importa quali siano le agevolazioni o le resistenze interne o esterne*. Il concetto di *autorità* si presenta invece in maniera più problematica.

La prima distinzione che suggerisce è quella fra *autorità autorevole* e *autorità autoritaria*, vale a dire fra l'autorità intrinsecamente, o sostanzialmente, legittima, e percepita come tale, e l'autorità legittima e vincolante solo in senso esterno o meccanico. Ciò significa che non solo l'autorità non va confusa con il potere, che essa va anzi distinta da esso, ma che essa può addirittura, al limite, porsi come il suo contrario. A ben guardare, anche etimologicamente il concetto di autorità implica la nozione di *augēre*, «aumentare», «crescere», «incrementare», tanto da implicare un'idea di processo genetico come di «creazione» e «procreazione», «arricchimento», «ampliamento», «costruzione positiva».

[6] Cfr., in proposito, *Studi e ricerche sul potere*, a cura di F. Ferrarotti, 3 voll., Ianua, Roma 1980-83.
[7] *Sulla violenza*, Mondadori, Milano 1971, p. 49.

Avere autorità significa essere *auctor*, non solo detentore formale, bensì *padre fondatore*. Al concetto di autorità e di autorevolezza è essenziale un concetto di paternità, di guida e di sintesi direttiva, da cui non ci si può dimettere e che non è riducibile alle sue prerogative formali esterne.

12. Il ritorno dei padri

Questo punto delicato non poteva essere percepito e compreso in tutte le sue conseguenze dai protagonisti del '68, sui quali pesava in primo luogo, non solo teoricamente ma anche come esperienza esistenziale e come primo ostacolo sul cammino verso l'emancipazione, l'incubo paterno. L'incomprensione del ruolo positivo e necessario dell'autorità, simmetrico ai blocchi determinati dal nudo potere, predispone la generazione del '68 al parricidio sommario. Si comprende ora perché la loro protesta non ha potuto trasformarsi in progetto. Mancava una forza coagulante e direttiva. Si giurava sugli effetti automaticamente positivi dello spontaneismo. Analisti superficiali e falsi profeti, di cui non si sa oggi se ammirare di più l'improntitudine o la perversa vocazione alla corruzione, assicuravano sulla scorta di un Nietzsche mal compreso che «bisogna avere dentro di sé un caos per dare al mondo una stella». Beninteso, dimenticavano di soggiungere che bisogna anche essere Federico Nietzsche. La lotta tra padri e figli nel '68 era condannata fin dall'inizio a essere crudele, sanguinosa e inutile, appunto come certe lotte in famiglia che nella loro stessa cattiveria e crudeltà annunciano già che alla fine non ci saranno né ci potranno mai essere né vincitori né vinti, che nessuno vincerà, che la lotta sarà una perdita per tutti e che la sofferenza sarà tanto grande quanto sterile.

Gli esempi letterari possono aiutarci a capire. In *Vittima del dovere* di Eugène Ionesco, un figlio incontra il padre; la madre, abbandonata dal padre, gli aveva detto: «Dovrai perdonare, figlio mio, questa è la cosa più difficile». E poi il figlio al padre: «Padre, non ci siamo capiti. [...] Eri duro, non eri forse tanto cattivo. Non è forse colpa tua. Non odiavo te, ma la tua prepotenza, il tuo egoismo. [...] Mi battevi. Ma io ero più duro di te. Il mio disprezzo ti ha colpito molto più fortemente. Il mio disprezzo ti ha ucciso. [...] Avremmo potuto essere buoni amici. Avevo torto di disprezzarti. Non valgo più di te. Guardami... Ti assomiglio. [...] Se tu volessi guardarmi, vedresti quanto ti assomiglio. Ho tutti i tuoi difetti». Il giovane figlio di Ionesco parla già come parleranno i reduci della contestazione, quelli che sono tornati nei partiti, che hanno trovato buoni posti nell'industria, che hanno monetizzato la protesta trasformandola in carriera. Ma l'incubo paterno è stato un momento di angoscia reale che ha svelato la complessità della vita sociale e che, per un istante almeno, ha potuto far credere a tutta una generazione che la rivoluzione fosse a portata di mano e che la vita di una società potesse svilupparsi ordinatamente senza guida, in maniera acefala, per singoli imprevedibili impulsi: «l'immaginazione al potere».

Per la generazione del '68 la figura paterna ha assunto le sembianze di quell'orribile padre seduto a capotavola, tronfio e sicuro di sé, di cui scrive Kafka nella *Lettera al padre*, o quella del padre di Paul Léautaud, ormai malfermo sulle gambe, ma sempre rozzo e manesco, che scorreggiava a tavola e si ficcava le dita nel naso. «Non vi sono padri buoni, è la regola – concludeva Jean-Paul Sartre – e non prendiamocela con gli uomini ma con il legame di paternità che è marcio. Far figli, nulla di meglio; *averne*, che iniquità! Fosse vissuto, mio padre si sarebbe sdraiato su di me per lungo, e mi avrebbe schiacciato. Per fortuna, è morto in giovane età: in mezzo a tutti gli Enea che portano sulle spalle i loro Anchise, io passo da una riva all'altra, solo e odiando questi genitori invisibili a cavallo sui loro figli per tutta la vita; ho lasciato dietro di me un morto giovane che non ebbe il tempo di essere mio padre e che potrebbe essere, oggi, mio figlio. Fu un bene o un male? Non lo so; ma sottoscrivo volentieri il verdetto di un eminente psicoanalista: non ho il super-ego» [8].

I protagonisti del '68 meritano le attenuanti. Il loro errore teorico aveva una forte base emotiva. La loro insufficienza analitica era del tutto naturale in persone che non ritenevano di aver tempo da perdere. Odiavano i loro padri per prenderne il posto. Ma intanto è mutato lo stile, si sono allentati i vincoli; c'è più scioltezza, una maggiore fluidità nei rapporti. Le istituzioni, sclerotizzate, sono state salutarmente scosse dalle fondamenta. I loro sinistri scricchiolii hanno salutato il nuovo mondo. Quale? Il mondo dei padri di ritorno. Si è fatta strada la consapevolezza di una distinzione fondamentale tra potere e autorità, ma anche fra paternalismo che soffoca le potenzialità individuali e autorità paterna che guida all'emancipazione e all'autonomia. È una severa lezione di modestia dover trovare i termini di questa distinzione in un testo di centocinquant'anni fa: «Al di sopra dei cittadini si eleva un potere immenso e tutelare, che solo si incarica di assicurare i loro beni e di vegliare sulla loro sorte. È assoluto, particolareggiato, previdente e dolce. Rassomiglierebbe all'autorità pater-

---

[8] *Les mots*, Gallimard, Paris 1964, p. 11 (corsivo nel testo).

233

na se, come essa, avesse lo scopo di preparare gli uomini alla virilità mentre cerca invece di fissarli irrevocabilmente nell'infanzia» [9]. Ma è poi in Max Horkheimer che la distinzione fra autorità paterna e autorità della burocrazia statale qui embrionalmente accennata troverà il suo pieno sviluppo sul piano teorico. Autorità e autoritarismo non vanno confusi. Esiste un'autorità come «dipendenza accettata» che può esercitare una funzione fondamentale per lo «sviluppo delle energie umane». L'istituzione sociale in cui l'autorità non necessariamente autoritaria può dispiegare la sua benefica funzione è la famiglia. Naturalmente, la famiglia è parte della società globale, e la famiglia borghese «produrrà» i tipi autoritari e i comportamenti sottomessi che gli imperativi tecnologici e l'organizzazione sociale del sistema di produzione capitalistico richiedono. Ma sarebbe un errore procedere a equiparazioni meccaniche e sommarie fra società globale e società familiare.

È vero che la famiglia si va desacralizzando e che lo scenario, anche per merito della contestazione del '68 e nonostante tutte le sue intemperanze e i suoi errori, appare profondamente mutato. La lotta contro il padre ha perduto il suo significato fondamentale. Come è stato correttamente osservato, «con opera incessante e non sempre intenzionale, i processi sociali generali, che hanno portato alla società industriale di massa, hanno sconvolto la figura del padre venerabile, onnisciente, responsabile di ogni decisione. Tutto dimostra che le forme paternalistiche nello Stato e nella Chiesa trovano scarsa rispondenza nella esperienza quotidiana delle masse» [10]. E tuttavia, lungi dall'avere oggi sotto gli occhi una società di monadi leibniziane o di «egoità» alla Fichte, stiamo assistendo al ritorno dei padri.

L'esigenza della direzione paterna assume forme nuove. Lo stesso concetto di *patria potestas* sul piano del diritto familiare è stato profondamente modificato, diluito, esteso alla madre con gli apporti laterali dei figli, non più sudditi della compagine familiare ma compartecipi. Ma l'esigenza della direzione paterna è riemersa nei termini di un'insopprimibile esigenza funzionale. Laddove non venga soddisfatta, essa dà luogo a fenomeni di aggregazione di tipo regressivo o irrazionalistico [11]. La stessa forma-famiglia, dopo i furori della contestazione nei suoi aspetti più

[9] A. de Tocqueville, *La democrazia in America*, Cappelli, Bologna 1971, vol. II, p. 458.
[10] Cfr. A. Mitscherlich, *Verso una società senza padre*, Feltrinelli, Milano 1977, pp. 307-8.
[11] Cfr., in proposito, il mio *Il paradosso del sacro*, Laterza, Roma-Bari 1983.

immediati e irriflessi, viene recuperata dai giovani di oggi, e non solo per l'ovvia difficoltà di trovare alloggio. La figura e il ruolo paterni hanno acquistato, o vanno faticosamente scoprendo, nuove dimensioni. La famiglia, da chiusa fortezza verso il mondo esterno, va trasformandosi in «famiglia aperta». La stessa società, un tempo immaginata istituzionalmente rigida e stratificata, si configura come una «società fuori tutela». Sviluppi positivi, che però non hanno nulla di automatico, che anzi impongono la riscoperta del senso della meta collettiva, del *télos* sociale.

13. Il «parricidio» di Aldo Moro

Dal maggio 1968 al maggio 1978 si snodano anni rapidi e decisivi, accesi e plumbei nello stesso tempo. Sono gli anni della rivoluzione intravista e mai veramente posseduta: un progetto di rigenerazione globale della società, capace di coinvolgere strutture istituzionali e psicologia individuale, ma più intuìto che pensato fino alla fine, più agognato che operativamente preparato, più atteso che effettivamente consumato o anche solo decisamente tentato sul piano pratico. In questo senso il '68 ha avuto la stessa lancinante e inconclusa natura di un amore clandestino e infelice.

Da maggio a maggio, è un decennio in cui l'Europa gioca e brucia tutte le risorse sul tavolo di un'improbabile utopia libertaria. Sono criticati e attaccati a fondo gli elementi portanti della sua fisionomia storica: il veteroumanesimo e la scienza. Sono denunciati come vuota retorica oppure come momenti di normatività esterna e di vincoli intollerabili. L'angoscia dei padri che stanno alla finestra e si interrogano inquieti su che cosa vogliano questi «nuovi barbari», che sono i loro figli manifestanti in piazza e per le strade, è genuina più che spaventata: che cosa «manifestano»? e perché? Il significato del '68 non è chiaro neppure ai suoi protagonisti. «È una breccia aperta», proclama Edgar Morin. Ma per dove? Una breccia aperta verso quali mete? Non vi sono risposte univoche. Anzi, non vi sono e non si cercano risposte. L'importante è agire. Per una sorta di tacito accordo fra i vari «gruppuscoli», sembra che il progetto nascerà per partenogenesi, dal puro fare per fare.

L'effetto sui vecchi gruppi dirigenti è intuibile ed è stato debitamente registrato: «L'esplosione improvvisa, la novità delle sue manifestazioni, la radicalità dei suoi contenuti politici, la generalizzazione delle sue esperienze, il carattere di massa della sua mobilitazione, la finalità eversiva dei suoi obiettivi, la violenza delle sue iniziative, l'impossibilità di una unica "classificazione" politica delle sue avanguardie, l'eterogeneità della sua base sociale: tutti questi aspetti della più recente esperienza di lotta del movimento studentesco italiano hanno provocato un tale disorientamento in tutti i settori della cosiddetta "opinione pubblica" e della classe dominante, da suscitare generalmente – più che risposte o interpretazioni politiche precise e adeguate – un diffuso senso di sgomento, talora anche una reazione isterica e viscerale, quasi sempre, comunque, un'impressione di smarrimento angoscioso e incontrollato» [12].

I protagonisti del '68 potevano anche legittimamente godere e ritenersi soddisfatti di questo successo psicologico. Sta però di fatto che il decennio iniziato nella gioiosa dissacrazione e nella spensierata allegria dei cortei di boulevard Saint Germain all'incrocio con boulevard Saint Michel doveva terminare in Italia con il tetro feretro della Renault rossa di via Caetani. Il sequestro e l'uccisione di Aldo Moro coincidono con la fine del '68. L'utopia libertaria si è macchiata di sangue. Al termine della sua parabola si trova l'omicidio di un uomo solo e inerme.

L'uccisione di Moro segna una svolta: è l'esaurimento del '68 e insieme l'inizio di un esame di coscienza penoso e talvolta risentito. Non tutti infatti accettano la fine. Ancora recentemente, a Milano, l'ex-leader del '68 francese Alain Krivine affermava che «il '68 è davanti a noi, non alle spalle» [13]. Ma soggiungeva, in una vena forse inconsapevolmente autodeprecatoria: «Certo, la sinistra al governo in Francia ha reso tutto più difficile. L'operaio oggi trova dall'altra parte del tavolo un ministro che ha la sua stessa tessera di partito. [...] Il '68 è davanti a noi, non dietro. Certo, con queste sinistre al governo, con la Polonia, con l'Afghanistan, gli operai non ci capiscono più nulla e molti scelgono la via delle pantofole». Si può anche essere d'accordo. Ma intanto: quale via hanno scelto i protagonisti del '68? Dove sono finiti gli ispirati tribuni delle «assemblee aperte»? È relativamente facile consolarsi rilanciando slogan operaistici davanti a ragazzi che spesso non hanno mai messo piede in una fabbrica. In realtà, il '68 è divenuto un ricordo ingombrante da rimuovere. Per molti di coloro che vi hanno partecipato esso resta come il segno del tradimento. L'utopia è stata rinnegata da coloro che l'avevano

---

[12] Cfr. M. Boato, *Il '68 è morto: viva il '68*, Bertani, Verona 1979, p. 95.
[13] Cfr. «Il Messaggero», 12 giugno 1983.

proposta. L'«immaginazione al potere» si è tradotta nel potere della cattiva coscienza. La negazione odierna della storia ha anche questo risvolto: il bisogno esistenziale di procurarsi un'assoluzione plenaria attraverso la distruzione del passato, ripartendo da zero. Ma per questa via ci si impedisce di comprendere le ragioni profonde del fallimento del '68. Che senso ha avuto la rivolta contro i padri? E perché essa ha portato all'odierna nostalgia dell'autorità, al bisogno di orientamento, alla richiesta di uscire dalla propria solitudine?

La ragione potrà riuscire amara per i protagonisti del '68, ma va detta anche per renderla esplicita e aiutare il superamento di una *impasse* che è nello stesso tempo psicologico-generazionale, politica e intellettuale. Non si tratta soltanto di rimuginare e approfondire, e alla fine immergersi, fino a perdersi, in una serie di sensi di colpa che sembrano necessariamente accompagnare e far seguito a una rivoluzione che è disinvoltamente passata dall'ideologia della presa del potere all'omicidio di Aldo Moro. Bisogna riconoscere che l'ansia di liberarsi dalla tutela dei padri e dai pesi del passato ha indotto i protagonisti del '68 nell'errore fatale di una liquidazione in blocco della memoria storica, premessa necessaria e inevitabile preludio a un nuovo «spaccio della bestia trionfante» che ha portato a un'indebita semplificazione delle forze politiche, economiche e culturali da criticare e da battere. Il nemico è stato grossolanamente reificato. Il bersaglio è stato ridotto a facile caricatura. Il «sistema» è stato antropomorfizzato ai fini d'una sbrigativa pedagogia rivoluzionaria.

Intanto, il '68 cadeva nella trappola che aveva inavvertitamente e per gran parte inconsapevolmente preparato con le sue stesse mani. È questo il suo paradosso. Dietro la sua schematizzazione semplicisticamente dicotomica si nascondeva un pericolo ancor più grave, una contraddizione mortale: attaccate e liquidate sia l'eredità umanistica, concepita e ridotta a pura retorica, sia le basi del ragionamento scientifico, equiparate ai vincoli esterni d'un formalismo fine a se stesso, il '68 si è trovato alla fine solo e disarmato di fronte al potere. La sua visione della scena mondiale ridotta all'opzione schematica fra rivoluzione comunista e modernizzazione capitalistica si è rivelata un esempio lamentevole di inadeguato ragionare a bianco e nero. Ha creato un vuoto in cui il potere, che il '68, lungi dallo sconfiggere, non era neppure strumentalmente in grado di analizzare, ha potuto continuare a vivere con inaudita serenità. Il '68 si è negato, con le sue mani e in forza della sua *pars destruens*, la disponibilità di idee e di strumenti analitici che sarebbero stati essenziali per la costruzione di un progetto alternativo di società.

Il '68 può così venir considerato il primo artefice della propria sconfitta. La vita non è divenuta più «vivibile»; la rappresentanza politica non è divenuta più rappresentativa; la partecipazione dal basso non ha compiuto progressi apprezzabili ed è rimasta allo stato di diffusa aspirazione, premessa e foriera di un'acuta frustrazione di massa. Il nuovo modello di sviluppo, del quale si è cominciato a parlare fin dai moti operai di piazza Statuto a Torino nell'estate del 1962, al tempo della prima apparizione dei «Quaderni rossi» di Raniero Panzieri, si è ridotto a tema di mera esercitazione accademica. Il «nuovo modo di fare l'automobile» ha interessato sempre di più i robot e sempre meno gli operai. Insieme con la degradazione e infine l'uccisione di Aldo Moro, è venuta meno l'immaginazione creativa dell'iniziativa politica. La funzione ideativa in vista del nuovo sociale si è rattrappita. È caduta la funzione sociale dell'utopia. Tutto ciò che premeva potentemente, per quanto oscuramente, dietro la facciata formale delle istituzioni e trovava espressione, per quanto incerta e slabbrata, in forme extra e antistituzionali, si è ripiegato su se stesso e infine afflosciato.

È cominciata con la fine del '68 e l'uccisione di Aldo Moro l'età grigia della rassegnazione e della nostalgia – un'età che tuttora continua e che sembra cercare di convincere i cittadini che *volere la democrazia significa sostanzialmente contentarsene*. Lo sviluppo storico si è inceppato. Il progresso indefinito appare pura chimera. Le forme esistenti della partecipazione politica, pur con tutti i loro limiti, sono dichiarate e percepite come le sole possibili. La «democrazia borghese», già violentemente criticata e respinta, si presenta ora come un *non plus ultra* storico da conservarsi con prudenza e ragionevolezza. L'uccisione di Moro ha per l'Italia un valore emblematico. L'uomo politico eminente, già in predicato per la presidenza della repubblica, viene fotografato con la polaroid in maniche di camicia, la barba lunga, la consueta espressione di mitezza resa solo più drammaticamente sconsolata nell'oscurità segreta di un «carcere del popolo». L'uomo che fino a pochi giorni prima comandava con naturalezza e trasudava prestigio appare ora come un anonimo bracciante della sua Puglia in attesa di istruzioni e di ordini che indovina, per sé, pesanti, forse definitivi.

Questo aspetto di «degradazione» nel caso Moro merita attenta considerazione. Pier Paolo Pasolini credeva, con un'ingenuità poetica memorabile, che Moro avesse inventato l'«italiano tecnologico». Ne coglieva i primi vagiti in quei suoi lunghi, fumosi discorsi che erano riusciti ad irritare Henry Kissinger e con i quali l'accorto uomo politico tendeva, generalmente con successo, a ipnotizzare l'interlocutore e a guadagnare tempo, cattolicamente convinto che i problemi veri non erano problemi politicamente solubili. Leonardo Sciascia scorge in Moro la vittima dell'intolleranza d'uno Stato che però non c'è, che ha il solo, grave inconveniente di non esistere.

Non è solo questo. Il significato dell'uccisione di Aldo Moro è diverso e più profondo. Il rito della «degradazione» di Moro, lo stato di solitario abbandono in cui lo ritraggono le fotografie dalla prigione del popolo corrispondono alla caduta delle squame dagli occhi degli italiani. Paradossalmente, segnano l'inizio della fine del terrorismo. La vittoria più alta e più insperata delle Brigate rosse sta ad annunciarne l'inevitabile declino, l'insuperabile solitudine, l'incapacità progettuale positiva. Per gli italiani che hanno ancora in mente, conservato nelle pieghe riposte dell'immaginario collettivo, il ricordo della formicolante vivacità del miracolo economico, il risveglio è brusco. Un paese che si credeva ormai «moderno» e «avanzato» è duramente costretto, nel giro di pochi giorni se non di poche ore, a ricredersi. L'uccisione di Moro rappresenta anche la morte delle speranze e delle illusioni del '68. Si apre un nuovo ciclo della vita politica. La «ricreazione» è finita. Si direbbe che per gli italiani si apra una fase di convergenza, se non di solidarietà nazionale, sullo *statu quo*.

Dopo le grandi «avanzate sociali» del divorzio e dell'aborto – conquiste civili di indubbia portata – si ha l'impressione di un ristagno, quasi una sosta per riprendere fiato. Per proteggersi contro le eventuali delusioni, ammaestrati dalla generosità maliarda ma alla fine impotente e ingannatrice dell'utopia, anche i giovani imparano presto a controllarsi, autolimitano le loro aspirazioni, riducono le aspettative. Non chiedono più il potere; si contentano di esami più facili. Non richiedono più una società alternativa; pensano con preoccupazione agli sbocchi professionali. Era forse necessario che Moro morisse perché gli italiani misurassero nel loro sangue la terribile realtà dell'essere orfani, il panico determinato dall'assenza del padre. Viene recuperata, e non sorprende, la famiglia. Nello stesso tempo, a scuola, è tornata l'autorità dell'insegnante, la tendenza a studiare la materia sul manuale, l'antica paura dell'esame e della bocciatura. L'utopia si è pragmatizzata; il sogno ha ceduto il passo ai duri e prosaici «fatti della vita»; la quotidianità ha ridotto lo spazio della «festa». L'amore e la religione, la stessa vita politica non sono più percepite come realtà globali trascendenti, cui l'individuo dovrebbe darsi tutto, integralmente e monoliticamente, come richiedeva il '68, evangelicamente convinto che tutto il resto sarebbe venuto per sovrappiù. Si registra la vittoria della concretezza specifica sullo schema ideologico globalizzante ma scarso di capacità realizzativa sul piano pratico.

14. Conclusione

Il '68 è lontano. L'immaginario collettivo è profondamente mutato. Sono passati solo quindici anni, ma è come se fossero trascorsi quindici secoli. Le prospettive risultano rovesciate. A Parigi, nel maggio del 1983, i giovani manifestano non contro l'imperialismo o per la causa del Vietnam o per l'uguaglianza dei negri. Si manifesta per l'inserimento professionale, contro gli esami difficili, per il posto di lavoro. Una ricerca circa «la memoria del '68 nei giovani degli anni '80» non lascia dubbi in proposito: «Più di un quarto dei ragazzi risponde che il '68 è anche lo sbocco di tensioni precedenti (26%); il 21% degli intervistati ritiene che il '68 sia stato *anche* una protesta contro l'autoritarismo; [...] pur avendo influenzato e interessato diversi strati della società, il '68 resta un *fenomeno settoriale* che non vede ancora il protagonismo dell'intera classe dei lavoratori» [14].

È la stessa qualità della vita politica che è mutata. Un tempo questa si sviluppava in base a impostazioni ideologiche globali e chiuse. Si votava per un partito come ci si sposava; «si sposava la causa»; ci si votava completamente in una sola, univoca direzione; lo sviluppo storico era concepito come la traiettoria di una parabola perfettamente descritta in ogni sua fase evolutiva dal quadro ideologico. Oggi la vita politica si muove in maniera apparentemente frammentata, da problema a problema; l'individuo non si lega più totalmente ed esclusivamente a un'ideologia globale; può appartenere, e di fatto appartiene, a una molteplicità di gruppi associativi tanto che si pone come il centro, o il crocevia, di una serie di «lealtà sovrapposte».

L'impostazione diacronica sistematica, tipica della vecchia tradizione storicistica, sta cedendo il passo alla sincronia plurifunzionale. Il progresso come promessa futura ha cessato di interessare. I ruoli tradizionali vengono rivalutati. Lo stesso femminismo più conseguente ed estremista riscopre, insieme con il problema del doppio ruolo e quindi della contraddizione dei ruoli, per esempio fra quello di madre e quello di donna di carriera, il senso positivo

---

[14] Cfr. A. Santucci, *La memoria del '68*, in «La critica sociologica», 66, estate 1983, pp. 129, 135, 137.

della coppia. I programmi del femminismo come autosufficienza femminile esasperata – quasi una sorta di corporativismo a base sessuale, in cui la denuncia della determinazione sociale dei ruoli si rovescia contraddittoriamente in una nuova concezione dogmatica del dimorfismo fisiologico come differenziazione rigida e antagonismo insuperabile – si sono ammorbiditi. Si scopre che la coppia è il risultato di un compromesso e che la figura del padre non coincide necessariamente con quella del padre-padrone. Del resto, la stessa compagine familiare cambia volto. In una società come quella italiana, fondata sui rapporti primari a faccia a faccia, la famiglia era naturalmente portata alla chiusura, era la famiglia-fortezza, indifferente, se non ostile, verso il mondo esterno extrafamiliare. In questo senso, era la famiglia «cattolica» come unione indissolubile, sotto il potere assoluto del padre-patriarca, il cui interesse primeggiava su ogni altro valore, al punto di offuscare, o rendere quanto meno problematica, la stessa concezione di un interesse pubblico superiore a quello immediato della cerchia familiare. Oggi dalla famiglia-fortezza stiamo passando alla famiglia aperta: non più unione di affetti e interessi, ma comunicazione di sentimenti e di problemi. Nei nuovi termini, il familismo italiano riprende fiato, si presenta sotto nuove sembianze, La sua natura paramafiosa risplende di nuova luce. Infrange persino le chiusure del mondo sotterraneo del terrorismo.

Scovati e rinchiusi, i terroristi che hanno insanguinato l'Italia e rovinato famiglie, riscoprono le gioie della loro personale famiglia. Terroriste già spietate nelle esecuzioni di persone inermi sorprese per strada o sulla soglia di casa si presentano al processo in stato di avanzata gravidanza e scambiano tenerezze affettuose con i loro partner sotto gli occhi comprensibilmente inorriditi dei congiunti delle loro vittime. Nascono figli dietro le sbarre. La vita continua, nonostante tutto. La vicenda assume aspetti patetici. Cade tutto: il gruppo, la clandestinità, la lotta per «colpire al cuore dello Stato», l'ideologia, il fascino obliquo e infantilmente immaturo e crudele delle armi, la «geometrica potenza di via Fani». Resta in piedi la coppia. Restano i sentimenti primordiali, il tenersi per mano, la passeggiata domenicale, il biglietto d'amore alla fidanzata. Avevano dunque scherzato? Scambiavano proiettili come se fossero confetti a una festa nuziale? Ora assicurano: niente più fucili; solo guerra di linguaggi. Renato Curcio e Alberto Franceschini pubblicano un libro che sembra uscito dalla penna di Breton e di Prévert, un cocktail di surrealismo degradato a uso delle masse: *Gocce di sole nella città degli spettri* [15].

[15] Edizioni Corrispondenza internazionale, 1983.

241

Curcio spiega: «Siamo in corsa. In pieno guado. Il fatto è che a un certo punto di questo tragitto molte prospettive si sono spezzate ed anche i nostri strumenti hanno cominciato a non farcela più. Vogliamo comunicare a chi, con il linguaggio trasgressivo della sua vita reale, forza le sbarre semiotiche della parlata sinistrese e sbriciola con ironia la sua caricatura brigatese».

Ma era davvero necessario ammazzare tanta gente per accorgersi dell'importanza del linguaggio? Non è deprimente pensare che questi «rivoluzionari» hanno avuto bisogno di tanto sangue e dolore per finire nel panverbalismo di coloro che riducono la società a una pura metafora linguistica? Resta la certezza che la sofferenza provocata non è metaforica e che non di «gocce di sole» si tratta, semmai di gocce di sangue.

Questo sbocco del terrorismo più deciso e programmatico nella cattiva letteratura imparaticcia è peraltro a suo modo istruttivo. Così come va colto l'insegnamento che proviene dal vasto successo di film e di romanzi come *Il padrino*. È ancora una volta la figura del padrino-protettore che torna. Nello stesso tempo si moltiplicano gli studi intorno al «capo carismatico», naturalmente in senso retrospettivo, spesso con riferimento al fascismo e al nazismo, ma anche con scoperte allusioni alla crisi di direzione di cui sembrano soffrire anche le democrazie più solide e antiche, al bisogno della mano forte per correggere i «capricci» del popolo e la «crisi fiscale» dello Stato sociale del benessere. La recente vittoria della signora Margaret Thatcher in Inghilterra è stata vista, se pure piuttosto sbrigativamente, come il fortunato, tempestivo rilancio del ruolo del padre: «Con l'avvento della società del benessere – qualcosa di mai visto in una storia improntata alla scarsità – la figura del padre si era rapidamente dileguata nello sfondo. Il mondo industriale avanzato poteva apparire, almeno nell'Europa occidentale, come un seno pieno di latte fluente e seduceva credere possibile che il "principio del piacere" (simbiosi madre-bambino) potesse fare aggio sul "principio della realtà" (codice paterno)» [16].

Così il padre ha conosciuto una sua eclissi. Sembrava una figura superflua, un sopravvissuto, la figura perdente, il patetico Dagwood nel fumetto di Blondie. Ma non appena la crisi economica si è profilata in tutta la sua portata, con le tipiche insicurezze che l'accompagnano, soprattutto con riguardo al problema di far crescere e sviluppare i figli, ecco che riemerge, potente, la figura del *bread-winner*, torna il nutritore, il padre-patriarca, nella sua duplice veste di protettore e di maestro, all'occorrenza inflessibile fino alla crudeltà.

[16] Cfr. «Corriere della Sera», 11 giugno 1983.

242

È una figura, questa del padre di ritorno, che non si può facilmente spiegare né ostracizzare nei termini consueti dello stereotipo autoritario. Perché si tratta, in ogni caso, di «autorità invocata» e di «dipendenza accettata». Non solo nell'ambito della famiglia o della scuola, che sono le tipiche istituzioni della socializzazione primaria in cui il fenomeno della ripresa paterna e dell'autorità potrebbe meravigliare solo fino a un certo punto. Ciò che colpisce è il suo affermarsi nella sfera produttiva, in quella politica, nel campo del costume e della vita culturale nel senso ampio del termine.

Tutti i ruoli d'autorità e di comando hanno oggi il loro momento di esaltazione, tendono a un riconoscimento specifico. Categorie professionali variamente specializzate, fino a ieri praticamente ignorate, si scoprono oggi detentrici di un potere decisivo. Si pensi alla funzione giocata dai quadri intermedi in grandi aziende come la Fiat: schiacciati fra l'alta direzione aziendale e il sindacato, vale a dire fra la logica dell'efficienza e quella della ricerca del consenso, sono oggi consapevoli della loro crescente importanza, che è essenziale nelle aziende medio-piccole, in cui esercitano spesso poteri discrezionali sia sul piano tecnico che su quello sociale, mentre diviene cruciale nella gestione del personale nelle aziende medie e grandi. Sono i responsabili di prima linea, i capi e i «capetti» dai quali dipende l'organizzazione e la gestione quotidiana del lavoro; sono la sensibile cerniera fra le direzioni centrali e le masse di base, un gruppo emergente, che rifiuta ormai chiaramente l'appiattimento.

Ma, come abbiamo più sopra accennato, è forse fra i giovani studenti, i contestatori di ieri, che il bisogno di autorità e la nostalgia dei valori tradizionali si fanno maggiormente sentire. Secondo un'inchiesta recente [17], dal lavoro vorrebbero più soddisfazione e autorealizzazione personale che soldi; sono decisamente contrari alla violenza, anche se compiuta nel nome di un ideale; credono nella famiglia, in Dio, nella democrazia e nell'autorità, ma reclamano più partecipazione e giustizia sociale e non sopportano, nei partiti politici, la corruzione e l'arroganza del potere. Il quadro si presenta complesso. Solo il 37% è convinto che si possa vivere senza Dio; tre studenti su quattro non ammettono che una ragione ideale possa giustificare un atto di violenza politica, mentre ben il 65% ritiene indispensabile un'autorità che imponga il rispetto delle leggi. E tuttavia, quando si tratta di prendere una decisione, la maggioranza ritiene che una decisione di gruppo sia preferibile a quella di un uomo solo.

[17] Se ne veda un resoconto sommario nella «Repubblica» del 17 giugno 1983.

La tendenza verso l'accettazione dell'autorità emerge dunque chiarissima, ma siamo lontani, a quanto sembra, dalla passiva rassegnazione ai capricci d'un qualunque dittatore. Si comprendono le ragioni positive dell'autorità, ma questa ha da essere autorevole, porsi non più come appannaggio personale e insindacabile, bensì come funzione razionale collettiva.

INDICI

INDICE DEI NOMI

Habermas, Jürgen, 125, 148 e n.
Halévy, Daniel, 207.
Harriman, famiglia, 227.
Hegel, Friedrich, 100, 228.
Hesse, Hermann, 117.
Hitler, Adolf, 165, 167-8.
Hobbes, Thomas, 147.
Horkheimer, Max, 234.

Ionesco, Eugène, 232.
Ippolito, Felice, 40.
Isman, Fabio, 97.
Izzo, Alberto, 211, 212n.

Jackson, Michael, 70.
Jacobelli, Jader, 67n.
Jagger, Mick, 39.
Johnson, Paul, 7-8.
Juan Carlos, re di Spagna, 57.

Kafka, Franz, 233.
Kant, Immanuel, 209.
Katz, E., 68n.
Katz, R., 143n.
Kelsen, 150.
Kennedy, Robert, 45.
King, Martin Luter, 45.
Kirchheimer, 140.
Kissinger, Henry, 239.
Koestler, Arthur, 99.
Krivine, Alain, 236.

Lacan, Jacques, 209n.
La Malfa, Ugo, 26, 37.
Lang, Kurt, 6 e n.
Lawrence, David H., 17n, 227.
Lazarsfeld, Paul F., 68 e n.
Léautaud, Paul, 233.
Lenin, Nikolaj, 65.
Leonardo da Vinci, 202, 217.
Leone, Giovanni, 51.
Leone, Sergio, 39.
Leopardi, Giacomo, 63, 117n.
Le Pen, Jean-Marie, 62.
Levi, Carlo, 227.
Lévi-Strauss, Claude, 47.
Lindblom, Charles E., 147n.
Lombardi, E., 58n.
London, Arthur, 99.
Lorenz, Konrad, 80n.
Lorenzo il Magnifico, 116.
Luhmann, Niklas, 132, 180, 190, 200, 211.
Luigi XVI, re, 84.
Lunetta, Mario, 106n.

Lutero, Martin, 112.

Macchiarini, Idalgo, 52.
Machiavelli, Niccolò, 17, 78.
McLuhan, Marshall, 68 e n, 69-70.
Madonna (Luisa Ciccone), 70.
Mailer, Norman, 7.
Maisel, L., 157n.
Malaparte, Curzio, VII, 62,108-9.
Maldini, N., 105n.
Manconi, Luigi, 98.
Mann, Thomas, 201.
Maradona, Diego, 58.
Marshall, 25-6.
Martinelli, A., 130n.
Martinoli, G., 186.
Marx, Karl, 21, 114, 183.
Masslo, Jerry, 61.
Mattei, Enrico, 36.
Maurras, Charles, 62.
Mead, Margaret, 188.
Melucci, Alberto, 179 e n.
Merlin, 32.
Merton, Robert K., 79 e n, 88.
Merzagora, 38.
Michels, Robert, 168.
Michetti, Maria, VII.
Miglio, Gianfranco, 152, 177.
Milani, don Lorenzo, 46.
Mitscherlich, Alexander, 234n.
Modugna, Domenico, 32.
Montale, Giuseppe, 53.
Montanelli, Indro, 7-8.
Morandi, Gianni, 46.
Moravia, Alberto, 32, 39, 106-7.
Moretti, Nanni, 56.
Morin, Edgar, 235.
Moro, Aldo, 27, 35, 37-8, 44, 55-6, 84, 101, 129, 132, 134, 236-9.
Morucci, 101.
Mosca, Gaetano, 230.
Musatti, Cesare, 61.
Mussolini, Benito, 223.

Napoleone Bonaparte, 206.
Napoleoni, Claudio, 198.
Negro Sancipriano, Elena, 111n.
Nenni, Pietro, 30, 37.
Nesti, Arnaldo, 117n.
Neumann, Friedrich, 140.
Nicolini, Renato, 55.
Nieburg, H.L., 84 e n, 85.
Nietzsche, Friedrich, 110, 232.
Nobili, Franco, 59.

250

INDICE DEL VOLUME

annotazioni   **SL**

annotazioni _____ **SL**

annotazioni   **SL**

Sagittari Laterza